中央民族大学
少数民族事业发展协同创新中心

人类学的缺位

——关于市场、社会、历史与人类学定位的思考

[英]韩可思（Chris Hann）
[英]凯斯·哈特（Keith Hart）著
[德]斯蒂芬·迈尔（Stephan Merl）
吴秀杰 等译

中央民族大学出版社
China Minzu University Press

图书在版编目（CIP）数据

人类学的缺位：关于市场、社会、历史与人类学定位的思考／（英）韩可思、（英）凯斯·哈特、（德）斯蒂芬·迈尔著；吴秀杰等译. —北京：中央民族大学出版社，2015. 12（2017.10重印）

ISBN 978-7-5660-1033-9

Ⅰ. ①人… Ⅱ. ①韩… ②凯… ③斯… ④吴… Ⅲ. ①社会发展—东欧—文集 Ⅳ. ①D751. 069-53

中国版本图书馆 CIP 数据核字（2015）第 151102 号

人类学的缺位——关于市场、社会、历史与人类学定位的思考

著　　者　（英）韩可思　（英）凯斯·哈特　（德）斯蒂芬·迈尔
译　　者　吴秀杰等
责任编辑　吴　云
封面设计　王北北
出 版 者　中央民族大学出版社
　　　　　北京市海淀区中关村南大街 27 号　邮编：100081
　　　　　电话：68472815（发行部）传真：68932751（发行部）
　　　　　　　　68932218（总编室）　　　68932447（办公室）
发 行 者　全国各地新华书店
印 刷 厂　北京盛华达印刷有限公司
开　　本　787×1092（毫米）　1/16　印张：17.5
字　　数　260 千字
版　　次　2015 年 12 月第 1 版　2017 年 10 月第 2 次印刷
书　　号　ISBN 978-7-5660-1033-9
定　　价　58. 00 元

走在前沿的思考者

（代序）

民族学和人类学是自西方传来的学问，因此翻译西方的相关著作就是中国建设该学科一项必要的工作。20世纪50年代这个学科曾经被称为资产阶级和修正主义学科而遭到撤销，到80年代才得以恢复，80年代以后学者们陆续翻译了一批西方相关的经典著作以利学科的重建。那批翻译作品大多准确而流畅，让我们读起来既学到了知识，又成为一种享受。随着那批学者年事渐高，近年来很多年轻人翻译的著作出现了两个明显问题：一是外文水准有所欠缺；二是对专业不够明白。于是就出现了越来越多虽然装帧精美，但翻译的文字却越来越生涩，内容越来越看不懂的译著。

读过吴秀杰博士翻译的这部著作，确实令我有耳目愉悦之感。吴博士原毕业于北京大学中文系，后在德国获得人类学博士学位，她还在马普社会人类学研究所韩可思教授指导下做博士后研究多年。尽管韩可思教授的论文涉及面很广，包括哲学、历史和西方思想界各派的观点和著作，一般人很难胜任这样的翻译。吴秀杰博士不仅在汉语和德语两种语言上的功底都很扎实，谙熟专业英语，又是人类学专家，因此她的翻译确实达到了“信、达、雅”，这部文集是多年来我读过的最好的一部人类学译著。

我一口气能够读完这部文集，还因为这确实是一部给人启发，让人在思想上受益的学术前沿之作。

德国马普社会人类学研究所所长韩可思教授已年届6旬，但相识十多年来，他给我的印象一直是个年轻人，而且交往越多，这种感觉越强烈。

记得几年前我去德国哈勒市的马普社会人类学研究所访问，还没见面就听说他踢足球时摔断了胳膊。我知道他是一个争强好胜的人，50多岁了还与年轻人一起踢足球且毫不顾忌地争抢，心想这次他可要好好休息一下了。我有些犹豫，是否还要去打扰他。他知道我来了，马上给我打电话约见。见面时，他的胳膊用绷带绑着吊在脖子上，一副满不在乎的样子，照常在研究所里风风火火，召集学术会议，接待来访学者，指导研究生，坐在电脑前单手打字。他说话很快，而且直来直去，从不拐弯抹角，在指导研究生时，对学生论文中的错误和学习态度中的不足之处都是直接训斥，使得一些学生很怕他。在与他谈及各种学术问题和学界的人物时，他也从来都是毫不隐晦，观点前卫，言辞尖锐。

读了他的论文，感觉真是文如其人。他讨论的一些议题以及在这些问题上的观点都走在了学界的前沿。面对中国人类学界目前的混沌状态，我希望中国的学者们，特别是年轻学者们多读一读他的文章。他对国际学界的评论，他对时下流行的时髦而空洞的玄学和所谓前沿理论的鞭辟入里的分析和批判，令人耳目一新，使人警醒。

韩可思先生是一个勇于追求理想的人，年轻时即如此。他于20世纪70年代就读于剑桥大学人类学系。在那个“冷战”正酣的年代，很多学生都是在英国本土做调查，搜集博士论文资料，而他则对当时的社会主义国家产生了浓厚兴趣，于是他大学还没毕业，就只身闯进东欧国家去做实地调查。他先去了匈牙利，两年后又去了波兰。他结识了一位匈牙利姑娘，后来这位姑娘成为他的夫人——今天的语言学教授依迪寇女士。虽然现在他的学生们谈起此事时都津津乐道于他当年的浪漫，但我想那时他一定遭遇了很多的不理解和非难，一个年轻人能够战胜那些困难，足证其勇气。

他从年轻时起追求真理的热情和闯劲至今未见消减，他是一个唯实的人，不迷信权威，不赶潮流，只相信事实。有人说人类学应该属于哲学范畴，因为人类学的最终目的是探讨人类的本性。读了这部文集，可以看出韩可思先生的研究中充满了哲学角度的思考。他希望通过持续不断的深入社会调查，给当今世界一个更准确、明白的解释，如今虽然已是功成名就的著名学者，他还在不停地奔波于调查点与书斋之间。前几年因为对新疆维吾尔族的社会研究感兴趣，他跑到新疆偏僻的山村住了几个月，为了调查，他还从头开始学习维吾尔语。

他对当前人类学界的现状是不满的，主要是对当前弥漫于国际人类学界，特别是流行于一些年轻学者中空谈理论的风气毫不掩饰地反感和轻蔑。

我们知道，民族学的研究往往可以分为两个阶段：第一阶段是资料的积累阶段，其成果以调研报告和民族志等描述性作品为主；第二阶段为理论归纳与解释、验证，是方法论和理论的创新阶段。空谈理论者实际上是在否定第一个阶段的必要性，而那正是民族学研究的根基。

自马林诺夫斯基以后，我们在多数的学科史中都将人类学、民族学称为一种现代的社会科学，我们认为这个学科的研究方法，（主要是实地调查的方法）以及一个半世纪以来学者们归纳出的各种理论已经建立起了一门科学，他可以描述出各种不同人群的社会、文化的真实特点，并且能够利用自己的理论对这些特点产生的原因给予解释。我们认为自己的研究能够为人们带来一种理性的、客观的、科学的认识。

可是，后现代思潮的出现，特别是后现代人类学、反思人类学通过对一些经典作品的再分析，对人类学家所撰写的民族志的真实性和客观性提出质疑，在一定程度上打破了传统人类学的光环，让我们看到了它的局限性和明显的缺陷。后现代人类学的积极一面在于推动人类学改进传统的研究方法，以努力揭示出更真实的人类与社会。而一部分人却未能理解后现代人类学积极的一面，仅接受了其负面的、消极一面的影响，轻易地放弃了实地调查的实践，造成人类学认识论虚无主义的流行，使一部分学者堕入空谈。

对于这些人，韩可思先生说，“每一群新人都坚持声称自己在理论上有原创性，并对前行者的观点进行攻击”，而他们的研究“无论就新颖程度还是就发掘深度而言，其份量都无法与从前的著作相比”。他们标榜所谓的“纯粹人类学的理论”，而“回头来看，这些年理论上的超量供应的结果似乎是毁灭性的”。

韩可思先生说：“在我看来，早年民族志上的改进、对意义的深度探讨、对政治背景的更大敏感性、反思等所带来的真正收益，都在最近几十年里被装腔作势的假深刻和追求自话自说的折衷主义给日渐消耗殆尽。”当然，在大多数情况下，这些人主要是自我欣赏，他们的玄学并不能得到社会大众的理解。对此现象，韩可思先生说：“如果人类学学者抱怨他们的研究没有获得应有重视的话，在一定程度上，也可以说他们是咎由自取。他们没有在自身强项（基础牢靠的民族志以及本学科的理论讨论）的基础上去面对社会科学中的主导范式；相反，他们从当下时髦的范式中挑拣出自己想要的理念，很多时候显得很任意。”

他很自信地预言：在那些“为理论而理论”的著作被人们忘记以后很久，以扎实的实地调查材料为基础的著作还会被人们广泛阅读。在人类学中，具体描述和规律阐发是应该结合在一处的。

我相信他的语言是正确的，我也相信这本书的其他读者也将明白他的预言是正确的。

杨圣敏

2015年6月于北京

目　录

第三部分　从哪里来，到何处去：人类学的自身定位

序

每位学者都是学术思想的债务人。翻看这部文集的读者，很快就能对我在学术上的师承渊源一目了然。在欧洲的殖民主义帝国结束后的几十年里，英语世界的社会-文化人类学发生了可观的变化。在诸如"后结构主义""后现代主义""后殖民主义研究"一类的新标签之下，新理论和新方法层出不穷，历经几番兴起、几番衰落。社会-文化人类学的边界原本就有些模糊，此时其范围又被大大地扩展，新的分支学科每年都在出现。当我在学术生涯中不得不面对这些困扰时，一个让我受益匪浅的做法便是：执着于那些曾经给我至关重要影响的学术先师们和他们的思想。在这里，我想提到三个名字，在我眼里他们都堪为经典大师。

20 世纪 70—80 年代，当我在剑桥大学社会人类学系读书和工作期间，我非常幸运地遇到杰克·古迪（Jack Goody）和厄内斯特·盖尔纳（Ernest Gellner）。古迪是我的博士导师。当时他是人类学系主任，在学术领域活跃得令人难以置信，几乎每年都有重头学术著作出版。他在殖民地时代已经进入社会人类学的学术领域，关于这个学科的历史他本人就似一座信息的富矿。当时的剑桥大学是人类学全球网络的中心——几乎每个星期这里都有世界各地的杰出学者来访。比如，我还能清楚地回忆起费孝通先生于 1984 年访问剑桥大学时的情形，他与埃德蒙·利奇（Edmund Leach）和奥黛丽·理查德斯（Audrey Richards）一起追忆马林诺夫斯基的著名"席明纳"（Seminar）——在 20 世纪 30 年代的伦敦政治经济学院，他们曾经一起参加这些讨论课。

古迪是我的博士论文指导老师，但是我们当时的学术兴趣并不相同。

他更感兴趣的内容是宏观层面上的比较——对过去若干世纪以来欧亚大陆上的东方和西方进行比较，而不是微观层面上社会主义农村的民族志细节。古迪对于当时中欧的政治和经济情况了解得并不多，而这一地区却是我在大学学习中关注的重点领域，并且我也希望通过田野调查对这一地区有更深入的了解。由于这一背景，我幸运地有了在专业上较早与盖尔纳接触的机会，因为他是我的博士论文的校外评议人（盖尔纳当时是伦敦政治经济学院的哲学教授，我的博士论文的校内评议人是 John Barnes）。盖尔纳是在布拉格长大的，他的学术背景和专业知识主要是在哲学方面。不过，他和古迪一样对“大问题”感兴趣。作为古迪的继任者，他于 1984—1992 年间担任了剑桥大学人类学系系主任，这期间我是那里的青年教师。在今天的学术界，盖尔纳最广为人知的贡献是他关于民族主义的理论（尤其是 1983 年出版的 *Nations and Nationalism*，中文本《民族与民族主义》，中央编译出版社，2002 年版）。实际上，他也对伊斯兰社会和苏联式的（马克思、列宁主义的）社会主义社会十分关注，并有精彩的论述。

除古迪和盖尔纳以外，在这里我要提到的第三位经典大师是卡尔·波兰尼（Karl Polanyi）。波兰尼和盖尔纳一样是中欧人，也是一位通才人物。实际上，他从来没有在人类学界获聘学术职位，但是他对 20 世纪 50 年代在人类学的分支领域“经济人类学”中出现的大讨论有重大贡献，那场关于“实体主义”与“形式主义”经济人类学的讨论源于他的一本重要著作，即对现代历史进行分析的划时代著作 *The Great Transformation*（初版于 1944 年，中文版《大转型——我们时代的政治经济起源》，浙江人民出版社，2007 年版）一书。在当前全球经济陷入危机之时，波兰尼曾经断言的“市场社会”（market society）会出现的种种扭曲，值得再度获得人们更大的关注。

他们的影响至今仍余音绕梁。中文读者可能马上就会注意到，他们三人都是在西方出生和长大，他们主要都用英语发表著作。的确，这也是盖尔纳和波兰尼某些著作中的一个严重局限。如果他们活到今天，亲自见证中国的兴起，也许他们会校正自己对现代历史的看法——在他们的分析观点中，欧洲和西方被赋予了太多的重要性。不过，尽管存在“欧洲中心主义”的局限，我还是认为他们的著作有助于去理解欧洲以外世界上其他地区（包括中国）的“现代化”进程。

也许这是一个让人感到意外的现象：恰恰是古迪——一位出生于英国、在英国接受完整的教育、在整个学术生涯中都没有离开这个国家的学者，一位没有从中东欧逃难经历的西方人——对欧亚大陆“长时段”历史中东方与西方的“交替”持有更为均衡的看法。形成反差的是，盖尔纳和波兰尼将工业化看成东、西方“大分流”（great divide）的起始点，而古迪更关注的是长期以来的连续性，这种连续性在时间上可以一直追溯到青铜时代。尽管我特别钦敬古迪的学术著作，但是他对盖尔纳和波兰尼的观点进行的某些评判，我却无法苟同。比如，在涉及思想与技术在横跨欧亚大陆的往返传播这一问题时，古迪认为“行商文化”（merchant cultures）有着非常重要的意义。在他看来，波兰尼为了将19世纪那种疯狂放任的资本主义定性为人类历史上的极端现象，而无视商人在历史上的角色。的确，波兰尼在考察“远古的”经济如亚里士多德时代的希腊经济时，对市场交换的缺失有夸大之虞。但是，如果我们心平气和地去仔细阅读波兰尼的话，就会发现他在对经济体系进行比较分析时使用的工具，都可以被用来对其他时代、其他地域中的现象进行分析。时至今日，我们人类社会所面临的挑战一如几千年来一样，那就是如何将市场归置于其自身应有的位置当中、如何让市场嵌入其他“整合形式”中，尤其是波兰尼称之为“互惠”（reciprocity）和“再分配”（redistribution）的运作中。

在我和我的妻子 Ildikó Bellér-Hann——一位任职于哥本哈根大学的突厥语文化研究者，一起从事对当代新疆农村生活的调查研究时，我发现经济人类学里波兰尼的实体主义方法有助于我们进行分析。我也会在计划中的一本民族志专著中，将波兰尼的一些思想用于对匈牙利农村仍在持续的社会转型进行分析。匈牙利是在1968年以后实行“市场社会主义”（“market socialism”）的先锋，也恰好是波兰尼出生和成长的地方。波兰尼终其一生，都对这个国家怀着深深的依恋，尽管他一生的大部分时间是在流亡当中度过的。这个项目会让我更多地去回访匈牙利大平原上的“塔村”，那是我田野调查的据点。我在那里的工作开始于1976—1977年间，后来不断地去重新认识那些几乎已经结识了四十年的熟人。这种长期的田野调查工作，最初是为了理解社会主义社会的运作方式，在1990年以后则是要看到“后社会主义”的变迁。这种实地考察的经验，在一定程度上帮助我获得了对新思想潮流的免疫力，有效地去抵挡那些几十年来对人类学造成影响的各种思潮时尚。

但是，我从来不认为人类学者可以止步于微观层面的知识，可以因为拥有关于一个村庄的细节知识便感到心满意足。理论的重要性毋庸置疑，我从古迪、盖尔纳、波兰尼的著作中获得的理论性视角，也可以用来在多种层面上对整个欧亚大陆进行分析。目前在欧洲有很多争论，人们在探讨如何处理"金融化"（"financialization"）的危机、如何去驯服市场以便让它去满足人的需求等问题。参与这些讨论的，既有来自人类学领域也有来自其他学科的学者，他们当中的一些人认为应该回归各国单独的货币体系，其理由是：欧元已经被私有的、新自由主义的银行利益者所劫持。在这些批判性的分析当中，他们指出的这一现象也并非无的放矢。不过，我更倾向于在向前和向上的方向中找到解决问题的途径，即达到更高层次的欧亚一体化。在我看来，早晚有一天整个欧亚大陆会实行一种统一的货币。当然，这种货币的推行不应该按照纯粹的、所谓的"自由"市场的逻辑，因为这会消解市场的社会维度，让劳务市场变得更缺少人道关怀。对同一货币的引入，也应该与一部欧亚大陆宪法同步进行，以便保障所有欧亚大陆公民所具有的权利。这种政治统一体与经济统一体的组合，将会实现卡尔·波兰尼理想中的嵌入性经济：互惠、再分配与市场和谐互动，共同提升生活质量以及人类的福祉和繁荣。

在受到前辈巨人的影响之余，一个人的学术发展也同样受到同辈学者的启发。凯斯·哈特（Keith Hart）一直是我学术上的兄长。20 世纪 80 年代，我们曾经在剑桥大学一起给大学生们讲授经济人类学，我们的学术友谊从这时已经开始了。他也多次提及他与杰克·古迪的师承渊源。他同意将自己的《古迪学术演讲》一文翻译成中文，收录进这部文集里，这令我感到非常欣喜。2006 年，我们曾经共同组织了一次学术会议，专门讨论卡尔·波兰尼的《大转折》一书的当代意义。这次会议在马普社会人类学研究所召开，与会学者的论文集得以在 2009 年出版（*Market and Society-Great Tranformation Today*，Cambridge University Press），我们为该书合写的"导论"也被包括进这部文集里，这是再合适不过的了。这次关于波兰尼的研讨会也促使我们从总体上重新审视"经济人类学"这一分支学科，其成果便是我们合作完成的 *Economic Anthropology*：*History*，*Ethnography*，*Critique*（London，Polity Publisher，2011）一书。

对于一位学者来说，学术思想上的受益与同行间在社会协作方面的受益有时是很难区分开来的。吴秀杰曾经是马普社会人类学研究所的多年同事；杨圣敏是我们研究所的常客，只要他的时间允许，我们随时欢迎他来访。他们付出很多劳动，与我们讨论关于中国的研究项目，提出建议并耐心地给予我们指导和帮助。尽管在某些问题上我们持有不同的看法，但是令我非常高兴的是，我们的友谊与合作能够一如既往地保持不变。出版这部文集是他们的想法，他们负责遴选了本书的篇目。我向他们表示诚挚的感谢！

韩可思

2013 年 12 月

版权说明

本书收录的文章均已以英文公开发表。感谢文章作者以及英文版权所有者授权出版此中文译本。中文译稿版权归署名译者所有。文章原刊出处如下：

1. Hann, Chris. 2009. "The Theft of Anthropology", In *Theory*, *Culture & Society* 26, No. 7-8: 126-147.
2. Hann, Chris. 2008. "Reproduction and Inheritance". Goody revisited *Annual Review of Anthropology* 37: 145-158.
3. Hart, Keith. 2011. "Jack Goody's Vision of World History and African Development Today". *Goody Lecture*, *No. 1*: *Max Planck Institute for Social Anthropology*, *Department II.*
4. Hart, Keith/ChrisHann. 2009. "Introduction: Learning from Polanyi 1". In *Market and Society*: *The Great Transformation Today*, edited by Chris Hann and Keith Hart, 1-16. Cambridge University Press.
5. Hann, Chris. 2007. "A New Double Movement?" Anthropological Perspectives on Property in the Age of Neoliberalism. *Socio - Economic Review* 5: 287-318.
6. Hann, Chris. 2011. "Moral Dispossession". In *InterDisciplines* 2: 11-37. Merl, Stephan. 2011. "Moral Dispossession of the (already) Morally Dispossessed?" A Commentary on Chris Hann's Contribution. In *InterDisciplines* 2: 38-45.
7. Hann, Chris. 2011. "Reply". In *InterDisciplines* 2: 46-51.

8. Hann, Chris. 1996. "Introduction Political Society and Civil Anthropology". In *Civil Society Challenging Western Models*, edited by Chris Hann and Elisabeth Dunn, 1-26, London and New York: Routledge, 1996.
9. Hann, Chris. 2012. "Big revolutions, Two Small Disciplines and Socialism". In *Anthropology and Archaeology*, edited by David Shankland, 19-39, Oxford: Berg.
10. Hann, Chris. 2007. "The Multiple Temporalities of Anthropology and Its Future in Central and Eastern Europe". *Max Planck Institute for Social Anthropology Working Paper*, *No.* 90. pp. 1-16.
11. Hann, Chris. 2012. "Faltering Dialogue? For a Doubly Rooted Cosmopolitan Anthropology". In *Focaal-Journal of Global and Historical Anthropology* 63: 39-50.

第一部分

在回视历史中比较：师承杰克·古迪

► 人类学的缺位

Hann, Chris. 2009. "The Theft of Anthropology". In *Theory, Culture & Society* 26, No. 7–8: 126–147.

► 再生产与继承：重读杰克·古迪

Hann, Chris. 2008. "Reproduction and Inheritance: Goody Revisited". In *Annual Review of Anthropology* 37 (2008): 145–158.

► 杰克·古迪眼中的世界历史图景与非洲今日之发展

Hart, Keith. 2011. "Jack Goody's Vision of World History and African Development Today". Goody Lecture No. 1: Max Planck Institute for Social Anthropology, Department II.

人类学的缺位

韩可思 著
吴秀杰 译

内容提要

社会人类学在20世纪得以繁荣的同时，偏离了该学科早期关注人类长期性历史变化的方向。这种局面的形成是两种力量合并作用的结果：其一，民族志作为该学科的主要方法；其二，出于提升理论的目的，这门学科密集地采用了“创造性摧毁”（creative destruction）的做法。人类学学科之内的“偷窃历史”（the theft of history）指的就是这一损失。这种损失不应该与正当的、各学科间的相互借鉴混为一谈。随着进化论范式的式微以及全球相关性问题的深化，人类学家力图在经验性的民族志描写、对“他者”社会的阐释以及理论的解释力之间去找到新的平衡。问题的关键不在于这个学科奉行的基本原则持续地发生变化，而是许多从业者不再认可该学科的经典以及学科的基本原则。本文通过检视以英语完成的关于社会主义以及东欧前社会主义国家解体之后——这是人类学的一个新领域——的人类学著作，来揭示上面提到的那些困难处境。在人类学的这一全新的对象领域，杰克·古迪（Jack Goody）的著作有着令人惊讶的重要性。古迪的著作也让我们从总体上看到：民族志方法的优势与思想上的原创性完全可以并行不悖，共同服务对“长时段”历史进行比较性分析的人类学研究。

杰克·古迪最近的一本书（Goody，2006a）有一个引人注意的书名——《偷窃历史》。这个概念的所指是：欧洲学者在长期的欧洲中心主义表述传统中，对亚洲历史进行了曲解和低估。欧洲人并非注定要比世界上其他各地的人更以自我为中心，但是西方在过去的200年里物质、政治和军事上的优势地位，使得他们的叙述占据了主导地位，浸满了有害的汁液。在这本书里古迪集中展示的是西方对东方的（错误的）表述，熟悉古迪先前著作的读者对这些论点背后的思想框架并不陌生：他不认同将东方与西方对置的做法。在古迪看来，从人类历史“长时段”的角度出发，将东方和西方看作一体即欧亚大陆（Eurasia）将会更有裨益。与撒哈拉以南的非洲大陆和世界上其他任何地方相比，在前工业时代的几千年里，欧亚大陆上不同地区的人群发展出了复杂得多的经济形式和政体形式。古迪也一直强调，他的这一思考线路受益于考古学家戈登·柴尔德（Gordon Childe）：第二次世界大战结束后古迪曾经在意大利的战俘营中度过几个月，期间他认真地阅读了柴尔德的著作（此外，还有维多利亚时代最后一位人类学家詹姆斯·弗雷泽的著作）。（Goody，2006b）

本文的结构大体如下：本文首先就古迪思想的发展以及他在社会人类学学科史中的位置（尤其要以他在剑桥大学的同事们为参照），提出几个大胆的假设①；在接下来的篇幅里对人类学20世纪的总体趋势做一个大体的宏观综述，并指出这些趋势如何体现在那些将“后社会主义时期”的欧亚大陆作为研究对象的用英语写作的人类学著作当中。在这里我也允许自己做一份公开的“自我批评”——一个广为人知的社会主义实践行为。总之，如果人类学家在摒弃殖民时代的欧洲中心主义之后还想多迈出一步，如果他们还想以新的方式展示地方性的新改变、憧憬诱人的当代图景的话，这门学科就必须保持与历史学家的紧密合作。就这个意义而言，古迪所推进的对长时期历史进行比较研究的做法，必须在这门学科的基本标准中保留一席之地。

① 在这篇文章里，我主要指的是英国的社会人类学。但是，我所讨论的一些趋向在更广的范围内也可以看到。“用英语从事的人类学”，指的是包括北美的“文化人类学”这一比较大的学术圈。

导言：古迪及其外围环境

第二次世界大战结束之后，古迪回到剑桥大学开始攻读考古学和人类学专业，后来他转学去了牛津大学。埃文斯-普里查德（Evans-Pritchard）被聘任为牛津大学社会人类学教授，成了拉德克里夫-布朗（Radcliffe-Brown）的继任者。这位走马上任的新教授迅速发起了一个极端性的转变，背离了拉德克里夫-布朗对社会结构进行科学性分析的纲领。埃文斯-普里查德重新肯定被马林诺夫斯基（Malinowski）确立并强调的田野调查，这已经成了人类学在两次世界大战之间这一时期的主要创新。但是，他极不赞同这位在伦敦经济学院执教的波兰人的观点，也轻看他的功能主义理论。[①] 相反，他更看重的是意义问题以及对其他世界观的“翻译”。他的人类学始终是以“原始的”和“部落的”为主，但是他把对这些对象的研究伸展到超出马林诺夫斯基所指的田野调查的共时性限制之外。只有在深入了解历史的基础上，人类学家才能更好地去理解他们在田野中观察到的偶然性事件。这样一来，在研究人类社会时去追求科学的法则这一做法的无效性—— 包括那些拉德克里夫-布朗用来修正 19 世纪前辈们的进化论目标而提出的纲领——就昭然若揭了。

这就是杰克·古迪在其专业成型时期所面对的学界态势。马林诺夫斯基在现代社会人类学构筑其“扩展时刻”（expansive moment）方面担当了一个核心角色（Goody，1995），但是他在理论上的坚实性还无从谈起。19 世纪的进化论范式被肢解了，但是该如何去替代它还远未明朗。在牛津大学毕业之后，古迪回到了剑桥，开始找寻他自己的路。他在加纳北部进行田野调查，几十年来那里是福忒斯（Meyer Fortes）的据点。在福忒斯和利奇（Edmund Leach）主导的人类学系里，古迪成为年轻学者中的一员。这两位学界巨擘都对拉德克里夫-布朗持批评态度，却也都对埃文斯-普里查德的关注历史不以为然。至于对那些在 20 世纪 50 年代给予人类学转变以

① 按照埃文斯-普里查德的说法，“马林诺夫斯基所谓的理论根本不是真正意义上的理论，那不过是指导如何搜集和整理数据材料的原则而已，是田野调查者的调查提纲，是一个文本形式的笔记和问卷。它从来没有提出在描写和行动层面之上的分析。大部分无非是把显而易见的事物在言语上精致打造，把常识提升到科学的概念中”（Evans-Pritchard，1981：199）。

重大影响的哲学讨论，他们也感到兴味索然。[①] 在这段时间，古迪的田野调查所观察的是财产继承，同时他也仔细阅读19世纪法律学者的著作，这给他的著作《死亡、财产与祖先》（Goody，1962）提供了一个法律框架。在后来与持有同样理念的历史学家尤其是汤普森（E. P. Thompson）和瑟斯科（Joan Thirsk）的合作中，他继续推进在这本书里被首次勾画出来的比较研究纲领（Goody & Thirsk & Thompson，1976）。这些研究成果集中体现在《生产与再生产》（Goody，1976）一书中，在这本书里他将民族志的洞察与对莫多克（G. P. Murdock）的“民族志地图”（Ethnographic Atlas）资料的统计分析相结合，而这些资料不但为利奇所讥讽，也普遍为当时的社会人类学家所忽略、拒绝。

在那些年里，古迪的纲领与拉德克里夫-布朗的很接近，尽管他很少在谈到自己所受到的思想启发源泉时提到后者的名字。古迪的原创性在于，他在实证主义的根基上嫁接了一株柴尔德式的“人类学-考古学”枝条，并且用后来的一系列著作继续对其进行培养、浇灌，《欧洲家庭与婚姻的发展》（Goody，1983）就是这一系列努力的肇始。我还清楚地记得，这本书让一位剑桥的历史学家所感到的困惑甚至还要超过此前阿兰·麦克法伦（Alan Macfarlane）关于“英国个人主义”的研究（Macfarlane，1978）。这些人类学家在入侵历史学家的领域，他们在偷窃历史！如果说麦克法伦关于英国独树一帜的论点仰仗于他精通英国资料的话，古迪对历史领域的入侵居然在欧洲层次上，这在历史学同行眼中只能是不着边际的野心使然。实际上，杰克·古迪这位非洲人类学家对欧洲的历史资料也相当了解，只是他的设定目标与历史学家的目标不在同一层面上：很多来自历史学界对他的批评根本就没能说到点子上。

当然，在同一时期也有一些历史学家深为人类学家的著作所吸引。著名的年鉴学派中的许多学者、德国日常生活史及意大利微观史学学者，都各自以独有的方式校正历史书写（historiography）中主流政治的偏见。他

① 利奇的历史性著作、曾经被广为盛赞的对缅甸高地的研究受到后来学者的激烈批评（Nugent，1982）。在后来的几十年里，他的结构主义学术倾向留给去严肃地对待历史的空间并不很多。福忒斯在他的塔兰西（Tallensi）资料上花几十年的时间，更倾向于打造一个“旅行民族志学者”的形象（Fortes，1978）。考虑到他对普遍性人类心理学与心理分析问题的一贯兴趣，这种说法至少可以说是矫情的。本文没有篇幅来讨论这些出色学者在上述以及其他领域里的出色成就。我在这里要凸显的是，他们与古迪所选择的道路之间有怎样的不同。

们或者是在大地区的层面上（如地中海地区），或者是在地方社区的层面上（如蒙塔尤），其中一些著作获得了一个非常广泛的读者群体，那是人类学者当中几乎无人可以企及的。也许一些人类学学者会痛恨这种对人类学视角和工具所做的卓有成效的调整，不过我认为这是合理的学科交叉带来的结果。这并不是我用“the theft of anthropology”这个语汇所要聚焦的问题。

在过去的几十年里，社会历史学家和文化历史学家一直在借用和融合人类学的观点和理念去书写“整体历史”（totalhistory）；与此同时，人类学家背离了进化论，将自己定位于“民族志方法”，却发现在自己的研究中很难融入历史，尤其是“长时段”历史。在接下来的篇幅里我想讨论的是，作为一门进行宏观历史比较的社会科学，人类学学术传统在当前表现出哪些薄弱之处。我想提出，在一定的意义上这种“经典的”历史人类学已经被偷窃了，尽管这种犯罪与古迪在《偷窃历史》一书中所分析的那种犯罪大不相同。这是怎样发生的呢？人类学的出现发端于启蒙时代，它本来应该是一个有潜在能力去反对和转变“欧洲中心主义”的学科，而“欧洲中心主义”反倒正好是古迪在“西方-东方”对立观念中看到的最大症结。不过，在20世纪这种抗拒“欧洲中心主义”的潜力正在日益递减。在殖民主义的余韵中，自我批评已经无法实行，太多的社会人类学家放弃了去面对更大的问题。在本文的最后一部分我要以实例来说明，重新确立对“长时段”历史的比较研究纲领会赢得怎样的收益。关于欧洲社会主义国家的兴起和衰落，杰克·古迪自己并没有写很多著作。但是我认为，恰恰是社会主义的现象很好地诠释了他关于欧亚大陆一体性的观点，提出了我们需要放置在核心舞台上的广义比较问题。我也认为，从社会主义和“后社会主义”研究中获得的洞察，对正在出现的认知性科学（cognitive sciences）领域也至关重要，这也是古迪本人一直感兴趣的领域（Goody，1977，1998）。

偷窃“罪行”

人类学在20世纪经历了一场不同寻常的制度化。在英国，人们惯常地把马林诺夫斯基神化为现代人类学的奠基人（Kuper，1973）。在第一部关于特罗布里安人（Trobriand）的著作中，马林诺夫斯基忧心忡忡地认为，这个学科的研究对象很快就会在我们的“眼皮底下”消失（Malinowski，1922：XV）。可是，在欧洲各殖民帝国家解体之后很长时间，人类学这个学科似乎挺过了各种危机的风雨，尽管它分化成不同的分支领域。一些学者如格尔兹（Clifford Geertz）、萨林斯（Marshall Sahlins）、阿帕杜莱（Arjun Appadurai）、赫茨菲尔德（Michael Herzfeld）的著作被翻译成不同的语言，被人们广泛阅读。单从这一侧面来看的话，我们不太有可能去断言整个学科的思想传统被偷窃了。

尽管如此，在这一进程中还是有些东西被盗窃走了。这一犯罪更像对遗产资本的逐渐侵吞，而非戏剧性的银行抢劫。在过去的一百年学科史中，社会人类学与19世纪确立的纲领怎么有了那么大的偏移？可以说，根本的原因是“田野调查革命”本身，它将思想和社会-经济上的其他趋势注入人类学当中，削弱了人类学在19世纪要将自身发展为一门社会科学的抱负。① 马林诺夫斯基在把这个学科抬举为“应用社会科学”时，已经让他自己的预言变得失效。显而易见的是，与单纯地记录当地风土人情相比，观察当地人如何与商人和传教士打交道也同样引人入胜（这种特权只保留给非常少的学者，马林诺夫斯基自己当然不会被包括在其中）。此后，这些当地人可以作为劳务移民被研究，直到成为电视观众或者加入互联网聊天室，他们仍然可以是研究对象。今天，人类学家可以调查大众旅游和外国援助带来的影响，这凸显在针对掌权者的抵抗策略中当地人的能动性（agency）以及这些当地人对后殖民国家的种种“想象图景”（imaginaries）上。在全球化日益深化的时代，人类学将自己定位于一个专门来描写当下的地方性差异的学科。由于今天高度的流动性和互联性，多点田野调查已经变得不可缺少，不过一些基本的推动力却没有改变。主流社会学仍然继续聚焦先进的“第一世界”，这一事实使得在当代社会科学领域还有相当大的一份处女地有待人类学去填充。幸运的是，民族志的方法也可以在自己的家门口来实践。实际上情况也如此，获得英国社会人类学博士学位的研究者当中，很多人的田野调查是在英国本土进行的。概括而言，人类学的方法在其开端之时的目的在于，让学者对“时间化外”的野蛮社会的分

① 在同一时期类似的情形也出现在社会学当中，那就是“芝加哥学派”的觉醒，它开辟了研究当代都市社会的新篇章。感谢彼得·柏克（Peter Burke）建议我提出这个比较。

析变得更为精细；在精通此道的实践者手里，这一方法变形为一个有吸引力的伦理，其基础是对“相同时间维度”中他者的真正认可，一个以“在场”为对象的“人学”（“human science of presence”，Fabian，1983）。

不过，尽管在认识论意义上可以用这种方式来提升“参与观察”的地位，但是以方法论或者伦理来定义一个学科肯定会存在问题。20 世纪中叶，当英国的埃文斯-普里查德强调历史的重要性时，美国的帕森斯（Parsons）与克鲁克洪（Kluckhohn）正在协商人类学与社会学之间新的分工，它带来的结果与英国的埃文斯-普里查德所持有的主张类似（Kuper，1999）。从此以后，文化人类学家专注于对理念、对其他文化的精神世界给予更深的理解。这一重点的确立与关于理性、“理解原始社会”的哲学讨论遥相呼应，而埃文斯-普里查德关于赞德人（Zande）的材料已经奠定了基本的参照（Wilson，1970）。在英国和美国，接下来的研究都集中于“意义问题”和对“地方知识”的翻译。这一趋势的杰出代表是格尔兹。

对一些人来说，这种对解释学深度的追求仍显不足。他们想要的超出了精确的民族志和移情式的阐释。尽管他们拒绝将自身学科与自然科学做类比，但是他们想要让自己的学科享有作为科学的全部美誉。要达到这个目标，他们发现需要一些论点（arguments），那种不只是马林诺夫斯基未曾提到过、在拉德克里夫-布朗和埃文斯-普里查德等人类学前辈人物那里也无法找到的论点。因此，他们转向周围去寻找更多的理论上的启发。这种追寻在近几十年来得以强化，其方式类似于熊彼得（Joseph Schumpeter）在分析资本主义时提到的“创造性摧毁”。弗雷泽被马林诺夫斯基搁置一旁，这也可以说是一个真正的范式或结构（在托马斯·库恩的用法上）转变。相比之下，这个学科在 20 世纪后半叶所经历的，则是持续性的潮涨潮落：每一群新人都坚持声称自己在理论上有原创性，并对前行者的观点进行攻击。不愿意随波逐流的人也许会说，与早年的学术出版相比，今天的《皇家人类学研究所期刊》（*Journal of the Royal Anthropological Institute*）上所发表的文章也是服务于这种理论，因为它们的实地材料无论就新颖程度还是发掘深度而言，其分量都无法与从前的著作相比。这些模式深为工作市场的竞争所左右，学术界普遍实行的“考核文化”也与之无语并行。不过我们也应该承认，仍然有人抱有巩固这个学科思想分量的那份雄心。有些人倾向于去谈论那些无论用哪种理论都显得特别重要的“大问题”，而另一些人则更看重可以被标志为纯粹人类学的理论。①

讲英语的人类学学者中有一个主导性趋势，那就是一直唯法国马首是瞻，因为法语通常是英语之外他们所了解的唯一的“学术”语言。② 他们借用的模式也追随着学术领域的流行趋势。从拉康（Lacan）到拉图尔（Latour），不要忘记还有福柯（Foucault）、布迪厄（Bourdieu）、德勒兹（Deleuze）和加塔利（Guattari），等等。可以说，每一个法国学术舞台上的熟面孔都能在英美人类学中出现。借用者通常抓到某一作者，将其视为伴随整个学术生涯的启发之源。在拉德克里夫-布朗、埃文斯-普里查德阅读涂尔干（Durkheim），或者弗斯（Raymond Firth）阅读图恩瓦尔德（Richard Thurnwald）和莫斯（Marcel Mauss）的时代，国际学术圈里学者的互相借鉴与今天大不相同。③

如果学术上的借用只限于自己的学术领域内学者的著作，那么其结果会好一些吗？路易·杜蒙（Louis Dumont，1970）对英语国家里南亚研究所产生的影响可以说是一个积极的例子。不过，即便在法国，很多自我定位为人类学家的学者也成为贪嗜思想时尚的受害者。马克思主义人类学的兴起与衰落可以很好地佐证这种情况。当某些主要人物如梅拉苏（Meillassoux）、戈德利埃（Godelier）将马克思主义的概念以富有创造力的方式应用于自己的民族志材料上时，另外一些人则沉溺于词语技能中，将能够引用一个马克思、恩格斯未公开发表的书信或者能看懂某个出现在注释里的词汇的能力，看得比在民族志中应用他们的概念还要重要。20 世纪 70 年代，关于“前资本主义生产方式”著作等身的一些人根本不是田野调查者。他们冷漠地将经济人类学中先前的讨论搁置一旁，认为无论是“形式

① 后一种取向的力量正在增加，它反应在创刊于 2001 年的《人类学理论》（*Anthropological Theory*）的创办上。对于理论产品（或者至少是带新标签的理论）的消费需求是显而易见的。

② 实际上很多人依赖英语翻译，尽管后来我们从莫斯《论礼物》一书的命运中了解到，翻译所面临的挑战是如此巨大，哪怕在英语和法语这两种欧洲语言之间的转换也如此艰难。人类学学者对英语的依赖，在今天当然要比在维多利亚时代严重得多。指责詹姆斯·弗雷泽不懂研究对象的本土语言已是老生常谈了，但是对他持批评意见的人往往忘记了一点：他精通其他欧洲语言的能力以及他对其他知识界的兴趣，给人留下的印象是难以磨灭的。相比之下，弗雷泽的现代批评者们显得乡土气十足。

③ 这是一种非对称的交换模式——在很多其他社会生活领域，“交换模式”是人类学者的研究课题。从涂尔干、莫斯和年鉴学派的其他学者，直到结构主义、后结构主义和后现代主义，在英国和美国的学者同行眼中，法国学术一直带有某种光环。英语学术著作被翻译成法语在数量上要少得多。

主义学派”还是“实体主义学派”都没有充分地解决生产的“经济基础”。[①] 在一段时间内，似乎这一新理论能够让经济人类学这一分支学科起死回生。回头来看，这些年理论上超量供应的结果似乎是毁灭性的：马克思主义的概念在20世纪80年代的欧洲学界日益衰落，实际上经济人类学不再作为一个单独的分支学科而存在了（Hann & Hart 2011）。

如何才能抗拒这种趋势？E. P. 汤普森对阿尔都塞式的马克思主义（Althusserian Marxism）兴起的反应是，发出了对“理论的贫困”的激烈抨击（Thompson，1978）。但是汤普森所反对的并不是理论本身，这从他自己对马克思主义传统的创造性调适中得到了证实。我毫不怀疑，无论历史学还是人类学都不可能没有理论，这两个学科的主要人物一直都是理论上的巨擘，兼容并精通多种复杂的思想。[②] 古迪本人就是一个这样的例子：他的学术写作从一开始就注意吸收了历史学家和比较法律学家著作中的精髓，而这些人正是19世纪的学术范式中举足轻重的人物。在他们的时代，英国、法国和德国的学者们还仔细阅读彼此的著作。到了20世纪，这种做法基本就停止了。在一定意义上，这个学科成了自身成功的牺牲品：因为数量上突飞猛进的扩张，保持同样类型的、足以对学术整体有所把握的学术共同体已经难以实现了。随着后现代主义在20世纪末的兴起，在宏大叙事被宣布已经死掉、对某种理论的优先倾向变得日益乖张的情况下，这一问题就变得更加突出。民族志被看成一种相当不靠谱的类别，最好被当作一种特殊种类的虚构作品。“经验”（experience）、“想象”（imagination）和“表演”（performance）是新的关键词，它们被应用在民族志写作者身上以及他们的研究对象上。但是，业已形成的效仿模式仍持续到这个时代：哪怕在人类学内部自己的学术传统还余息尚存，讲英语的人类学家还是倾心

① 也许可以说，20世纪40—50年代，当卡尔·波兰尼创立“实体主义”学派时，类似的情况也发生过。在他对前辈如图恩瓦尔德和莫斯的阅读中也带有严重的选择性，那些不符合前工业经济的社会“嵌入性”观点的知识领域被他全部摒弃或无视。但是，波兰尼至少还不畏艰难地阅读和引用早期经济人类学者的著作，他并没有依赖某些无由头的概念如“相对自治”（relative autonomy）或者“最终决定性因素”（determinant in the last instance）来发挥其理论上的解释。

② 我希望这样的说法不会得罪那些并不看重或者明确拒绝理论上创新，但是在一个已经存在的思想理论范式中做出坚实贡献的学者。我个人非常看重这类著作，以及一些扎实的地方研究著作（区域研究）。长期来看，原本少人问津的民族志在区域研究中获得的关注要超过那些以大量篇幅讨论紧要理论问题的著作。对于后者来说，如果一个题目不再是热点话题，那么这些著作很快就难逃被尘封的命运。

于调用法国哲学家咄咄逼人的锐气。

在我看来，早年民族志上的改进、对意义的深度探讨、对政治背景的更大敏感性、学术反思等行动所带来的真正收益，都在最近几十年里被装腔作势的假深刻和游戏式的折中梦呓所日渐消耗殆尽。许多当代人类学者的文章中填充着哲学上的假设，甚至大学生的作业也把哲学领域的工具拿来当调料（新手上路的不幸是，虽然实际上他意指的是“本体论”，写出来的却是“认识论”）。那么多的创造力都被投放在寻找那些出色的前辈们在无意中曾经掉进哪些陷阱当中。潜在的危险之一是，这个学科很可能会失去其最基本的号召力。英戈德（Tim Ingold）曾经将人类学定义为“让人在其中的哲学”（“philosophy with people in”，Ingold，1992：696）。但是一些从业者似乎更热衷于与时髦的西方哲学家打交道，而不是去分析与有血有肉的个人紧密相关的实地材料。

当然，我这样的过激批评也未免有言重之嫌。思想的原创性并不一定要以损害对实地材料的分析为代价。况且，考虑人类学知识的哲学地位，这在社会人类学里算不上新奇。半个世纪以前，利奇已经给马林诺夫斯基那看似粗糙的经验主义以一个认识论的背景支撑，他也似乎并不介意，他的这一缕思想上的卖弄风情实际上在马林诺夫斯基的理论发展中并无依据（Leach，1957；Gellner，1988c）。但是，对社会人类学学科史的冷漠态度根本不是最严重的问题。当社会人类学家同时在三个方向（民族志描写、阐释性理解和理论上的复杂深刻）上追求出色完美时，其最大的损失是丢掉了人类学原本在两个方面具有的思考，即人类学对比较社会科学的思考和对“长时段”历史的思考。进化论被等同于单线的、阶段性的理论，对大多数社会人类学家来说，“进化论”一词几乎是一个禁忌。不仅如此，甚至在如何处理历史方面人类学家也变得黔驴技穷了。

在过去的几十年里，人类学家与历史学家最有成效的交流，都主要在于让民族志对于某一特定环境的过去进行了解。历史上的大类型被忽略了。布勒克（Anton Blok）关于意大利西西里岛上黑社会的研究是一个例外，它让人看到，将从一个地方获得的证据与对某个地区的分析及某个长期图景结合在一起是可能的（Blok，1974）。但是，这一个案关注的时段不超过一个世纪。沃尔夫（Eric Wolf）提供了一项出色的对于更长时段的宏观研究（Wolf，1982），但是他描写的是与华勒斯坦（Immanuel Wallerstein）同样的时段（Wallerstein，1974），也同样存在着与之类似的现代主义和欧洲中心主义的倾向。比这更大的范围，基本上被人类学家所放弃了。填充那些领域的是历史学家如迈克尼尔（William McNeil）、克里思蒂安（David Christian），社会学家如迈克尔·曼（Michael Mann）、贝拉（Robert Bellah），以及博学的生物学家如戴蒙德（Jared Diamond）。

我现在要结束对这个学科发展的粗线条描绘，回到剑桥的情况。毫无疑问，剑桥是20世纪下半叶英国社会人类学最多产的中心之一。在这里的领军人物中，没有一个可以被指责为像许多其他地方的学者那样去追随塞纳河左岸的时尚。1972年，杰克·古迪作为福忒斯的继任者，成为威廉·外泽（William Wyse）讲席教授。在接下来的12年里，他尽管没有创立一个“学派”，却主导了人类学系。可以说，他在这一期间最密切的合作者是剑桥大学出版社的苏·阿伦-米尔斯（Sue Allen-Mills），这项合作大大地拓展了人类学的书目。此后，古迪的著作被翻译成法语，在法国被人们阅读、讨论。也许是因为法国读者在他的著作里看不到自己思想火花的重新回炉（我估计他是弗雷泽之后其作品在法国最为广泛阅读的人类学家，他的很多读者来自这个学科之外）。

古迪在剑桥的继任者则代表了这个学科的一个极端另类。盖尔纳（Ernest Gellner）于1984年接任古迪的教授讲席。在对历史研究感兴趣这一点上，他与古迪类似，但是他更倾向于以抽象的、纯理论的方式来发展他对问题的看法。在他的履职演讲中，他提到了“社会的起源”（Gellner，1988b）；几年以后，他参加了一个由史前史学家组织的、关于“人类的革命”的重要学术会议（Gellner，1988a）。在他生命的最后时期，他喜欢将自己描写成一位“启蒙原教旨主义者”。他原本是学哲学出身，人们很难去责难他缺少理论能力，但是他常常对巴黎思想界的时尚出言不逊。对很多社会人类学者来说，盖尔纳著作的最大问题是充满了“欧洲中心主义”的色彩。他“入侵”世界历史的力作（Gellner，1988a）肯定是受到了古迪的影响，不过他在这本书里以及其他地方坚持捍卫西方的唯一性，这又让他与他的前任泾渭分明。他最后的著作之一是关于“公民社会”的特征的著述，一个起源于欧洲启蒙时期的概念被盖尔纳神圣化为自由的、个人主义的欧洲社会的产品（Gellner，1994），与这一概念在其他学科中重新成为时尚的情况遥相呼应。

盖尔纳的接班人是 1992 年入职的斯特拉森（Marilyn Strathern），她的田野调查地点是美拉尼西亚和剑桥周围的农村地区。她也选择了优先在人类学的领域中发展自己的复杂理论，比较少地进入欧美知识分子的其他小圈子。和她的前任一样，她也研究英国。但是，在用到类似“公民社会”这样的词语时，她自然而然地会感觉如芒刺在背，因为这个词汇在几个世纪以来的各种转变中经常承载太多的意义，而这些意义在欧洲思想史中又往往互为矛盾。实际上，她认为“社会”这个概念本身对于比较分析根本没有实用价值，在理论分析上也不适用（Strathern，1998）。她对于人类学这个学科的设想是，要从其他地方寻找理论上的启发。在她这里，那就是存在于新几内亚的“分派而得的人格”（distributed personhood）这一观念。从她的著作在人类学期刊中被引用的情况来看，斯特拉森似乎在建立学派方面比她的两位男性前任都要成功。

如果说，斯特拉森坚持了严格的“反启蒙”的轨道（赫尔德在 18 世纪晚期最早表述了将对立面相对化的观点，可以说，人类学是这一思路符合逻辑的顶点），那么我们该怎样给杰克·古迪归类呢？他也对一些类似“公民社会”这样的概念持有怀疑（Goody，1998：261–278），欧洲学术界过于高估启蒙、文艺复兴带来的断裂，古迪对此也难以苟同［这也有助于解释为什么他在总体上对诺伯特·埃利亚斯（Nobert Elias）的贡献给予负面评价，Goody，2003a］。不过，古迪还是要做全球性的比较、历史基础上的泛化。为了达到这些目的，他认为继续使用广为人知的“欧洲”概念是不可避免的。很可能古迪和盖尔纳的读者与斯特拉森的读者一样多，甚至更多；很可能她的读者中，社会人类学学者居多。对从事历史学和社会科学的学者来说，他们可能会觉得她的一些研究缺少穿透力。在这个意义上，剑桥社会人类学系的演化验证了前文所描写的一般趋势。当一种纯粹人类学领域内的理论被成功地发扬光大时，其代价是这一理论的历史质感（historicity）的减弱，而且也很难获得其他学科的关注和接近。①

① 斯特拉森于 2008 年荣休，有意思的是谁会是继任者。与此同时，这个系的民族志重点已经早就从非洲转到亚洲，从那些在先前分类中的“自然族群”转换到“文明族群”，也就是说，这些族群有他们自己的文字传统。目前几位研究人员有历史研究的兴趣，他们当中也有蒙古专家宝力格（Bulag）和斯尼斯（David Sneath）。［斯特拉森的继任者、现任剑桥大学人类学讲席教授是 Henrietta L. Moore，理论兴趣在性别理论上，田野调查的地域在非洲——译者补注］

社会主义与“后社会主义”

从总体上对社会人类学学科进行一番纵览性的描述之后，现在我要集中到一个问题上：以上文字中描述的这种总体趋势如何在社会人类学中一个小小的、还算是新兴的领域里施展拳脚。在20世纪接近尾声之际，已经很少有人还会去接受和践行埃文斯-普里查德那样的、将这个学科对象限制在“部落”的想法。原则上，这个学科的研究对象已经扩展到全球。在“独立运动”之后，很多前欧洲殖民地国家慢慢获得了“发展中国家”或者“第三世界”这一新身份。正如前文提到的那样，社会人类学的学者也开始关注“第一世界”的发达国家。但是，遍及欧亚大陆的马克思主义、列宁主义、毛泽东思想的“第二世界”则难以进入，至少对西方学者来说如此。

西方社会人类学学者想要研究这些国家所遇到的障碍有时可以说是关山重重。在苏联社会主义国家联盟最终解体之前，有些加盟国对西方学者是完全封闭的。由于这样的现实，在观察性资料的基础上对人类社会组织的这一形式进行系统的比较分析变得完全不可能。在那些有可能进入的地区，西方学者也有必要和行政当局进行充分协商。与典型的殖民地和后殖民地地区不同的是，在“第二世界”的大部分地区，西方人类学者都能遇到地位优越、有一定自信的知识分子群体，他们至少与西方学者有某些共同的兴趣。在东欧，西方学者看到的大多是蒙着薄薄一层马克思主义面纱，在其本质上是浪漫主义的、以民族国家为取向的、发源于19世纪的民族学/国族民族志（national ethnography）。与之形成对比的是，在苏联范围内的“民族志”则被提纯为严格遵循进化理论的科学，其基础是历史唯物主义的教条。

要对那些用英语发表的研究成果进行评判，可以从不同的层面入手。实地考察资料方面的收获是巨大的。那些进入“铁幕”后面从事调研工作的人得以记录“草根”阶层的社会运行机制，这是除他们以外任何外国人都不能看到的。甚至在本土的学者那里，这些内容也往往被忽略。描述类民族志的调研工作大多是在进行集体化的村庄里进行的。这里记录下来的多样性——不仅不同的社会主义国家之间有差异，甚至在同一社会主义国家内部的不同地区亦有差异——让一个问题凸显出来：对社会主义几个模式的划分——它们为其他学科所热衷——是多么幼稚天真。毋庸讳言，英语著作中的“民族志事实”的表述不可避免地受到“冷战”大气候的影响，研究者个人对那个时代主导意识形态撕裂的态度也会影响表述。比如，一位观察者看到的是创造性的能动空间，从而指出了政治学上关于“极权性”的规则模式所存在的不足之处；同样的现象在另一位观察者的描写中，可能就变成了中央规划制度会衍生腐败和裙带关系的证明。

这样就把我们直接带到第二个层面，即复杂的、敏感的阐释。如果要探究在本地的、区域性的多样性赖以生成的特殊因素，比如原有宗教长期以来的“沉淀性”的效应，光理解主体性显然是不够的。严肃地对待那些身心投入的社会主义者、现代性的新型俗世教规的“信仰者”所具有的理念和意识形态，也是非常重要的。有些新干部成了社区里非常有影响的人物，他们的地位一点也不亚于那些旧传统权威的代表者。公平地对待不同类型的信仰者并非易事，更何况还要提炼出多数社会主义公民在日常生活中典型的细节以及他们达成的各种妥协。在多大程度上，掌权者成功地将新世界观嫁接到旧因素上面？毋庸讳言，问题的答案有可能与人类学家自身的政治姿态相违和。保持人类学不带有移情式自我代入的理想，或者至少保持对那些持有其他信仰的人以中立和尊重的态度，这并非易事。当这些信仰并非那些充满异域风情的部落生活中的信仰，而是由某个政治力量——它在研究者自己的国家里或许得到认可，或许不被赞同——所秉持的信仰时，那就更难乎其难了。

这些研究在理论层面上面临的困难和缺陷也同样严峻。当人类学家试图在这里应用一些已经成型的人类学理念（它们是在其他地区或完全不相同的社会类型基础之上发展而来的）时，他们会发现这并不太富有成效。令我印象深刻并十分钦佩的是卡罗琳·汉弗莱（Caroline Humphrey）（Humphrey，1983）的著作，她将格拉克曼（Max Gluckman）用来理解非洲土地租赁的概念应用到对一个布里亚特集体农庄的考察上。但是，这个好开端并没有被继续做下去，甚至她本人也没有继续这个方向。一些最有价值的关于东欧农村的研究著作直到20世纪90年代才出版，尽管作者的田野调查都是在东欧前社会主义时代晚期进行的（Kideckel，1993；Lampland，1995；Creed，1998）。这几部著作都推出了超越特定社区或者研究对象所在国别之上的模式。每个人的研究都注意到东欧前社会主义时期的历史，进行了此前此后的比较，关注到了区域研究的成果。在理论上，他们也不是莽撞的。玛莎·拉普兰（Martha Lampland）创造性地用马克思主义理论来解释 20 世纪 80 年代匈牙利成为商业社会的进程。总体而言，这些作者认为，在避开西方学术时尚的前提下，他们也有可能阐明社会主义转型的问题。

在这些人类学家当中，没有哪一个尝试着去发展一个关于社会主义农村的普遍性理论。唯一去寻找普遍模式的人类学家是凯瑟琳·韦戴蕊（Katherine Verdery），她所依赖的更多的是来自社会学和政治异见知识分子的著作，而不是人类学的理论概念或者民族志材料（Verdery，1996）。她的工作做得很得体，却并非一个历史性的构建，尽管韦戴蕊的早期研究直接与历史相关。她的第一本专著是关于自 16 世纪以来特兰西文尼亚（Transylvania）各族群之间的相互关系，强烈地受到了“对内殖民主义”（internal colonialism）范式的影响，这是 20 世纪 70 年代最引人入胜的新马克思主义研究成果之一（Verdery，1983）。她后来的一部著作描写了罗马尼亚民族主义意识形态在其社会主义时期的根基，而这种民族主义在齐奥塞斯库时代得到了病态的发展（Verdery，1991）。尽管如此，这位最出色的专门研究东欧的西方人类学家也没有把社会主义放在世界历史比较分析的核心位置上。

除汉弗莱的早期研究以及为数不多的其他几本著作以外，苏联的情况没有被社会人类学家所记录。在戈尔巴乔夫执政后，在那里从事研究的条件得到改善。这一时期，格兰特（Bruce Grant）得以在萨哈林岛（库页岛）上进行一项有益的研究。格兰特利用档案材料和在田野中搜集来的讲述材料，聚焦尼弗赫人（Nivkhi）（旧称吉利亚克人，Giliaks）在整个 20 世纪所经历的文化动荡。由于恩格斯曾经在 1892 年专门有一篇短文写到这个民族，社会主义者从一开始就把这个民族看成“独一无二的野蛮人”，最终国家力图将像尼弗赫人这样的少数族群当作法比安（Johannes Fabian）所说的“同时代人”来看待。“传统”中的许多因素永远地失去了，另外一些则被发明或者重新发明。从整体上看，社会主义的国家力量在这一边远地方获得了一种非凡的权利。格兰特的田野调查正当苏联解体之时，他是最早记录对于失去社会主义表现出强烈感伤的社会主义民族志专家之一，这种失落源于当地人已经珍视的社会主义现代性倏然消失。他也指出了恩格斯从俄国民族志学者那里接手过来、用于支撑自己的进化理论的某些材料中存在的错误和歪曲。但是，格兰特把他自己的研究焦点集中在20世纪的文化史上，避免对经济、财产和亲属关系在社会主义阶段有哪些可能的协同交叉发表任何推测（Grant，1995）。

尤查克（Alexei Yurchak）在他最近的著作中提出了若干对田野调查者来说是关键性问题的核心话题。他是从语言人类学的特定角度来讨论问题，采用了大量的传记材料和大规模的档案材料（Yurchak，2006）。理论在这本书里占据突出的位置，他更关注的是上一代俄国知识分子（在广义上），而不是边远地区的少数民族。他的理论灵感部分来源于从埃文斯-普理查德时代就对人类学有重大影响的牛津大学的语言哲学，同时也部分地受到现代作者从巴赫亭（Bakhtin）到齐泽克（Zizek）的影响。相比之下，尤查克对人类学学科内部的重要理论发展，塔姆柏（Stanley J. Tambiah）、布洛赫（Maurice Bloch）的著作则很少予以关注。

20世纪90年代早期苏联阵营的解体给西方人类学调查带来的后果是根本性的。进入这些地区变得容易，至少在开始时是这样的。尽管那些坐在首都的行政主管人并未有本质上的改变，但是现在有了绕过他们、抛开相关规定与当地学者建立联系的可能性。从事人类学研究的地点和相应的话题也增多了：一些研究仍然趋向于边远地方的少数群体；另一些则将工厂、都市消费、西方援助的后果、新的非政府组织等作为考察对象。这些著作传递的讯息大都与“西方的胜利”背道而驰：这里经历的向资本主义民主的过渡并非顺风顺水，带着怀疑态度的人类学家记录下来的道路是颠簸不平而多样化的，反映了地方历史和环境的多样性。如果将这些发现说成是理论上的突破，未免太过勉强。但是，这些研究提供了非常重要的信息，尽管在显要的学术领域如经济学和政治学中，人类学的这些研究成果也几乎没有被人注意到。

如果人类学学者抱怨他们的研究没有获得应有重视的话，在一定程度上，也可以说他们是咎由自取。他们没有在自身强项（基础牢靠的民族志以及本学科的理论讨论）的基础上去面对社会科学中的主导范式；相反，他们从当下时髦的范式中挑拣自己想要的理念，很多时候显得很随意。比如，索林-查克夫（Nikolai Ssorin-Chaikov）甚至比尤查克（Yurchak）还更深地陷入后结构主义的理论中（Ssorin-Chaikov，2003）。他的核心论点是：俄国国家政权几个世纪以来对西伯利亚鄂温克人的生活有重大影响，尽管中央政府及其地方代理人一直否认这些影响的存在并以此来表明鄂温克人顽固的落后性。这是富有启发性的能让人信服的观点，但是索林-查克夫沉重的理论过滤妨碍了他去展现民族志资料和档案资料。他将重点放在用很多本土图案来描画的表征（representations）上。对于无论是在被俄国征服之前还是在其后的“社会进化与国家”这一“经典性的”问题，他根本不感兴趣。

并非所有的社会主义研究者都利用这一机会走进档案：对一些人来说，探讨转型、替牺牲者发出声音，这已经耗尽了他们的能量。抛开时间上的因素，我想说的是：他们面临着在特殊的理论万花筒中失去自身定位的危险。与上一代研究这些国家的人相比（那时候这些国家还是社会主义），大写的理论变得迫不及待了。德勒兹（Deleuze）、加塔利（Guattari）、约翰·奥斯汀（John Austin）都进入了人类学的经典，但是像格拉克曼和古迪这样的人物却没有位置了。或许我们应该得出“不再有人类学经典”这样的结论？一个由从事“后社会主义的欧亚大陆”研究的学者组成的学术团体，依靠一个网站和一个研讨会系列来维护。这个团体的名称也透露出某些本质性的讯息：这个名为 Soyuz 的学术团体虽然属于美国人类学学会，它的正式名称却是：“后共产主义文化研究兴趣小组”（Post-Communist Cultural Studies Interest Group）。

自我批评

一个在人类学意义上令人满意的、将社会主义和“后社会主义”置于欧亚大陆“长时段”之内的分析会是怎样的呢？为什么我也没能交出一份满意的答卷？在对这一小而新的领域内的同事们进行一番吹毛求疵式的批评之后，我也应该对自己的东欧研究做一番自我检讨。在这里我没有更多的空间来修正几十年来的漏洞和缺欠。但是，回过头去看早年的田野调查时，我的确痛惜错失了一个机会。我在读本科时，接触到阿尔都塞的“新马克思主义”教条，这在当时颇为时髦。在我开始研读人类学时，将这些理念应用于非欧洲社会的做法正大行其道（Terray，1972）。不过在进行田野调查之前，与“新马克思主义”理论接触之初的兴奋已经在我这里逐渐冷却，尽管我要去调查的国家还被认为是在实践马克思主义、列宁主义的意识形态。杰克·古迪鼓励我放弃去新几内亚调查的计划（那是当时剑桥学生最喜爱的调查地点），准备一个关于东欧的研究计划——这是我政治学和经济学本科课程的重点。当时的匈牙利是这一地区比较“自由”的国家之一，英国领事馆文化处管理的大学生交流奖学金也没有很多的竞争者，于是我就去匈牙利进修了两年。

“西方新马克思主义”这一工具，在理论修正的讨论中显得捉襟见肘，同时也无助于去分析匈牙利的“市场社会主义”（market socialism）在实践上的两难处境。面对这些曾经让 E. P. 汤普森在那些年里极度困扰的经院教条理论，也许我对它存在的缺陷反应太过激烈了。我发现自己一头扎进地方性的细节当中，包括地区的定居模式以及合作社采取的特别弹性形式。这些似乎是对环境的理性适应，浓缩了匈牙利的“新经济机制”所做出的妥协（Hann，1980）。[①] 后来我有机会在另外一个社会主义国家波兰做研究，那里的条件与匈牙利完全不同。当匈牙利的农庄主（farmer）在厨房和洗浴室方面投资时，生活在其中的波兰人（也有一些乌克兰人）还在河里洗衣服，他们似乎与“农民”（peasant）这个称号完全相符。这一经验帮助我重新回头思考一些问题。在关于波兰的那本专著的结尾处，我得出了比较研究的结论，并没有介意在没有代表性的地方研究基础上对一个国家做泛泛之论（Hann，1985）。波兰的农民比匈牙利农民的状况更糟糕，尽管他们有更强有力的、正式的财产权。他们避免了集体化，但是由于国家在意识形态上反对在私人企业基础上将农村现代化，导致在波兰农村出现的状况是：灰心丧气的农民以及食物短缺。在完成了集体化的匈牙利，情况正好相反：富有弹性的框架激活了私人的能量，这给所有社会群体带来了益处。在我进行这一分析的年代，正值中国启动了快速的市场改革。但是我没有完全参与关于“市场社会主义”的跨学科讨论。我更乐于

① 我的著作和后来完成的博士论文中有很多地方性细节，包括单调冗长的统计数字。我并没有掩盖我所观察到的，尤其是在政治和文化领域里发生的各种滥用。我得出的结论性建议是：合作社的变通形式更像传统的集体农场，其目的是保持高水准的自我剥削。这并不是大多数村民所希望能看到的。我的确没有让他们发出更多的声音，因为我相信自己比他们更了解情况。事实上，这种变通的合作社并没有通向更像苏联式的组织形式。进入 20 世纪 80 年代后，在匈牙利其他地区，其经济与我在这个非典型村子里记录到的变通形式更接近了。在最近的回访中我发现，人们对“市场社会主义”的这种变体有非常大的怀旧情绪，甚至那些曾经激烈反对它的人也不例外（Hann，2006）。

不仅远离“新马克思主义”理论，也远离一切理论。福忒斯所谓的作为一位“旅行人的民族志”学者，从总体上对我更有吸引力。

今天回过头去看时，我多么希望我曾经尝试过从这些个案研究中得出更多的结论，无论在时间还是空间的维度上。请允许我现在通过重拾古迪的几个问题来弥补这一缺憾，当然我对古迪的问题也带着批评性的审视。当古迪对欧亚大陆和撒哈拉以南的非洲在经济、家庭组织和诸多文化现象进行对比时，财产权在古迪的论点中自然占着核心地位。马克思主义、列宁主义、毛泽东思想指导下的社会主义可以被看成人类历史上第一次系统性的尝试，用来校正遍及整个欧亚大陆的大规模不平等。这种大规模不平等肇始于青铜时代晚期的城市革命，在工业革命中被加剧。在撒哈拉以南的前殖民主义非洲政体中，哪怕最突出的等级差别也不足以望其项背。在非洲，由于人与人之间的嫉妒而造成的紧张关系，其引发的典型后果是巫术指控；在欧亚大陆的东部和西部，着眼于分配公正的人性推动力最终会导致建立新型社会的尝试：新社会要通过财产集体所有权来克服不平等（Goody，2003b）。

将社会主义和巫术看成克服不平等的出路，毫无疑问，这一对比是新奇的。但是，就在同一篇文章中，古迪将另外一种假设看作理所当然之事，而我的来自东欧的田野调查资料则有理由质疑这一假设的正确性。古迪的进化理论观点中的一部分是这样的：长期来看，无论是精细分化社会的出现还是更有效率的经济形式的形成，财产的高度个人化以及男性、女性后裔有平等继承权即“双系双性别承嗣”（diverging devolution）都是其必需的因素。向“高级农业”转化需要投入更多的劳动。为什么人们乐于工作？（至少一部分）答案在于：因为他们能将自己劳动的回报，尤其是土地本身传给后代。社会主义则反其道而行之，当它试图通过禁止私人所有权和生产性财产的继承来纠正不平等时，就必然干扰了家庭的延续性，因而也就失去了维系社会收益最大化的方式。由于缺少对投资和生产性财产积累的激励机制，社会主义制度下的产出趋向减少，因此这“部分地对那些最终导致社会主义崩塌的生产制度中的问题负有责任”（Goody，2003b：397-398；401-402）。

在新经济机制自1968年引入匈牙利的几年后，我在匈牙利农村搜集来的材料并不能证实这一解释（古迪小心地指出，西方资本家和“选举出来”的社会主义政权已经通过影响深远的税收和社会保障政策改进了家庭与财产之间的关系)。波兰和匈牙利的农村，在进入社会主义时所持的意识形态都是强调土地的私人所有，并将这看成社会结构的基本原则。实际发生的情况是，匈牙利的农民并不需要以土地所有权来刺激他们为新经济机制下的社会主义市场加大工作力度。消费品的增加、财富积累的可能性，以及能够让后代继承财富，这些足以带动他们的积极性。在 20 世纪 70 年代的小农场中，最重要的经济领域是养猪。养猪可以在自己的院子里进行，没必要拥有土地或者农庄。甚至那些通勤去工厂里上班的人也加入这个劳动集中型、肮脏但是有利可图的行业，他们从社会主义的机构里购买饲料，因为在那里可以形成规模生产，饲料要便宜得多。20 世纪 70 年代，整个匈牙利的经济在这种基础上得以繁荣增长，尽管表面上所有的生产性财产还都是“社会所有”(或者是国有，或者是集体所有的形式)。其结果是，20 世纪 40 年代，匈牙利这个国家还有很多封建的等级制度特征，此后这些封建性因素被一种新形式的官僚等级制度所取代，在其社会主义的最后 20 多年间，它演变成一个市民理想的“能人社会”，一个不同寻常的、允许精英流动的形式，它超过了此前和此后的任何时期。

通过在匈牙利的一个村子里观察到的养猪活动细节，我可以不错失分析以下两个问题的机会：一是将社会主义现象放置在世界史的视野当中；二是对想当然的资本主义的“业绩社会”规则进行重新思考。古迪提出了社会主义与巫术的同构性。民族志材料可以用来追寻这些问题。也许所有的人类社会都有对分配上的不平等产生消极性反应的倾向（如果这确实是一个认知上的普遍性情况，那么它明显地是一个与各种千差万别的社会制度安排都能兼容的普适情形)。持进化论观点的经济学家认为，类似的普遍天性造成了对财物的心理上的纽带，这是理解私有财产如何驱动经济行为的核心所在（Schlicht，1998)。但是，关于生产性财产只有在私有并且通过家庭继承的条件下才能被有效地利用这一假设，并没有从我在匈牙利的实地考察材料中得到证实。这对于新自由主义的反对者来说，无疑是一个好消息[1]，因为新自由主义者声称“私有化和更多的不平等是让世界上更多的社会群体摆脱绝对贫困必需的代价”，匈牙利的农村则提供了一个反例。

结　论

在本文中，我的主要目的是综述社会人类学中的趋势，去追问什么成了这个学科的正典。当利奇在1959年提出这一学科需要彻底的“重新思考”时，尽管他激烈地批评马林诺夫斯基和拉德克里夫-布朗的功能主义，他仍然充满信心地要在他们打下的基础上进行建设，就如同他们也是在里弗斯（Rivers）、涂尔干和莫斯的基础上建设一样，而这些人则从摩尔根、麦克林南（McLennan）、罗伯森-史密斯（Robertson-Smith）那里借用了很多思想。在利奇提出“重新思考”之时，杰克·古迪找到自己的轨道，并在其后的半个世纪内坚定不移地沿着它走下去。不过，在此期间，这种互启性的学术群落似乎在我们眼前消失了。有些人甚至怀疑，这种方式是否还足以构成让这一学科获得提升的基础。矛盾的是，这样想的人还是在继续着利奇所说的“在旧理论的废墟上建设新理论”（Leach，1961：V）这一古老游戏，许多其他人则完全忽略了旧理论。

对于像社会人类学这样的学科，进行理论上的反思有多么重要是毋庸置疑的。问题的关键是如何去完成它：没有魔法公式可遵循。但是，如果“学科”还在一定程度上是一个有效的范畴的话，那么我们就可以从其他人类学家的著作入手——过去的和现在的，然后对他们提出的模式和研究路径进行补充；在与所涉及的问题有相关性的情况下，我们也可以利用来自其他学科传统的启发。实际上所发生的情况，却与此大不相同。人类学家忽略了自身学科史中的重要材料而满足于去开凿理论，削足适履地去迁

① 近年来许多关于集体化解体的研究得出了类似的结论，参见 Hann & The Property Relations Group（2003）以及 Verdery（2003）。当然，这些当代研究也不能否认这样的假设：在古迪所关注的“长时段”历史的各种转型中，财富积累和向下一代传递私人财产在无数时刻曾经担当重要的角色。要理解在世界历史上财产与分配公正性的辩证法，还需要有深度的跨学科合作。在这种合作探讨中，人类学的角色是：一方面斡旋在历史学与考古学之间；另一方面斡旋于认知科学与经济学之间。

就法国的"大师们"，而这些"大师们"对人类学的思想传统很少有或者根本没有兴趣。其结果是，人类学学科内的理论讨论正在失去任何互启性的思想传统，对启发与灵感的追寻与时尚息息相关。

也许在人类学内部得以成功地开发的理论就是结构主义。对于那些力图将这个学科推向认知科学方向的人来说，结构主义仍然是有价值的思想源泉。当然，这一潮流最初的灵感和启发也来自人类学之外，但是这种对语言学的借用，对于结构主义想要讨论的问题而言，有正当的理由。不过，结构主义要探讨的问题不再是历史问题。列维-斯特劳斯（Levi-Strauss）对于社会通过哪些具体的手段完成从"冷"到"热"的转变很少感兴趣。他是认知科学的先驱，也是现在备受尊崇的理论之路的先驱者，这一理论从人类学的研究对象、边远地区人群的世界观（或者说本体论）出发。但是，这一策略不能在历史的方向上扩展跨学科交流的范围。

只有少数的个人和小范围的学术群落还保留了早期纲领——有长期历史和进化论取向的因素。即使是有勇气这样做的人，也在小心地强调他们的目标并非是从个案研究中得出普遍性的原则。在人类学的内部，对历史的偷窃从来不是完全彻底的，但是在21世纪开始之际，社会人类学家中的大多数已经背离了在大范围内进行比较这一目标，这曾经是人类学的核心议题。对人类学的偷窃之罪，他们视而不见：为了能够做到在某个特定的分支领域或者民族志中有出色的成绩，并非必须放弃人类学的旧纲领和议题不可。当我看到某些年轻的学者认为古迪缺少理论兴趣时，我会忍不住感到好笑。在那些"为理论而理论"的著作早已被人们忘记以后很久，古迪的著作还会被人们广泛阅读，对此我完全有信心。在人类学中，对事物的具体描述和规律阐发是可以很好地结合在一处的，古迪的研究是一个再好不过的突出例子。他后来研究财产承递与社会再生产的灵感，来自他在加纳进行田野调查时所观察到的人类承继中的社会交往。在他学术生涯的不同时期，他曾经身心投入于某一个神话线索的破解（Goody，1972），以及在西非地区范围内的系统比较（Goody，1971）。他也表明，结构主义者和认知科学研究者应该关注具体的历史上的技术，尤其是文字（Goody，1977；1986）。这些以及无数其他著作完善了他的长时段比较历史人类学。在他看来，在结构上非洲-欧亚大陆的对比要比在后者内部的西方-东方对比重要得多。我在这里想要着重指出的是，古迪关于生产制度和财产的分析对于多学科共同讨论“市场社会主义”是有益的，尽管在田野调查资料基础上我对他的核心性预设表示怀疑。无论如何，不同变体的社会主义贯穿整个欧亚大陆这一事实，给古迪所断言的“欧亚大陆在深层上的一体性”这一观点提供了持久性的证据。

致谢

感谢彼得·柏克（Peter Burke）、让-克劳德·格里（Jean-Claude Geley）、凯斯·哈特（Keith Hart）和本刊的两位匿名评议人对本文初稿给出富有帮助的评论！

参考文献

[1] Blok, Anton. 1974. *The Mafia of a Sicilian Village*, 1860-1960; *A Study of Violent Peasant Entrepeneurs*, Oxford: Blackwell.

[2] Creed, G. L. 1998. *Domesticating Revolution: From Socialist Reform to Ambivalent Transition in a Bulgarian Village*, University Park: Pennsylvania State University Press.

[3] Dumont, Louis. 1970. *Homo Hierarchicus: An Essay on the Caste System*, Chicago, University of Chicago Press.

[4] Evans-Pritchard, E. E. & Singer, André. 1981. *A History of Anthropological Thought*, London, Boston: Faber and Faber.

[5] Fabian, Johannes. 1983. *Time and the Other*, *How Anthropology Makes Its Object*, New York.

[6] Fortes, Meyer. 1978. An Anthropologist's Apprenticeship. *Annual Review of Anthropology* 7: 1-30.

[7] Gellner, Ernest. 1988a. *Plough*, *Sword and Book: The Structure of Human History*, London: Collins Harvill.

[8] Gellner, Ernest. 1988b. Origins of Society. In *Origins: The Darwin College Lectures*, edited by A. C. Fabian, 129-140, Cambridge: Cambridge University Press.

[9] Gellner, Ernest. 1988c. "Zeno of Cracow" or "Revolution at Nemi" or "The Polish Revenge: A Drama in Three Acts". In *Malinowski between Two Worlds: The Polish Roots of an Anthropological Tradition*, edited by Roy Ellen & Ernest Gellner & Grazyna Kubica & Janusz Mucha, 164 - 194, Cambridge: Cambridge University Press.

[10] Gellner, Ernest. 1989. Culture, Constraint and Community: Semantic and Coercive Compensations of the Genetic Under-determination of Homo Sapiens Sapiens. In *The Human Revolution*, edited by Paul Mellars & Chris Stringer, 514-525, Edinburgh: Edinburgh University Press.

[11] Gellner, Ernest. 1994. *Conditions of Liberty: Civil Society and Its Enemies*, London: Hamish Hamilton.

[12] Goody, Jack. 1962. *Death, Property and the Ancestors; A Study of the Mortuary Customs of the LoDagaa of West Africa*, Stanford, Calif.: Stanford University Press.

[13] Goody, Jack. 1971. *Technology, Tradition and the State in Africa*, London: Oxford University Press.

[14] Goody, Jack. 1972. *The Myth of the Bagre*, Oxford: Clarendon Press.

[15] Goody, Jack. 1976. *Production and Reproduction: A Comparative Study of the Domestic Domain*, Cambridge: New York: Cambridge University Press.

[16] Goody, Jack. 1977. *The Domestication of the Savage Mind*, Cambridge Eng, New York: Cambridge University Press.

[17] Goody, Jack. 1983. *The Development of the Family and Marriage in Europe*, Cambridge Cambridgeshire, New York: Cambridge University Press.

[18] Goody, Jack. 1986. *The Logic of Writing and the Organization of Society*, Cambridge Cambridgeshire, New York: Cambridge University Press.

[19] Goody, Jack. 1995. *The Expansive Moment: The Rise of Social Anthropology in Britain and Africa*, 1918-1970, Cambridge, New York: Cambridge University Press.

[20] Goody, Jack. 1998. *Food and Love: A Cultural History of East and*

West, London: Verso.

[21] Goody, Jack. 2003a. "Civilizing Process" in Ghana. *Archives Europeennes de Sociologie* 44, No. 1: 61-73.

[22] Goody, Jack. 2003b. Sorcery and Socialism. In *Distinct Inheritances, Property, Family and Community in a Changing Europe*, Edited by Hannes Grandits & Patrick Heady, 391-406, Münst: Lit Verlag.

[23] Goody, Jack. 2006a. *The Theft of History*, Cambridge, New York: Cambridge University Press.

[24] Goody, Jack. 2006b. Gordon Childe, the Urban Revolution and the Haute Cuisine: An Anthropo-archaeological View of Modern History. *Comparative Studies in Society and History* 48, No. 3: 503-519.

[25] Goody, Jack & Thirsk, Joan & Thompson, E. P. eds. 1976. *Family and Inheritance: Rural Society in Western Europe*, 1200 - 1800, Cambridge: Cambridge University Press.

[26] Grant, Bruce. 1995. *In the Soviet House of Culture: A Century of Perestroikas*, Princeton: Princeton University Press.

[27] Hann, Chris. 1980. *Tázlár, A Village in Hungary*, Cambridge, New York: Cambridge University Press.

[28] Hann, Chris. 1985. *A Village without Solidarity: Polish Peasants in Years of Crisis*, New Haven: Yale University Press.

[29] Hann, Chris. 2006. "*Not the Horse We Wanted!*" *Postsocialism, Neoliberalism and Eurasia*, Münster: Lit Verlag.

[30] Hann, Chris & Hart, Keith. 2010. *Economic Anthropology: A Short History*, Cambridge: Polity.

[31] Hann, Crhis & The Property Relations Group, eds. 2003. *The Postsocialist Agrarian Question: Property Relations and the Rural Condition*, Münster: Lit Verlag.

[32] Heady, Patrick. 2007. Fertility as a Process of Social Exchange. *Demographic Research* 17, No. 16: 465-493.

[33] Humphrey, Caroline. 1983. *Karl Marx Collective: Economy, Society and Religion in a Siberian Collective Farm*, Cambridge: Cambridge University Press.

[34] Ingold, Tim. 1992. Editiorial. *Man NS* 27, No. 4: 693-696.

[35] Kideckel, David. 1993. *The Solitude of Collectivism: Romanian Villagers to the Revolution and Beyond*, Ithaca: Cornell University Press.

[36] Kuper, Adam. 1973. *Anthropology and Anthropologists: The British School*. 1922-1972, London: Allen Lane.

[37] Kuper, Adam. 1999. *Culture: The Anthropologists' Account*, Cambridge, MA: Harvard University Press.

[38] Lampland, Martha. 1995. *The Object of Labor: Commodification in Socialist Hungary*, Chicago: University Chicago Press.

[39] Leach, Edmond. 1957. The Epistemological Background to Malinowski's Empiricism. In *Man and Culture: An Evaluation of the Work of Bronislaw Malinowski*, edited by Raymond Firth, 119-138, London: Routledge & Kegan Paul.

[40] Leach, Edmond. 1961. *Rethinking Anthropology*, London: Athlone.

[41] Macfarlane, Alan. 1978. *The Origins of English Individualism: The Family, Property and Social Transition*, Oxford: Blackwell.

[42] Malinowski, Bronislaw. 1922. *Argonauts of the Western Pacific: An Account of Native Enterprise and Adventure in the Archipelagoes of Melanesian New Guinea*, London: Routledge & Kegan Paul.

[43] Nugent, David. 1982. Closed Systems and Contradiction: The Kachin in and out of History. *Man* 17, No. 3: 508-527.

[44] Schlicht, Ekkehart. 1998. *On Custom in the Economy*, Oxford: Clarendon Press.

[45] Ssorin-Chaikov, Nikolai V. 2003. *The Social Life of the State in Subarctic Siberia*, Stanford: Stanford University Press.

[46] Strathern, Marilyn. 1998. The Concept of Society is Theoretically Obsolete. In *Key Debates in Anthropology*, edited by Tim Ingold, London: Routledge.

[47] Terray, Emmanuel & Klopper, Mary. 1972. *Marxism and "Primitive" Societies: Two Studies*, New York: Monthly Review Press.

[48] Thompson, E. P. 1978. *The Poverty of Theory and Other Essays*,

London：Merlin Press.

[49] Verdery, Katherine. 1983. *Transylvanian Villagers：Three Centuries of Political, Economic and Ethnic Change*, Berkeley：University of California Press.

[50] Verdery, Katherine. 1991. *National Ideology under Socialism：Identity and Cultural Politics in Ceausescu's Romania*, Berkeley：University of California Press.

[51] Verdery, Katherine. 1996. *What was Socialism, and What Comes Next?* Princeton, N. J. ：Princeton University Press.

[52] Verdery, Katherine. 2003. *The Vanishing Hectare：Property and Value in Postsocialist Transylvania*, Ithaca：Cornell University Press.

[53] Wallerstein, Immanuel. 1974. *The Modern World-System：Capitalist Agriculture and the Origins of the European World-Economy in the Sixteenth Century, Vol. I*, New York：Academic Press.

[54] Wilson, Bryan R. 1970. *Rationality*, Oxford：Blackwell.

[55] Wolf, Eric. 1982. *Europe and the People without History*, Berkeley：University of California Press.

[56] Yurchak, Alexei. 2006. *Everything was Forever, until It was No More：The Last Soviet Generation*, Princeton, N. J. ：Princeton University Press.

再生产与继承：重读杰克·古迪*

韩可思　著
吴秀杰　译

内容提要

杰克·古迪（Jack Goody）在其大量的著作——这些著作可以追溯到20世纪50年代——中表述了这一观点：欧亚大陆与撒哈拉以南非洲大陆在财产继承模式上之所以存在差异，是因为它们的继承模式与各自的家庭群体、亲属称谓、政治、社会分层，尤其是生产性制度安排有多重关联。古迪的理论建立在进化论的假设之上，他部分地采用了“民族志地图”（Ethnographic Atlas）中的统计分析数据。在社会文化人类学学者的眼中，他的著作无论在理论上还是方法上都背离时尚。几十年来，他的研究成果在很大程度上被人类学界所低估，甚至可以说被忽略了。本文首先总结了古迪在“再生产与继承”这一论题上的主要观点及人类学界对古迪的批评；其后，本文检视分析了近期关于欧洲农村亲属关系与财产以及法律人类学方面较有分量的研究成果。作者认为，对于关注当代社会转型的社会文化人类学学者来说，应该到了重新开始考虑财产继承这一话题的时候。人们曾经设想，在社会主义社会中继承失去其奠基性的社会意义；在发达

---

* 古迪的一本著作的标题为 *Production and Reproduction*（Cambrige University Press，1976），中文文献在提到这本书时使用的书名通常为《生产与生殖》，即把“reproduction”一词翻译成“生殖”。但是，“生殖”一词更多地体现出这个语汇在生物学上的含义，在社会学意义上对家庭关系和社会关系的建构这层含义未能充分凸显，所以本文在涉及 reproduction 这一概念的地方，一律使用“再生产”这一语汇——译者注。

资本主义的社会再生产中，继承也曾变得微不足道。重读古迪的著作让我们有理由认为，财产继承在社会再生产中变得无关紧要这一现象可能只是人类历史中的一种暂时状态。

导　论

在社会科学领域里，人们经常讨论经济关系的再生产，或者说政治支配关系的再生产之理念的话题，从马克思、恩格斯到布迪厄、梅拉苏，社会理论家们大都曾经涉足这些问题。这一话题的潜在涵盖范围如此之广，它基本上包括了社会文化人类学所探讨的各种事物。不过，本文主要集中讨论财产的承递转移。关于继承（inheritance）这一概念，我们最好从广义上来理解，即发生在代与代之间价值物品的承嗣，包括所涉各方都尚在人世时财产承递转移的许多不同形式。“继承”将生产领域和亲属婚姻领域联结起来，在总体上对社会性制度安排的发展也有着深远的影响。对这些关联进行深入讨论的主要人物是杰克·古迪。在长达 50 年的研究探索中，他将“双系双性别承嗣”（他更倾向用 diverging devolution 这一语汇，而不是 bilateral inheritance）[①] 看作欧亚大陆自青铜时代晚期的城市革命以来这一历史“长时段”中的核心问题。在这篇综述文章的第一部分，我总结概述古迪眼中世界历史的图景，这在他的《生产与再生产》一书中（Goody，1976）有较为精准和明确的表达。在理论上，他的论点受到 19 世纪的梅因（Sir Henry SMaine）、麦克伦南（McLennan）和摩尔根的影响；在方法上，他主要依仗莫多克（G. P. Murdock）“民族志地图”（Ethnographic Atlas）所搜集归类的材料。无论在理论上还是方法上，古迪都与 20 世纪人类学的主导潮流逆向而动。他力图拉到一起的那些领域，在今天的研究中被条块分割了。这里我只讨论其中两个领域中最近的一些研究成果。时至今日，进行千年跨度的大规模比较在社会文化人类学里仍不入

① 指后代中无论男女性别都有权利继承父母的财产。这一规则在欧亚大陆的继承制度安排中常见，而在撒哈拉以南的非洲大陆的通常情况是，男性后代继承男性的财产，女性后代继承女性的财产——译者注。

时。不过，在地方化的民族志细节与新认知手段的普遍性目标之间的折中地带，古迪的“双系双性别承嗣”假设仍然是中等范围理论的一个出色样板。尤为令人赞叹的是，一方面，他秉承唯物主义的传统，尽管他不是马克思主义者；另一方面，他将考古学家和历史学家的著作成果融会贯通于自己的理论当中。

古迪的论点

古迪对于财产承递转移机制有着长久不衰的探索兴趣，这一方面源于20世纪50年代早期他在加纳北部从事的田野调查，另一方面也得益于英国的比较法学传统——这一传统对英国社会人类学当中继嗣理论的专家们有重大影响（Goody，1962）。尽管古迪与这些早期的理论家们过从频繁，但是他经常批评结构-功能主义的封闭性特点、整体主义和共时主义。这些问题也导致一些学者将非洲的承嗣模式直接投射到欧亚大陆上，根本没有注意到这两个地域在生产制度、财产承嗣上的不同，以及随之而来的在家庭分工与承嗣序列安排等领域里的根本性差异。在非洲的继承模式是：男性的财产传给男性（儿子从父亲那里获得财产继承，在母系社会里从母亲的兄弟那里获得财产继承）、女性的财产传给女性；与这一模式完全不同的欧亚大陆继承模式是：婚姻之内（夫妻双方共同）的财产由男性和女性后代共同继承。古迪在“人类关系地域档案”（Human Relations Area Files，简称HRAF）的数据资料基础上把这一在欧亚大陆可观察到的现象与一些制度因素联系在一起考虑：在欧亚大陆，一夫一妻制优于一夫多妻制，“垂直的”陪嫁移付（生前继承的一种重要形式）优于“水平的”彩礼支付。在家庭角色和准亲属关系上看，这种对比更深一步：与一夫一妻制配套的是纳妾制。在非洲，感情上的紧张关系集中于多位妻子之间；在欧亚大陆，感情上的紧张关系则指向非亲生母亲。过继和领养的制度安排主要出现在欧亚大陆，其目标在于提供一位继承人；在非洲，这样的制度安排在大多数情况下毫无必要，那里的一夫多妻制和代养制提供了很多灵活的变通可能（Goody，1983）。在欧亚大陆的一些地区，晚婚和较高的鳏独率也是“双系双性别承嗣”这一继承制度安排的进一步后果。在家庭范围之外，与之相关的是社会分层加剧、复杂的政体产生。最后，它导致了亲属称谓的个体化（也就是说，亲属称谓更倾向于描述而非分类）。

但是，导致欧亚大陆与撒哈拉以南非洲之间存在根本性对比的最终原因并非双系双性别承嗣。泛泛而论式地谈论因果关系是轻率的，但是在家庭领域、社会领域和生产领域之间有强劲的关联，这一点是毋庸争论的（Goody，1976：39）。双系双性别承嗣与高级农业（其标准是使用耕犁和灌溉，或者使用其中之一项）相匹配，因为高级农业需要在劳动力使用上有新的性别分工，可以获得更好的收成，让土地变为一种新型的财产形式。从大的方面来讲，古迪的观点与摩尔根的进化论观点（Morgan，1877）以及马克思主义者的历史唯物主义观点（Engels，1972/1884）一脉相承，尽管他基本上避免使用“阶级斗争”和“剥削”这样的用语。

古迪在后来的很多著作中都致力于通过历史上的详细资料来完善他在《生产与再生产》（Goody，1976）一书中勾勒出来的这一假设。他有两本书谈及欧洲的发展（Goody，1983；2000），但是他的主要目标一直立足于批评那些基本的西方偏见——在那些关于现代世界形成的各种富有影响的观点中，这些偏见根深蒂固。他的批评集中地展示于一部主要采用亚洲资料的精品著作——《东方的、古代的和原始的：欧亚大陆前工业社会中的婚姻制度与家庭》（Goody，1990）。东亚国家令人瞩目的经济表现并没有受阻于“原始的”家庭制度，也没有被儒家以及其他没有适应能力的心智状态所遏制。对东方满怀期待的观点最近也出现在其他领域（Frank，1998），但是古迪让人看到，西方的目的论观点因为没有（恰当地）表述东亚的贡献而“偷走”欧亚历史（Goody，1996；2006b）。最近他一再强调考古学家戈登·柴尔德（Gordon Childe）对他的思考线路带来的影响：柴尔德将欧亚大陆的真正一体化追溯到青铜时代晚期的“城市革命”（Goody，2006a）。

尽管古迪的绝大多数著作都专注于前工业时代，对于无论在现代资本主义（Goody，1998b）还是社会主义社会（Goody，2003）中财产与继承所面临的两难处境，古迪都提出了富有启发性的看法。在下面的篇幅里，我将简要地谈及这两种社会形态。我既无意去评价关于财产研究的海量文献，也不想去评价古迪的全部著作。财产转让是古迪著作的核心主题之一，但这远未穷尽他的思想之全部。

人类学界对古迪的通常看法

古迪的著作不时被错误地归类为“还原论”或者“粗放式唯物主义”并因此而遭到轻蔑[①]，学者们也因此对其嗤之以鼻。某些尚经得起检验的批评是西尔维娅·亚娜基萨科提出来的（Yanagisako，1979）。她对古迪论点中的某些部分充满尊重，尤其是涉及将彩礼与陪嫁进行对比的那些部分。但是，对于“他（提出）的类型在现实中的普遍性以及在分析上的可行性”这两方面她都存有疑虑（Yanagisako，1979：172）。正如我们已经看到的，古迪的目标对准的并非仅止于一个类型，亚娜基萨科却在她的预言中这样指责道：

“在他的成因模式中，生产中的技术性因素是家庭组织进化的首要推动者，这也许并不能经得起时间的考验……当然，这一问题内在地存在于任何建立在粗略的类型序列基础上的进化论图式中。不管定量的实际材料有多么丰富，人们都无法从非历史性的、跨地区的数据中推导出历史的进程”（Yanagisako，1979：172）。

尽管古迪追寻的是家庭角色体系在欧亚大陆和非洲之间的反差，但是在亚娜基萨科看来，古迪从谱系网络出发而泛化问题、将核心家庭看作构成社会的基础和自然的单位。在这两点上，他与马林诺夫斯基一样难辞其咎。

这些批评可能仍然被大多数社会文化人类学者所认可。古迪曾经希望，新的计算机技术能够有助于将关于成因性的各种棘手问题以更精致的方式来处理。这一希望至今仍未实现。正好相反，这些问题大多被回避了。有些学者继续用“人类关系地域档案”（HRAF）的资料做跨文化比较研究，但是他们的诉求领域似乎变得狭窄了。最近一项关于一夫多妻制研

---

① 古迪在《生产与再生产》（Goody，1976）一书中注意到阿尔都塞关于生产方式是“最终决定性因素”的表述，但是他没有加入 20 世纪 70 年代“新马克思主义者”关于经济基础中生产力与生产关系的讨论。这并没有阻止他被归类于庸俗唯物主义者行列当中（Hindess & Hirst，1975）。古迪对这些人的回答是，他们自己的学术研究是唯心主义的一种高度庸俗的形式（Goody，1980）。其与真正的还原论方法之区别，清晰地体现在他对斯坦利·戴蒙德（Stanley Diamond）的批评中（Goody，1998b）。

究得出的结论是，导致一夫多妻制的最大影响因素是战争中男人的高死亡率（与19世纪赫伯特·斯宾塞提出的观点相同）以及传染病高发率（Ember & Ember & Low，2007）。他们对于古迪（继伊斯特·博斯鲁普[①]之后）所持的犁耕农业和土地稀缺程度负向相关的观点予以认可。不过他们也指出，这些模式还是粗糙得让人倍感困惑，因为我们还没有任何手段可以用来衡量土地的稀缺程度。[②]

沿着西尔维娅·亚娜基萨科的传统（在她之后是大卫·施奈德[③]），民族志学者继续创造性地扩展亲属关系研究（Carsten，2000；Schweitzer，2000；Strathern，1992）。古迪本人也在这个层面上做了很多工作，他的研究兴趣在于制度性安排，如纳妾制和过继制，这些成了近年来“关于人的相关状态的文化”（cultures of relatedness）众多研究著作之先声。不过，他也认为民族志研究需要有更泛化的、鸟瞰的视角以使其完善，最好包括那些我们可以回溯，或者可以推测的长期历史趋势。最近几十年来，在这一类理论探索中最为重要的努力是关于“家屋社会”（house-based societies）的理论，即把这一社会类型看作介于简单亲属结构与复杂亲属结构之间的一种过渡形式。不过，列维-斯特劳斯关于家屋的定义很模糊：“一个合作体拥有一份由物质性和非物质性财富构成的不动产，通过沿着真实或者臆想的脉络向下传递该合作体的名字、物品和头衔，让自身绵延下去。”（Levi-Strauss，1983：174）在后来的研究著作中，古迪的名字就不再被提及了（Carsten & Hugh-Jones，1995）。

的确，在今天的人类学研究和教学中，古迪的做法大多被忽略了，“承嗣”和“社会再生产”这样的词汇可能会被人们忘却。财产的新形式——生物基因的、文化的、知识的，等等——吸引了很多人的关注，反映在被浓缩了的商品化和全球化当中（Verdery & Humphrey，2004）。[④] 有些

---

① Ester Boserup，1910—1999，丹麦人，联合国农业经济与发展专家。主要研究领域为经济与农业发展，经济发展中女性的角色——译者注。

② 对古迪来说，这类练习没有什么价值可言，因为它们扭曲了社会再生产的大画面。“从试图解释一妻多夫制开始是从错误的一端开始。”（Goody，1976：51）

③ David Schneider，1918—1995，当代美国文化人类学家，以研究美国的亲属制度、象征人类学著称——译者注。

④ 这里也参见 Keith Hart 讨论知识产权的文章（http：//thememorybankcouk/papers/intellectual-property/）。

人类学者强调在主观与客观之关系上极端的跨文化差异（Strathern, 1999）；另外一些学者则坚持，将财产与继承的定义应用于比较分析，对今天的学术仍然有所裨益（Von Benda-Beckmann & Von Benda-Beckmann & Wiber, 2006）。后者主编的论文集强调法律人类学，而由安东尼·吉尔曼（Antonio Gilman）与罗伯特·亨特（Robert C. Hunt）合编的论文集涉及的则是经济人类学的一个广大范围（Hunt & Gilman, 1998）。但是，这两部论文集都很少注意到在长时段变迁中财产担当的角色以及财产承嗣的精确机制。

为什么古迪会被忽略？毋庸讳言，古迪的研究与不受待见的现代化理论范式有关联。现代化理论将一夫一妻制与核心家庭看作家庭的构成形式，其他形式最终都会让位于此。古迪毅然决然地拒绝将西方模式移植到后殖民地的加纳，但是在这样做时，他毫不含糊地将家庭组织形式的非洲模式与不发达经济联系在一起，并暗示在后来的发展阶段西方的（更准确地说是欧亚大陆的）模式很可能出现。简而言之，他代表了以进化论角度看问题的观点，这在人类学的主流中早已不再时髦；他使用“人类关系地域档案”（HRAF）的数据，也同样使他偏离主流。

即便是那些继续将自己的专业看作历史性比较社会学的人类学者，他们当中也很少有人乐于做不同大陆之间这一层面的比较。大多数社会文化人类学者更愿意专注于某一社会或者集中于民族志的个案当中。停留在这个层面思考，根本不可能去欣赏或者拒绝古迪的理论。古迪从自己关于加纳的研究中知道，并非所有的非洲政体都没有区分，每个地方土地的多寡程度也不尽相同。[①] 在欧亚大陆之内，某些地区和地域所具有的不同情况，也令人感到一头雾水。但是，去抓些细节来质疑古迪的模式未免有无的放矢之嫌。比如，有人指出结婚时发生的水平方向财产转移广为存在，但这并不能击中古迪，因为古迪没有在任何地方强调彩礼和陪嫁之间具有完全的排他性。在零星的几位试图从大处着眼的学者中，艾伦·麦克法兰

① 马达加斯加岛与英国和日本形成鲜明的对比。毛里斯·布洛赫（Maurice Bloch）指出，梅里纳人（Merina）实施族内婚，这使他们与相邻的扎法马尼瑞人（Zafamaniry）有所区别，他们一直潜在地热衷于扩展自己的地域群体（Bloch, 1975）。布洛赫的“新马克思主义”阐释强调，梅里纳人对稻田的投资是“姻亲的终结”的关键所在。这证实了在精耕细作农业条件下古迪模式所预言的情形；问题是，对土地如此这般地投入在非洲非常罕见。

（Alan Macfarlane）是其中之一（尽管他的时间维度和空间框架与古迪的相比都非常有限）。在早年的著作中，他盛赞英国以自我为中心的亲属制度的独特性，将对待财产的个人主义态度——表现为在设立遗嘱上的自由，追溯到《普通法》的源起。后来，他对日本情况的研究（Macfarlane，1997）迫使他认识到，不同类型的家庭组织都能与财富的迅速积累相容。麦克法兰比古迪更强调人口学的趋势。英国和日本之所以能成功地逃脱马尔萨斯陷阱，最终原因在于它们都有相似的、优越的地理和政治环境（“岛国特性”，islandhood）。得以继承的财产不可拆分这一点也非常重要，但是与之相关的运作机制却极为不同。日本人解决农场承嗣问题的主要方法是过继非亲属成员；而在英格兰，直到20世纪，过继还是没有法律上的地位（古迪也注意到这一现象，但是没有给出解释），农场的劳动力需求主要依赖于强化对仆人的役使以及雇工。按照麦克法兰的观点，通过这些机制，英格兰和日本成为最早在生产与再生产之间划分明确界线的农业社会，并为工业现代性铺平了道路。

欧洲农村的财产继承及承嗣

艾伦·麦克法兰的研究致力于大综合，这在当代人类学中并不多见。不过，着眼于小范围的一些欧洲研究成果也还是值得给予更进一步的关注，这一领域的书面文献之丰富，使得人类学家继续与历史学家和其他学者的合作成为可能（Kertzer & Barbagli，2001—2003）。学者们逡巡于宏观与微观分类之间。尽管某些空间类型的出现已经历经若干世纪，韦阿佐（Viazzo）还是警告人们，有必要对宽泛的模式如“地中海式家庭”这样的概念有所警惕（Viazzo，2007）。他注意到，人们对直近亲属所持的态度和表现出来的行为，其改变速度之快令人吃惊，因而怀疑“文化断层线”（cultural fault lines）一说，同时也质疑用量化的证据来阐释亲属关系的做法：来往互动的频率以及经济援助的力度等指标也许还不足以用来标志亲属关系的质量。

在分析财产继承问题上，这些提醒恰如其分。当越来越多的小型地区被发现、研究之后，关于泛西北欧的“非拆分性财产继承”（impartible inheritance）类型（古迪倾向强调这一类型）的看法就不得不被修正。比如，在西班牙的大多数地区实行可拆分财产继承，在现代民族国家的立法体系中这样的原则也普遍受到青睐。不过，在加泰罗尼亚（Catalonia），“单人承嗣”（unipersonal succession）借助于“主干家庭”形式才得以保障（Barrera-Gonzaléz，1998）。继施坚雅对日本的研究之后（Skinner，1993），巴瑞拉-冈萨雷斯质疑的是：对财产的平权分割是否还可以被看成承嗣的一种形式。加泰罗尼亚的长子继承制与一系列因素相关：强有力的书面传统和书面法律，与之相伴的还有大型家户、晚婚、活跃的说媒行为、高鳏居率，以及理念上对祖屋的强调。男性家长即便在长子完婚之后也不退位，而是保留有效的权威，继承者不得不等到其父亲过世后才可以完整地步入其继承者的角色：从这一点上看，这一承嗣制度更像是东方式，而不是欧洲式。巴瑞拉-冈萨雷斯（追随H. J. 哈贝库的观点，Habakkuk，1955）在他的研究结尾之处不乏大胆推测的勇气，将加泰罗尼亚和英格兰放在一起分析，并给出饶有理由的成因链条：在这两个案例中，非拆分性的财产继承趋向于导致较高的社会流动性、更有效率的农业，成就了工业发展的最初推动。

在关于欧洲的财产与继承的早期研究中，布迪厄对法国贝阿恩地区（Béarn）高鳏居率的调查是一个重要的贡献（Bourdieu，1962）。布迪厄与古迪有一个共同的基本看法，即“财产转让作为维持地位、权力以及再产出象征资本的手段”（De Haan，1994：161）。布迪厄后来对此做的进一步深入分析（Bourdieu，1976）——在操纵婚姻和继承规则方面，荣誉的理念如何给个人的能动性提供活动余地——在德·韩（De Haan）看来，布迪厄的这一看法是对古迪观点的偷梁换柱。不过，我们同样也可以这样看：布迪厄填补了被古迪所忽略的意识形态领域。不管怎样，婚姻类型的变化可能与物质性因素连在一起。比如，在实行可拆分财产继承规则的德国符腾堡地区，在近代社会初期这里有转向内婚制的趋势，这是人口增加和土地增值的结果（Sabean，1990）。不过，德·韩指出了一个关键点，即布迪厄的“惯习”（habitus）这一概念在操作上的模糊性使得“惯习”在日趋加强的商业化农业条件下难以保持下去：当“游戏规则”变得越来越精确和严格时，“惯习”可能难以为继（Haan，1994：166）。

将承嗣规则正规化的途径之一是通过国家法律。不过，地区的多样性一直存在，即便在像荷兰这样的一个小国也不例外。屯特（Twente）东部地区的农民通过非拆分继承规则来维持农场，甚至在国家法律规定所有子女有平等继承权之后的很长时间，地方上的规则也一如既往。德·韩采用了列维-斯特劳的“家屋社会”（Levi-Strauss，1983）这一概念来解释土地作为不动产的观念和人们对亲属义务的理念在今天如何持续地发挥作用，这妨碍了农民在做出财产转让决定时仅仅从经济上计算和考虑。建立在家宅存续基础上的对亲属关系的忠诚，是行为规则的核心，加泰罗尼亚和贝阿恩（布迪厄的调查对象）的情形也与之类似。与此形成对比的是，法国西北部布列塔尼（Britanny）的农民一直将农场予以分割与再组合（Segalen，1991）。如果用人类学中的经典区分来表述的话，我们可以这样说：在布列塔尼地区构成社会组织基础的更多的是亲属关系，而非居住地（Augustins，1990）。

约翰·科勒（John W. Cole）和艾里克·沃尔夫（Eric R. Wolf）对南蒂罗尔（Südtirol）的比较研究，很好地关注到了意识形态领域（Cole & Wolf，1974）。在圣费利克思（St. Felix）讲德语的居民有非拆分性财产继承的理念，在特里特（Tret）讲罗曼语的居民则坚持财产继承的可拆分性。这一区别对人际关系的建构有重大影响，但是在这两个社区，农场的平均大小却是一样的。尽管作者的本意倾向于强调文化性因素先于环境和经济因素，并独立于后者，但是在最后的分析中他们不得不承认，二者之间存在着复杂的互动（类似的结论也出现在许多其他研究中）。在初始研究发表 20 年之后，出现在圣费利克思的变化让研究者感到震惊（Cole，2003）。大量的雇工机会帮助当地的农民转变为大农场主，常规继承人由最年长的男性转变为最年幼的女性。农业不再是经济的基础，拥有土地失去了其重要的功能。现在常见的情况是，最小的女儿留下来照顾年迈的父母。还有一个令人吃惊的事实是，当地村民告诉民族志学者：他们这里的习惯从来如此。

贺培伦（Patrick Heady）与哈内斯·格兰迪斯（Hannes Grandits）共同主编了一部内容丰富的论文集，其中收入若干篇历史学家对“长时段”的研究，同时也收入了对东欧和西欧当代变化的个案研究。主编在总结这些论文时，不乏谨慎地提出以下建议性观点：

“从长期的角度看，有证据表明已经发生了一种变化，即从强调共同继承、以父系来定义亲属关系的制度体系转向另一制度体系，在这一新体系当中，财产继承可拆分或者不可拆分均可，在人的身份认同理念中对财产的强调多于亲属关系，人们对亲属关系的构想是在双系意义上的。不过，与此相关的各种转变既不是整齐划一的，也并不完备。”（Heady & Grandits，2003：6）

法律、法律人和法律多元主义

上文提及的欧洲研究表明，国家法律与地方规则之间的张力无处不在。理论上，可拆分与不可拆分财产继承之间的界限也许是清晰的，但是在实践上却总是拖泥带水。习惯法与国家法律之间有所差异，村民们口中表述的规则可能与他们实际上的所作所为不尽相同。在处置其资源时人们真正做的事情，我们不得不在另外一个完全不同的层面上来分析。公证文件可能给人带来的印象是：身份让位于契约，国家法律渗入家庭的私密领域。不过，村民们有可能操控法律，以便服务于他们传统的、非个人主义的目的。比如，设立遗嘱或者登记“虚构”的在世者之间的财产转让来避税，或者在亲属群体内确立非正式的晚年安排（Abrahams，1991）。

这些偏差表明了法律人类学宽广的分析议题。古迪所受的批评之一是，他没能在继承性移付与其他形式的财产割让之间做出一以贯之的区分（Von Benda-Beckmann，1979；1994）。如果财产所有者在设立遗嘱上有充分自由，那么他/她可以按照自己的意愿在他/她离世时将财产转让给任何他/她愿意给的人。在这样的情况下，如果仅仅将法定继承人得到陪嫁和财产移付列为生者之间的财产继承，在这样的基础上进行分析显然是不够充分的：死亡之前的其他转让，包括被古迪视为“对抗继承”（counter-inheritance）策略的礼物赠予也有必要被考虑进去。冯·本达-贝克曼（Von Benda-Beckmann）呼吁人类学者应该用更严格的方法来研究在“非互惠性的历时性移付”（nonreciprocal diachronic transfers）这一意义上的继承。在他的著作里，与“最后的遗愿”相关的内容被区分出四种移付类型，其中包括“财产移付——捐赠”，这些都是在死者身后才能生效从而进入历时范围，这种捐赠应遵循的有效性标准与财产持有者的生前赠予应该有所不同（Von Benda-Beckmann，1994：118）。这一分析性辨析奠定了一个把握这类情形的根本性基础：在实践中，财产继承经常同时被不同的法律体系所左右。

在关于印度尼西亚安汶人（Ambon）的个案研究中，冯·本达-贝克曼注意到地方法律（adat）、伊斯兰教法（sharia）和殖民统治下印度尼西亚的国家（荷兰）法律的复杂混合。如同大卫·塞宾（David Sabean）对欧洲的研究所表明的那样（Sabean，1990），历时性流动是持续性的，并非仅集中于死亡的片刻。在印度尼西亚和德国这两个个案中，从长期视角来看，财产的承嗣越来越集中于直系后裔，个人享有更大的自由来决定他们是在生前还是在身后给出自己的财产。

印度尼西亚的伊斯兰教法与当地法律体系（adat）差别显著，尤其是在继承人的双系继承权利方面。然而，伊斯兰教法本身也远非静态而是同质的。与一些东方学学者提出的“超强制”（superimposition）理论相反，至少在中东的一些地区，早在先知的律条之前，女性在财产继承方面就有她们应得的份额，在关键问题上与基督教和犹太教中的规定相似（Mundy，1988）。当成文继承法实行很长时间后，地方多样性还得以持续。蒙蒂（Mundy）有两项实地考察研究详细描绘了这一情形：其一是关于也门的研究（Mundy，1995）；其二是对现属约旦北部地区的历史研究（Mundy & Saumarez Smith，2007）。后一项研究发展出一个强有力的三元模式来分析“财产的三个时刻”：第一个时刻是法律；第二个时刻是政府行政大背景下对财产的管理；第三个时刻则存在于环境与生产的具体现实中。为什么有些地方妇女能分到土地，另一些地方则不能？理解这一问题的关键通常基于第三个时刻。蒙蒂集中聚焦财产承嗣的分析，挑战了那些关于中东“部落”单边强调血亲继嗣的理想模式。她在自己的著作中用来修正古迪模式（Goody，1990）的方式，也肯定能得到古迪的首肯。她的分析表明，这里之所以出现交叉性别承嗣的现象，更多的是取决于农业社会学，而非法律条文，更不是最少令人服膺的所谓的“文化”。

古迪发现，中东最突出的特征之一是高离婚率。在最近的一项研究里（Goody，1998b），古迪注意到近年来西方社会离婚率的急速上升。高离婚率与单亲母亲数量增加这两个现象的叠加，正在生成新的社会张力以及对纳税人的超负荷要求。他的解决办法是复兴婚姻捐助这一传统，对夫妻双方带进婚姻的财产进行登记，以保证在离婚时的财产再分配得以施行。尽管长久以来“嫁妆”一事恶名在外，尤其是在印度更是如此（Basu，

2005)，不过古迪还是认为，女权主义者不应该不假思索地对其持反对态度，因为这远非对待妇女的价值减少到与财物一般；相反，更有可能是在强化她们的地位。从更宽泛的意义上说，有价值财物的移付应该使长辈有可能尽早进行财产拆分，让可供律师榨取的部分最小化。一般来说，律师的介入往往会使男性的受益多于女性，当然受益最大的还是他们自己。

当古迪还在呼吁“让这些事情（财产继承）远离法院和律师，必须坚持强调的是，这主要是个人的、社会的事务，哪怕仅仅出于节省当事人个体或群体的花费来考虑”（Goody，1998b：211）时，国家法律早已渗入美国巨富家庭亲属群体的中心（Marcus，1992）。这些上流社会的后代们对财富以及他们彼此之间关系的感知，不是从理想化了的亲属群体入手，而是通过托拉斯和基金会提供的法律手段来完成。职业信托人——他们当中大多数是律师，接管了财产管理责任。在一定意义上，他们成了真正的继承者。这些名门望族的象征意义或者神秘意义超越了其经济意义：家庭话语的功能在于给继承而来的财富披上一件道德合法性的外套，为广大普通民众提供一个可以折射其愿望的目标。不过，乔治·马库斯（George Marcus）也敏感地注意到变化中的政治经济学和社会学意义上的各种关系。在关于“信托人”一章的后记里，他指出英国社会人类学中的结构-功能主义学派在建构非洲的继嗣群体理论时，过多地吸取了19世纪英国法学的成果（Marcus，1992：81-82）。如同古迪批判性地对待梅因关于欧亚大陆的推测（Goody，1976：77-81）一样，马库斯在回应布迪厄（Bourdieu，1976）时对法律模式在前工业社会（无论在哪里的）里的价值表示怀疑。不过，他令人信服地论述到：任何对当代西方社会的文化分析，都必须给予相关的法律范畴以认可，因为法律在西方社会里的作用如此突出。

资本主义与社会主义

对于最近几代西方社会中的多数人来说，就改变人生进程的重要性而言，对家庭财产的继承不如个人习得技艺本领来得重要。这一变化是一个渐进的、非整齐划一的过程。当土地早已不再是生产的主导因素时，英国工业革命的“新人”还是力图通过购置可以家传的地产，将他们的财富转化成地位和政治权力。[①] 这些房地产、庄园，甚至是简单的夏季度假屋，作为跨代的家庭财产获得了很多文化上的意义（Balfe，1999）。

近年来，财产在经济和社会分层上的持续意义被人类学界忽视了，马库斯的研究在当代人类学中算是例外。我们把记录这些内容的任务留给了社会学家：在家庭生活中代与代之间财产移付的重要性一如既往（Kohli，2004），在资本主义社会的宏观结构中也与之等量齐观（Miller & McNamee，1998）。"继承"这一话题有助力于发展和推进社会学理论。贝克特（Jens Beckert）的著作表明，自 18 世纪以来，标准性的"估值话语"（discourses of evaluations）在美国、法国和德国的发展有明显不同的方式（Bcckcrt，2007；2008）。[②] 我们可以将这些文化上的话语与这三个国家的政治和经济发展联结起来（造成德国情形的一个关键性因素是，在 18 世纪的德国缺少革命性的时刻），而且这些话语的形成也与各国制度建设和法律规定相关。贝克特认为，在过去的两个世纪里，这些关键性的理念已经产生一种"认知捕获"（cognitive lock-in），塑造了个人行为者的感知并因此影响了其理性行动。他有跨越多领域的理论雄心，在这一点上可与古迪媲美。他与古迪最主要的不同是，这位社会学家的"长时段"涵盖了两个世纪，而人类学家古迪的"长时段"则涵盖了五千年。也许是较长的时间框架让古迪更看重物质上的原因，而经济社会学家贝克特则给予理念以优先的地位。

尽管 18 世纪末的革命将平等当作新理念的重点，《拿破仑法典》（《法国民法典》）也规定同胞兄弟姐妹在财产继承方面有平等的权利，甚至在引入继承税来平衡国家提供的公共服务之后，平等（无论是机会平等还是结果平等）还只是一个令人遐想的神话。文化资本的传递有助于确保欧亚大陆在前工业时代典型的深度不平等以新形式持续下去。在这一点上，古迪富有启发地让我们看到欧亚大陆如何以一种更为极端的方式去试图解决它们的财产移付问题：在非洲，社会差异的温和形式引发巫术指控；在欧

---

① H. J. 哈贝库这样来解释 19 世纪的现象："土地是最可见的，因而也是最有效地展示财富的手段。没有人能说出货币财产值多少，或者所持股份的价值。但是，每个人都能精准地猜测出一千英亩土地的价值。"（Habakkuk，1994：403）

② 美国的话语强调个人的遗嘱自由；在法国，则通过顾及家庭而修正这种个人主义；在德国，家庭的影响更大，甚至影响了财产的定义（在黑格尔的著作中可见）。

亚大陆，结构上的不平等产生了社会主义（Goody，2003）。

恩格斯的历史唯物主义勾勒了从“原始共产主义”——其定义为没有财产——到在资本主义制度下私有财产占主导地位这一进化过程（Engels，1972/1884）。相应地，20 世纪的社会主义国家力图消除私有的生产性财产的主导性。自由的物权法（至少在原则上）不会对财产形式划分等级，但是在苏联时代，私有财产被认为低于集体所有；而集体所有的财产又比国有财产低一等，强调土地以及生产资料的国有化（集体化）。然而，这一社会主义革命没有像马克思所期待的那样首先发生在西欧工业发达地区，而是发生在经济落后的俄国。

人类学者也试图从理论上阐释社会主义，其中最有雄心的尝试是韦戴蕊（Verdery）的《什么是社会主义？它的后续是什么？》（Verdery，1996）。书中强调的是与市场相比之下官僚主导的低效率。人们有很多种不同的手段来对付臭名昭著的“短缺经济”，甚至在更严格的计划经济中也存在着一定程度上的“非正规性”与“可操控资源”，这些被认为对它们的经济再生相当重要（Humphrey，1983）。20 世纪 80 年代，匈牙利在对资源的获取与控制的管理上，已经在很大程度上削弱了集体所有制原则（Hann，1990）。在回应从前的诸多批评时，古迪认为，糟糕的经济表现一定与缺少将生产性财产移付给自己后代的可能性这一经济激励机制相关（Goody，2003）。不过，在 20 世纪 90 年代的“阵痛”之下，当这一限制被取消后，其结果是经济上的灾难。

事实上，大多数类型的非生产性财产在社会主义制度下也可以被继承，与在资本主义制度下并无二致。① 两种制度在社会再生产方面所产生的不同后果对比，可以从柏林的情况中窥见一斑。博讷曼（Borneman）在《两个柏林的归属感：亲属、国家和民族》（Borneman，1992）一书中，记录了生活在东、西柏林的人们在仅仅几十年间发展出不同的亲属制度、婚姻类型和人生规划。东部的社会主义意识形态要求国家提高妇女的地位，在让妇女发挥其劳动力作用、国家提供幼童保育条件上，前东德甚至比其他社会主义国家走得更远。不过，在博讷曼所关注的“冷战”时期的东、

---

① 苏联解体之前，在属于其阵营的大多数国家中，非生产性财产承嗣的社会重要性在不断增大。在革命的洪流中所获得的高社会流动率很少能持续下去。在房屋市场上，解决不平等问题显得尤为急迫（Szelenyi，1983）。

西对比中，财产继承的实际意义微不足道，即使在资本主义的西方，对绝大多数市民来说，物质移付无论在谋划个人的人生机遇还是在保持父母权力方面都不再具有决定性意义。但是，在“新自由主义”时代的欧亚大陆的不同地区，继承的传统又有所回归。因此，当近几十年个人房屋拥有率大幅提高、越来越多的人有房产可以传给后代时，财产继承在英国的亲属规则中扮演的角色似乎也日趋重要（Finch & Mason，2000）。①

在强制实行集体化之前财产私有制已得以确立的东欧国家，人们在20世纪90年代表现出强烈的要重建私有权的热望（Hann，1993；Verdery，2004）。在一些国家，实行集体化之后人们普遍认为，保有对土地的所有权在法律上无关紧要；（在东欧前社会主义国家解体后）突然之间，地权变得极端重要。当有关法规使重获对从前财产的所有权变得困难或者不可能，或者地方性因素妨碍相关法规落实时，当地居民变得非常愤怒（Hann & The Property Relations Group，2003）。俄国的情形与此不同，那里的经营性农场的发展要缓慢得多，社区共同体的伤感情绪和嫉妒阻遏了发展（Heady & Miller，2003）。在这里，积累财富以及将私人生产性财富移付给后人的主导诉求几乎无迹可寻。尽管如此，这也不能阻止各地政府及其西方顾问们强力推进他们的私有化蓝图。

一些社会主义国家却有能力变通地实行财产管理，实现高速度经济增长。在过去的30年里，中国和越南在这方面的表现最为突出。许多生产性财产和其他有价值的财产可以被拥有、继承。目前，农业用地的承租期最长可达30年，期间的土地使用权可以在家庭范围内继承。一些批评者指出，这样的做法既不符合平等原则，也不符合效率原则（因为这使扩大农场成为不可能，对采取长期性的改进措施没有可靠的动力基础）。看重产权的西方学者提出质疑，如果公民对不可拆分财产继承的法律条文缺少信任的话，中国是否还有可能维持高速的经济增长。不过，到目前为止，这一改革模式还保持着冲力。双系双性别承嗣财产规则与独生子女政策造成的单一承嗣人的结果相结合，导致人们对个人财产的权利诉求超出了家庭

① 德国最近的一项民意调查表明，几乎90%的被调查者基本上同意“父母将财产传给子女是正当的，哪怕这意味着富人的子女会获得更好的人生机遇”。在法规改变方面，目前正在联邦议会中讨论的提议是，将财产转让给自己的子女或者孙辈后代将减少财产税。其意义在于，在核心家庭与宽泛的亲属群体之间，借助于国家法律来增强核心家庭的优先地位（Bernau，2007）。

性财产、集体性财产的观念（Oi，1999；Yan，2003）。总而言之，近年来中国的经验证实了古迪的一个观点：东亚与欧洲在两个方面相似，一是从长远来看，其家庭制度与快速的现代化相匹配；二是具有突出的阶差序列。[①] 与此同时，东方和西方也面临同样的挑战，即如何发展出一个能够供养快速老龄化人口的社会福利制度。

像前东德——现在已经归入联邦德国——一样，一些社会主义国家通过改革一直显示出不同寻常的特征。不过，发展新的社会保障体系以供养快速老龄化人口这一挑战，以及“继承”在这一社会保障体系中担当的角色，其根本上的一致性贯穿整个欧亚大陆。

结　论

在批驳关于现代世界之形成的各种说法中所隐含的西方中心主义时，没有哪位人类学家能比古迪更令人信服，也几乎没有人能做到像他那样，完成跨越不同层次和时间维度的比较研究。对于他那一代以及其后的绝大多数人类学家而言，沃尔夫（Wolf，1982）的“雄心”（与华勒斯坦的“现代世界体系”可以比肩）已经是很长的“时段”了。历史社会学家开始发展“文明分析”的新形式，“轴心时代”的观点被重新发现（Arnason & Eisenstadt & Wittrock，2005）。不过，这些都只是古迪所要触动的时间维度中的一部分而已。

在近年的社会文化人类学中，古迪的全景图在时间段和题目上被剪裁成碎片，甚至在他有过突出贡献的分支领域，他的著作也很少被人使用。上文只讨论其中的几个题目，在这里也没有篇幅去讨论其他更多的内容。欧洲研究者的著作一直在提升我们对于财产与亲属关系之间相互关系的理解；法律人类学有开发理论框架的潜力；对社会主义社会的研究能够揭示出放弃私有制和生产性财产继承所带来的“苦果”。另外一个需要充分研究的分支领域是人类学与人口学的交叉层面，因为生育率已对财产继承产生明显的后果（Kertzer & Fricke，1997）。如同上文中提到的那样，麦克法

① 中国所取得的成就让上亿人口摆脱绝对贫困的处境。但是，统计数字表明，其在收入分配上也存在不平等现象（Economist，2007，p. 50）。

兰（Macfarlane，1997）将英国和日本看作“人口转型”的先驱，而这种“人口转型”也会在其他地方发生。与将生育能力最大化这一“自然而然”的趋势不同，这些被上天优待的岛民开始计算增加后代所带来的花费和收益。经济学家们所做的与此大体相同的推测还在学术界占有举足轻重的地位，包括对于为什么在欧洲很多地方生育水平不足以维持现有人口数量这一问题的研究（Kertzer & Fricke，1997）。古迪（Goody，1976）曾经发出过警告，不要把欧洲的家庭模式出口到非洲，因为那个时代的非洲经济不可能支撑得起现代欧洲式的福利国家。近年来的实际情况表明，这种福利国家类型在欧洲也难以为继。对家庭物质财富的继承对人生机遇变得日益重要，导致这种情形有诸多因素，低生育率似乎也是其中之一。不过，我们还是需要对变化中的“代际契约”进行更仔细的分析（Wrigley，2003）。

大多数人口学论点都要立足个人主义的经济盘算。不过，贺培伦（Patrick Heady）的主张是，如果我们把再生产看作发生在代与代之间、莫斯意义上的礼物交换的话，那么我们也许可以更好地阐释生育率问题（Heady，2007）。他认为，只有特殊的动荡情形才会导致维持最基本的人口替代这一根本性的道德规范无法实现。过去几年来，贺培伦和他的研究组进行了一项关于欧洲亲属关系的大型比较研究。虽然有关财产继承的数据还没有分析完毕，但是这一项目的早期结果证实，在亲属认知和人口策略方面，大区域范围内的不同模式得以持续存在。“欧洲的亲属关系与社会保障”这一项目采用了统计数据分析与民族志材料相结合的方法。在某种意义上，这一姗姗来迟的项目沿着古迪的方法论设计并将其转化为实践，尽管这些调查还仅限于八个欧洲国家（Heady & Grandits，2008）。

免责声明

在作者的认知范围内，本文作者不持有任何足以影响本文客观性的偏见。

参考文献

[1] Abrahams, R. G. 1991. *A Place of Their Own: Family Farming in Eastern Finland Cambridge England*, New York: Cambridge University Press.

[2] Arnason, Johann Pall & Eisenstadt, S. N. & Wittrock, Björn. 2005. *Axial Civilizations and World History*, Leiden, Boston: Brill.

[3] Augustins, G. 1990. *Comment se Perpétuer? Devenirs des Ligénes et Destins des Patrimoines dans les Paysanneries Européennes*, Nanterre: Société d'ethnologie.

[4] Balfe, J. H. 1999. *Passing It On: The Inheritance and Use of Summer Houses*, Montclair, N. J.: Pocomo.

[5] Barrera-Gonzaléz, A. 1998. Domestic Succession, Property Transmission and Family Systems in the Agrarian Societies of Contemporary Spain. *The History of the Family* 3, No. 2: 221-246.

[6] Basu, Srimati, ed. 2005. *Dowry and Inheritance*, London: Zed Books.

[7] Beckert, Jens. 2007. The longue Durée of Inheritance Law Discourses and Institutional Development in France, Germany and the United States since 1800. *Archives Européennes de Sociologie* 48, No. 1: 79-120.

[8] Beckert, Jens. 2008. *Inherited Wealth*, Princeton, N. J.: Princeton University Press.

[9] Bernau, P. 2007. Die Neue Erbschaftsteuer Wird Gerechter. *Frankfurter Allgemeine Sonntagszeitung* Nov. 11: 58.

[10] Bloch, Maurice. 1975. Property and the End of Affinity. In *Marxist Analyses and Social Anthropology*, edited by Maurice Bloch, 203-228, London: Malaby.

[11] Borneman, John. 1992. *Belonging in the Two Berlins: Kin, State, Nation*, Cambridge/New York: Cambridge University Press.

[12] Bourdieu, Pierre. 1962. Celibat et. Condition Paysanne. *Etudes Rural* 5-6: 32-135.

[13] Bourdieu, Pierre. 1976. Marriage Strategies as Strategies of Social

Reproduction. In *Family and Society Selections from the Annales*, edited by Robert Forster & Orest A Ranum, 117–144, Baltimore: Johns Hopkins University Press.

[14] Carsten, Janet, ed. 2000. *Cultures of Relatedness: New Approaches to the Study of Kinship*, Cambridge, UK: Cambridge University Press.

[15] Carsten, Janet & Hugh-Jones, Stephen, eds. 1995. *About the House: Levi-Strauss and Beyond*, Cambridge, UK/New York: Cambridge University Press.

[16] Cole, John. 2003. The Last Becomes First: The Rise of Ultimogeniture in Contemporary South Tyrol. In *Distinct Inheritances: Property, Family and Community in a Changing Europe*, edited by Hannes Grandits & Patrick Heady, 263–274, Münster: Lit Verlag.

[17] Cole, John & Wolf, Eric. 1974 *The Hidden Frontier: Ecology and Ethnicity in an Alpine Valley*, New York: Academic.

[18] Economist. 2007. For Whosoever Hath, to Him Shall be Given, and He Shall have More. *Economist*, Aug. 11: 50.

[19] Ember, Melvin & Ember, Carol & Low, Bobbie. 2007. Comparing Explanations of Polygyny. *Cross-Cultural Research* 41, No. 4: 428–440.

[20] Engels, Friedrich. 1972/1884. *The Origin of the Family, Private Property and the State*, London: Lawrence & Wishart.

[21] Finch, Janet & Mason, Jennifer. 2000. *Passing On: Kinship and Inheritance in England*, London: Routledge.

[22] Frank, Andre Gunder. 1998. *Reorient: Global Economy in the Asian Age*, Berkeley: University of Carlifornia Press.

[23] Goody, Esther N. 1982. *Parenthood and Social Reproduction: Fostering and Occupational Roles in West Africa*, Cambridge, UK: Cambridge University Press.

[24] Goody, Jack. 1962. *Death, Property and the Ancestors; A Study of the Mortuary Customs of the LoDagaa of West Africa*, Stanford, Calif.: Stanford University Press.

[25] Goody, Jack. 1976. *Production and Reproduction: A Comparative*

Study of the Domestic Domain, Cambridge; New York: Cambridge University Press.

[26] Goody, Jack. 1980. Slavery in Time and Space. In *African and Asian Systems of Slavery*, edited by James Watson, 16-42, Oxford: Basil Blackwell.

[27] Goody, Jack. 1983. *The Development of the Family and Marriage in Europe*, Cambridge Cambridgeshire, New York: Cambridge University Press.

[28] Goody, Jack. 1990. *The Oriental, the Ancient and the Primitive: Systems of Marriage and the Family in the Pre-Industrial Societies of Eurasia*, Cambridge/New York: Cambridge University Press.

[29] Goody, Jack. 1996. *The East in the West*, Cambridge England, New York: Cambridge University Press.

[30] Goody, Jack. 1998a. Dowry and the Rights of Women to Property. In *Property Relations: Renewing the Anthropological Tradition*, edited by Chris Hann, 201-213, Cambridge: Cambridge University Press.

[31] Goody, Jack. 1998b. *Food and Love: A Cultural History of East and West*, London: Verso.

[32] Goody, Jack. 2000. *The European Family: An Historico-Anthropological Essay*, Oxford: Blackwell.

[33] Goody, Jack. 2003. Sorcery and socialism. In *Distinct Inheritances: Property, Family and Community in a Changing Europe*, edited by Hannes Grandits & Patrick Heady, 391-408, Münster: Lit Verlag.

[34] Goody, Jack. 2006a. Gordon Childe, the Urban Revolution and the Haute Cuisine: An Anthropo-archaeological View of Modern History. *Comparative Studies in Society and History* 48, No. 3: 503-519.

[35] Goody, Jack. 2006b. *The Theft of History*, Cambridge; New York: Cambridge University Press.

[36] Haan, Henk de. 1994. In *the Shadow of the Tree: Kinship, Property and Inheritance Among Farm Families*, Amsterdam: Het Spinhuis.

[37] Habakkuk, H. J. 1955. Family Structure and Economic Change in Nineteenth-Century Europe. *The Journal of Economic History* 15: 1-12.

[38] Habakkuk, H. J. & Habakkuk, John. 1994. *Marriage, Debt and the*

Estates System：*English Landownership* 1650–1950，Oxford：Clarendon.

[39] Hann，Chris. 1993. From Production to Property：Decollectivization and the Family-land Relationship in Contemporary Hungary，*Man* 28，No. 3：299–320.

[40] Hann，Crhis. 1990. *Market Economy and Civil Society in Hungary*，London：Frank Cass.

[41] Hann，Crhis & The Property Relations Group，eds. 2003. *The Postsocialist Agrarian Question*：*Property Relations and the Rural Condition*，Münster：Lit Verlag.

[42] Heady，Patrick. 2007. As a Process of Social Exchange. *Fertility Demographic Research* 17，No. 16：465–93.

[43] Heady，Patrick &Grandits，Hannes. 2003. Introdction Property，Family and Community in a Changing Europe：A System and Historical Approach. In *Distinct Inheritances*：*Property*，*Family and Community in a Changing Europe*，edited by Hannes Grandits & Patrick Heady，1–30，Münster：Lit Verlag.

[44] Heady，Patrick & Miller，Lisle. 2003. Cooperation，Power and Community：Economy and Ideology in the Russian Countryside. In *The Postsocialist Agrarian Question*：*Property Relations and the Rural Condition*，edited by Chris Hann & The Property Relation Group，257–292，Münster：Lit Verlag.

[45] Heady，Patrick &Grandits，Hannes，eds. 2008. *Kinship and Social Security in Europe* 3 *Volumes*，Frankfurt a M：Peter Lang.

[46] Hindess，Barry & Hirst，Paul. 1975. *Pre-Capitalist Modes of Production*，London：Routledge.

[47] Humphrey，Caroline. 1983. *Karl Marx Collective*：*Economy*，*Society and Religion in a Siberian Collective Farm*，Cambridge：Cambridge University Press.

[48] Hunt，Robert C & Gilman，Antonio，eds. 1998. *Property in Economic Context*，Baltimore：University Press of America.

[49] Kertzer，David I. & Fricke，Tom，eds. 1997. *Anthropological Demography*：*Toward a New Synthesis*，Chicago：University Chicago Press.

[50] Kertzer, David I. & Barbagli, Marzio, eds. 2001–2003. *The History of the European Family*, *Vol.* 1–3, New Haven: Yale University Press.

[51] Kohli, Martin. 2004. Intergenerational Transfers and Inheritance: A Comparative View. *Annual Review of Gerontology and Geriatrics* 24: 266–289.

[52] Lévi-Strauss, Claude. 1983. *The Way of the Masks*, London: Cape.

[53] Macfarlane, Alan. 1997. *The Savage Wars of Peace*: *England*, *Japan and the Malthusian Trap*, Oxford: Blackwell.

[54] Marcus, George. 1992. *Lives in Trust*: *The Fortunes of Dynastic Families in Late Twentieth-Century America*, Boulder: Westview.

[55] Miller, Robert K. &McNamee, Stephen J. eds. 1998. *Inheritance and Wealth in America*, New York: Plenum.

[56] Morgan, L. H. 1877. *Ancient Society*, *or Researches in the Lines of Human Progress from Savagery*, *Through Barbarism to Civilization*, London: Macmillan.

[57] Mundy, Martha. 1988. The family, Inheritance and Islam: A Reexamination of the Sociology of Farâid Law. In *Islamic Law*: *Social and Historical Contexts*, edited by Aziz Al-Azmeh, 1–123, London: Routledge.

[58] Mundy, Martha. 1995. *Domestic Government*: *Kinship*, *Community and Polity in Northern Yemen*, London: I. B. Tauris.

[59] Mundy, Martha & Saumarez Smith, Richard. 2007. *Governing Property*, *Making the Modern State*: *Law*, *Administration and Production in Ottoman Syria*, London: I. B. Tauris.

[60] Oi, Jean C. ed. 1990. *Property Rights and Economic Reform in China*, Berkeley: University of California Press.

[61] Sabean, David Warren. 1990. *Property*, *Production*, *and Family in Neckarhausen*, 1700–1870, Cambridge/New York: Cambridge University Press.

[62] Schweitzer, Peter P. ed. 2000. *Dividends of Kinship*: *Meanings and Uses of Social Relatedness*, London: Routledge.

[63] Segalen, Martine. 1991. *Fifteen Generations of Bretons*: *Kinship and Society in Lower Brittany*, 1720–1980, Cambridge, U. K.: Cambridge University Press.

[64] Skinner, G. William. 1993. Conjugal Power in Tokugawa Japanese families: A Matter of Life and Death. In *Sex and Gender Hierarchies*, edited by Barbara D. Miller, 236-270.

[65] Strathern, Marilyn. 1992. *After Nature: English Kinship in the Late Twentith Century*, Cambridge, U. K.: Cambridge University Press.

[66] Strathern, Marilyn. 1999. *Property, Substance and Effect: Anthropological Essays on Persons and Things*, London: Athlone.

[67] Szelenyi, Iwan. 1983. *Urban Inequalities Under State Socialism*, Oxford, U. K.: Oxford University Press.

[68] Verdery, Katherine. 1996. *What Was Socialism and What Comes Next?* Princeton, N. J.: Princeton University Press.

[69] Verdery, Katherine. 2004. *The Vanishing Hectare: Property and Value in Postsocialist Transylvania*, Ithaca, N. Y.: Cornell University Press.

[70] Verdery, Katherine & Humphrey, Caroline, eds. 2004. *Property in Question: Value Transformation in the Global Economy*, Oxford: Berg Publisher.

[71] Viazzo, Pier Paolo. 2007. "Macro-regional Differences in European Kinship Culture" Paper Presented on the Conference. *Kinship and Social Security in Europe*, Halle/Saale, Germany, 2007.

[72] VonBenda-Beckmann, Franz. 1979. *Property in Social Continuity: Continuity and Change in the Maintenance of Property Relationships through Time in Minangkabau, West Sumatra*, The Hague: Nijhoff.

[73] VonBenda-Beckmann, Franz. 1994. Acts of Last will in Indonesian Local Laws. *Actes `a Cause de Mort—Acts of Last Will Transactions of the Jean Bodin Society* LXII, 4th part: 115-143.

[74] Von Benda-Beckmann, Franz & Von Benda-Beckmann, Kebeet & Wiber, Melanie, eds. 2006. *Changing Properties of Property*, Oxford: Berghahn.

[75] Wolf, Eric. 1982. *Europe and the People without History*, Berkeley: University of California Press.

[76] Wrigley, Edward Anthony. 2003. Intrinsic Growth Rates and Inheritance Strategies: A Perspective from Historical Demography. In *Distinct Inheritances: Property, Family and Community in a Changing Europe*, edited by

Hannes Grandits & Patrick Heady, 69–95, Münster: Lit Verlag.

[77] Yan, Yunxiang. 2003. *Private Life Under Socialism: Love, Intimacy and Family Change in a Chinese Village*, 1949–1999, Stanford: Stanford University Press.

[78] Yanagisako, Sylvia. 1979. Family and Household: The Analysis of Domestic Groups. *Annual Review of Anthropology* 8: 161–205.

杰克·古迪眼中的世界历史图景与非洲今日之发展*

凯斯·哈特 著
吴秀杰 译

杰克·古迪（Jack Goody）简介

1919年，杰克·古迪出生于伦敦附近。在人生成长的重要年代里，经历第二次世界大战是足以影响其一生的经验，这让他在大学教育中从文学专业转到社会人类学专业。在英帝国殖民统治的最后10年，他在非洲的加纳北部从事田野调查，并与福忒斯（Meyer Fortes）和利奇（Edmund Leach）一起在剑桥大学社会人类学专业执教。加纳独立多年之后，这个国家在古迪的著作中还一直占据着举足轻重的位置，当他于1972年作为福忒斯的继任者接任剑桥大学威廉·外泽（William Wyse）社会人类学教授讲席之后，这一点显得尤其突出：他开始探讨撒哈拉以南非洲社会与欧亚社会"长时段"的历史比较。古迪将青铜时代"城市革命"以来的旧大陆视

* 2011年，韩可思（Chris Hann）在马普社会人类学研究所启动了以杰克·古迪命名的学术演讲系列（Goody Lecture），意在发掘杰克·古迪学术思想的不同领域，并使之在当代学术中发扬光大。该系列演讲每年初夏在德国小城哈勒举行，演讲嘉宾的学术领域均与杰克·古迪学术旨趣相关。本文是"古迪演讲"的第一篇，发表于2011年6月1日。第二篇的演讲嘉宾是彼得·柏克（Peter Burke），演讲题目为"欧洲的文艺复兴：一个文化杂糅的个案"（*A Case of Cultural Hybridity: The European Renaissance*）；第三篇演讲嘉宾为玛莎·蒙蒂（Martha Mundy），演讲题目为"无以言说的当下的昔日慰藉：近东地区的历史人类学"（*The Solace of the Past in the Unspeakable Present: The Historical Anthropology of the "Near East"*）；第四篇的演讲嘉宾为白馥兰（Francesca Bray），演讲题目为"作为自我的稻作：欧亚大陆以及其他地区"（*Rice as Self: Eurasia and beyond*）。

为统一的整体。他在大量的著作中强调东亚的各种发展，批评西方历史学家和社会理论家“欧洲中心主义”的偏见。他的很多著作探讨全球历史中的生产体系、财产的承嗣与阶级的不平等；探讨亲属制度、婚姻和家庭领域（domestic domain）；探讨沟通、交流的技术，尤其是文字的功用、神话与知识的传承；探讨不同的消费领域，包括美食和鲜花。他并非以孤立、单一的方式进入这些领域，而是从它们的彼此关联中切入题目。民族志中包含的深刻洞见至关重要，但它们只是古迪比较世界史的构成因素之一。在他的著作中，著名的有《死亡、财产与祖先》（1962）、《非洲的技术、传统与国家》（1971）、《生产与再生产》（1976）、《野蛮心智的驯化》（1977）、《欧洲婚姻与家庭的发展》（1983）、《东方的、古代的和原始的》（1990）、《西方中的东方》（1996）、《偷窃历史》（2006）、《文艺复兴：一个还是多个?》（2010）、《欧亚大陆的奇迹》（2010）。

凯斯·哈特（Keith Hart）简介

凯斯·哈特于1943年出生于英国曼彻斯特。在他就读于剑桥大学、学习古典学与社会人类学时，杰克·古迪是其博士论文的指导教师。为了撰写博士论文，他曾生活于西非加纳阿克拉的移民当中。对于后殖民时代的加纳，移民是这个国家的动力性资本。这项研究让凯斯·哈特煅造出“非正规经济”（informal economy）这一概念。他在美国大学执教多年，后重返剑桥大学担任非洲研究中心主任，并成为一项优秀教学奖项的第一位获奖者。凯斯·哈特是伦敦大学人类学荣休教授，现担任南非比勒托利亚大学“人本经济研究计划”的联席主任。

凯斯·哈特的著作包括《西非农业的政治经济学》（1982）以及《记忆银行》（2000），再版的书名为《不平等世界中的货币》（2001）。哈特的最近出版物包括《人本经济：一种公民指南》（与Jean-Louis Laville和Antonio Cattani合作主编）、《经济人类学：历史、民族志、批评》（与韩可思合著）。哈特也曾发表多篇重要文章，是“人类学学者开放合作”这一学术思想信息的互联网交流平台的创始者之一。

第一部分：杰克·古迪眼中的世界历史图景①

在古迪将非洲与欧亚大陆进行比较研究的系列学术著作中，他的《生产与再生产》一书是最早的著作。在这本书简短的前言里，古迪告诉我们：民族志写作，即希望以集中的田野调查所得去描写其他文化的写作尝试，从来不是他思想范围的边界。他的研究目标总是历史比较，此外便是“人类文化的发展”（Goody，1976：ⅸ-ⅹ）。他有意将自己与同时代的人类学家克劳德·列维-斯特劳斯置于分庭抗礼的位置上，直言他对“现代”与“原始”的二元对立不感兴趣。他更愿意将自身作为行动主体放置于某一历史期间当中。他在第二次世界大战的硝烟中走向成年；他进入地中海东部地区，从战俘营逃到意大利阿布鲁佐地区（Abruzzo）的山里；他在反殖民主义革命的决定性时刻，来到了反殖民运动的震中地区——西非的加纳。随着欧洲帝国在世界各地的解体，他拒绝“西方是特殊的”这一“欧洲中心主义”的观点。与此相反，他在寻找着具有真正普遍性意义、对战争导致的新全球社会更为合适的知识新形式。

他在大学里学习过英国文学专业，对中世纪的欧洲社会和文化有所了解。他想把新近独立的西部非洲与他不久前在战争期间才短暂接触到的伊斯兰文明联结在一起。因此，他的研究主题是前工业社会的对比——过去的前工业社会和现存的前工业社会；他的方法是在丰富的民族志材料基础上将非洲、欧洲和中东地区并置。他强调说，这种追寻是他个人经验的延伸，他的社会交往和政治投入是推波助澜的力量。在他看来，关于历史的终极问题是人类文明的何去何从；但是，破解这一问题的钥匙，则存在于有过农业经济（或者过去曾经有过，或者现在尚存）的不同地域间存在的相似性和分野。他知道，只有通过一系列的著作才能启动对这一问题的探讨，《生产与再生产》便是其系列著作中的第一本。在这里我们有必要记

---

① 我要感谢韩可思（Chris Hann）给我机会，让我在这里好好考虑自己从老师那里学到了什么。这篇演讲中的一些论题，我在另外一篇文章中已经详细地讨论过（Hart，2006a），引文和注脚中给出了我在这篇演讲第一部分对学术思想史进行讨论的主要资料；第二部分是关于非洲发展的大体描述，这里不能将全部研究成果一一列出。Padayachee（2010）是最新的关于非洲政治经济的论文集。

起这本书的全名——《生产与再生产：家庭领域的比较研究》。在这本书里，他关注的焦点问题是：人类如何在家庭内生产生计所需、生产又对他们保障未来的尝试有怎样的影响。但是，《死亡、财产与祖先》（1962）至今仍然是他的核心著作。该书书名涵盖的三个主题——我们如何寻找在物质和精神上超越死亡的途径——与古迪设想中的“文字书写”这一话题合在一起，便是他以《野蛮心智的驯化》（1977）一书启动的项目。

从第二次世界大战到今天，这一时期在人类历史上一直显得非常特别：人类第一次将全球社会变成一个单一的、互有交集的网络。这个世界严重不平等，伴生着各种冲突，但毕竟出现了一个可以沟通的整体，让普遍性的理念获得具体的表达方式。将来，当我们的后人想研究这个正在形成中的人类社会时，他们会找到这里，视我们为先驱。但是，人类学提供的世界图景零乱而狭隘，这会让他们感到失望。在超越民族志方面，我们的步伐太慢。古迪和沃尔夫（Wolf，1982）——一位与古迪旗鼓相当的对手——他们设计和施行的人类学项目，与今天正在出现的全球社会之规模相匹配。古迪的历史性比较设想如何才能照亮我们这个时代正在出现的全球社会？他关于人类文化发展的过去、现在和未来的图景是什么？对这些问题的答案我深受他的影响，因为他是我的老师。但是，在某些方面我也背离了他——“再生产”从来都是如此。

在我们的时代，全球社会的形成虽然仍不完整，但其形成的先期条件却并不缺少。让我们回想一下 1945 年人类面对的条件，再看一下今天的情况，一切就一目了然了。这中间发生了一些令人难以置信的事情，人类被以戏剧性的方式彼此拉近。我们会感觉难以想象这一实际发生的进程，在很大程度上是因为我们的国族意识。人类学者留守在自己的民族志方法上，没能挺身接受新的挑战，去记录人类文明中的这一巨大转变。杰克·古迪却不允许自己满足于仅仅“去了解其他文化”。关于人类历史，他形成了一个更为普遍性的设想，此后他知道自己是形成新世界的主动参与者。不过，尽管他将自身置于当代社会里，他还是选择以“现代”退后一步的地方作为自己的出发点。他聚焦欧洲、亚洲和非洲的前工业社会，根本没有关注两个世纪以来的机械革命、资本驱动的世界经济和整体上的新世界。尽管如此，他的话题还是“人类文化的发展”，他的系列探索，反映出他对自身所处时代的社会首要问题所具有的一以贯之的看法。我希望能在今天的演讲中让大家看到这一点。

在地中海经历了战争创伤几年之后，杰克·古迪开始了关于西部非洲的研究工作。早在被欧洲殖民化之前，这些地区就经由伊斯兰文明与地中海地区形成关联。在加纳摆脱殖民统治获得独立之前的10年，他在加纳的西北部进行过深入的田野调查，这些研究使他后来成为西非人类学的中坚力量，先是作为民族志写作者，而后作为历史学家获得学界的认可。（Hart，1985）存在于非洲、欧洲和伊斯兰世界的相似性与差异性让古迪深感震撼。他用了30年的时间来构想可资比较研究的概念语汇。可是，当他实际上将三者进行比较时，得出的结论却是这样的：欧洲与亚洲的对立也许可以说成西方与东方的对立；但是，在更高的层面上，二者应该被看作一个单一整体，即欧亚大陆。与之相对应的是撒哈拉以南的非洲。这一模式与一贯占主导地位的帝国主义对峙模式即“西方与西方之外的世界”形成了鲜明的反差。古迪故意避开任何种族等级序列的暗示，然而他的结论仍然是：在很多重要方面，非洲与其他社会有着根本性的差异。他想解释为什么会如此。

他从亲属制度和婚姻、家庭关系等人们借以组织自身再生产，并以此参与更大范围社会的内容入手。《死亡、财产与祖先》一书的结论是：亲属组织之所以呈现出不同样式，关键在于财产的承嗣。代与代之间在物质上的关联由继承模式构成，在宗教性的规训守则如祖先崇拜之中得以宣示。这本书大量地使用了英国比较法学的经典材料，但是在对非洲与欧洲进行系统比较上，古迪还是犹疑不决。在《传统、技术与国家》（Goody，1971）一书中，他质疑研究者的一种惯常做法是，将欧洲历史中的范畴转用到对前殖民时代非洲国家的研究中。他的焦点再一次集中在财产的形式上。欧洲封建主义的根基在于土地私有，而土地私有在传统的西部非洲完全不存在。为什么？因为在西欧土地稀缺，在非洲却迥然不同。那里缺少的是人力，对人力的控制不是通过垄断“生产资料”，而是通过垄断“摧毁资料”（means of destruction），如马匹、枪支等。非洲的政体既有中心化的，也有去中心化的。前者依靠对后者实施奴隶掠夺而获取人力资源（Fortes & Evans-Pritchard，1940）。使用锄头的轮耕农业是常规，主要的体力劳动由妇女来完成。在这两种类型的社会中，妇女们群居于一夫多妻的年长男性周围，她们的孩子会加入唯一的继嗣群体。造成非洲与欧亚大陆在社会组织上重大差异的核心因素是其不同的生产条件和人口条件，以及人与土地的比率。

《生产与再生产》一书从这一序曲出发，使用G.P.莫多克编辑的《民族志地图》（1962—1980）的数据材料，开始对全球性的亲属、婚姻、财产承嗣进行研究。在欧亚大陆的主要社会中，亲属群组经常由双性别来承递财产，这是一个“双系双性别承嗣”（diverging devolution）的过程（包含双系继承和结婚时女性所获的陪嫁）。这在撒哈拉以南的非洲社会完全不存在：在那里，承继只沿着单性别线路而行。[①] 当一个社会中女性的财产包含了生产资料（在农业社会即土地）时，各种意在控制这些女性继承人的尝试就会出现：禁止婚前性行为，替她们的婚姻做主（通常婚姻安排不超出同一社会群体），优先倾向实行一夫一妻制。女性拥有直接继承权利的后果，体现在亲属称谓中就是：核心家庭成员的称谓被单独划出，也就是说，这里对父母的称谓与对父母的兄弟姐妹以及同代亲属的称谓有所区别，这也与世系制度有所不同。以上这些都映射出一个阶级社会。“在一个经济上有差分的社会里，双系双性别承嗣（尤其是陪嫁）曾经是维持一个人在家庭中之地位的主要机制。”（Goody，1976：19）但是，“为什么非洲和欧亚大陆的模式会如此不同？我认为，当生产性资源变得越稀少时，对这些资源的使用就会越集中。与此相应的便是，将这些资源保留在生产与再生产的基本单元里的倾向就越大。在绝大多数情况下，这一基本单元就是核心家庭……高级农业，无论由于犁耕还是灌溉，都使个人的劳动产出多于本人的消耗成为可能……较大的生产总量可以维持一种精细的劳动分工，基于不同生活方式基础上的社会分层也得以确立。一个重要手段就是与同等或者更高（经济）水准的人联姻……高级农业（也）使人口增长成为可能，这又是导致土地稀缺的一个因素。”（Goody，1976：20）

欧亚大陆主要文明的农业经济都与这一模式相一致。这些文明的组织形式是由文人精英支配的大型国家，这些文人精英的生活方式同时包含了城市和乡村的因素。这就是柴尔德所谓的5000年前在美索不达米亚地区

---

① 对古迪著作中有关继承与财产的全面讨论，参见Hann，2008。

（两河流域）发生的“城市革命”[①]。在青铜时代晚期的这些社会里，“……精细的官僚管理、复杂的劳动分工以及在天授治权基础上的分层社会都由于精耕细作的农业才成为可能，拥有土地性财产具有极端的重要性。”（Goody，1976：24）

撒哈拉以南的非洲显然错失了这些发展，尽管北非是最早接受这一制度体系的地区之一。古迪不会认可一般种族主义观点对这一现象的解释，即将其归因于黑人在文化上的落后。他发现，除人口密度过低以外，通往精耕细作农业的另一障碍是热带土壤条件。从考察财产承嗣类型与亲属婚姻形式之相互关系入手，古迪对人类文明的农业根基给出了一种新型综合解读。

当古迪成为人类学家时，殖民帝国正在经历迅速的解体，像南非种族分离那样的种族歧视正在变得为法律所不容。不过，帝国主义的思想遗产还浸润在他那个时代的人类学当中。于是，他选择通过研究文化精英的主要活动即写作——其实他自己的写作就是一个引领性的榜样，对“现代”文化与“原始”文化这一对立发起攻击。不同的心智状态（mentalities），应该被理解为是由不同沟通方式所引发的，其中最关键的是言说和写作，即口头性和书面性。绝大多数非洲文化主要是口头性的，而欧亚大陆各文明的统治阶级从一开始就仰仗文字记录。在《生产与再生产》出版一年后，古迪发表了其专著《野蛮心智的驯化》，发起了对将“我们”与“他们”进行对置这一习惯性做法的总攻。这本书定位于拒斥列维-斯特劳斯《野性的思维》（Levi-Strauss，1962）一书中提出的观点。古迪认为，后者列出来的与“热”社会和“冷”社会相关的其他二元对立，如历史与神话、科学与巫术，远远不能代表普遍的理性，它们不过是由使用文字而产生的心智惯习带来的副产品而已。文字使用出现在一个特殊的时间和地点，对欧亚文明再生产至关重要，它降低了口头沟通这一沟通形式所拥有的地位——在非洲文化中，口头沟通依然是占主导地位的沟通形式。在标志着“城市革命”的制度总体中，书面性是一个关键特征。

---

① 柴尔德是欧洲史前史学家，他提出了马克思主义的关于人类社会进化阶段的综合理论。他认为人类社会进化阶段的标志是三个生产上的革命，即新石器革命、城市革命和工业革命（Childe，1942）。古迪曾经仔细检视过自己在哪些方面深受柴尔德的影响，详细内容请参见其文章《戈登·柴尔德、城市革命与美食：现代历史的人类学-考古学观点》（Goody，2006b）。

在《西方中的东方》一书及其后的众多著作中，杰克·古迪试图去否定那些从现代社会理论奠基者的理论中生发出来的观点，即西方受资本主义和机械革命推动的经济发展可以被认作理性的唯一类型，而这一理性类型在亚洲众多不那么幸运的社会中缺失。[①] 首先，古迪让人看到的是，所谓欧洲的不同寻常之处或者根本不存在，或者被夸大其词；其次，与意大利文艺复兴时期的创新在欧洲西北部得以传播的情况相比，西方工业技术被日本、中国和印度所接受的进程要快得多。他得出的结论是："欧洲中心主义"让人看不清楚亚洲当前经济上的表现和潜力，同时也错误地呈现了西方的历史。在他看来，将欧亚大陆看作一个单一实体更有意义。至少是从青铜时代开始，特殊地区的优势条件变得非常不稳定了。在讨论这一论点时，非洲似乎没有进入古迪的焦点，在他的这一系列著作中都没有触及非洲不同寻常的特点。

杰克·古迪的看法建立在柴尔德的唯物主义综合史观之上，即确定人类生产和社会历史上几大标志性的革命，并以此来划分历史阶段。这一基本框架，柴尔德取自于摩尔根的《古代社会》（1877）——一本甚至被认为是现代人类学开山之祖的著作。经由恩格斯的《家庭、私有制及国家的起源》（1884）一书，摩尔根的观点得以在更大的范围内为人所知。但是，这些思想又都可以回溯到让-雅克·卢梭的《论人类不平等的起源和基础》（1754）一书，可以说该书是"关于不平等社会的人类学"的思想源泉。在这一领域，古迪是最近的半个世纪以来的主角人物（Hart，2006a；Hann & Hart，2011：10-12）。

在过去的两个世纪里，全球人口的数量增加了 7 倍，而能源生产的增长率却是人口增长率的双倍。其结果是许多人工作强度减轻，吃得更好，活得更长。1800 年，世界上 97%的人口生活在农村，而今天一半的人口生活在城市。土地曾经是人们主要的工作对象和生活资源，但是由于人类能够使用机器作为转换手段而驾驭非生物性能源，使人与土地的急速分离成为可能。1800 年以前，几乎所有可利用的能量都来自动物、植物和人自身。现代发展带来的利益分配高度不平等，其主要受益者是西方帝国主义

① 《欧亚大陆的奇迹》（Goody，2010）总结了这一观点。不过，在我看来，他在这方面最重要的论述是在《偷窃历史》（2006a）一书中。本文作者对该书的长篇评论刊登于《欧洲社会学季刊》第 48 卷第 3 期（Hart，2007）。

的先遣成员。这导致的结果是，一个世纪以前的世界经济是单极的和高度分化的（即不均衡）；而今天，随着西方的相对衰落以及中国、印度和巴西等“新兴经济体”的崛起，世界经济正在出现多极、聚合的趋势。

尽管不间断的宣传连珠炮似地宣称，我们生活在一个科学与民主昌盛的时代，但是我们的主导机构仍然是农业文明的机构——具有领土性质的国家、被争来夺去的城市、土地性财产、战争、种族主义、科层式的管理、读写能力、非情感化的货币、远途贸易、工作被看作美德、世界性宗教和家庭。之所以如此，是因为中间阶级对旧统治者的反叛与“国族资本主义”（即工业资本主义与民族国家的结合，我姑且如此称之）之间完成了调和适应。其结果，摆脱不平等社会的人类解放进程被阻止了（Hart，2009）。只要想一下今天的全球社会形态，我们就会一目了然了。那些已经不能完成自身（人口）再生产的富裕国家，试图去阻止那些寻求经济上获得改善的移民涌入他们的国家。我们今日的世界与法国大革命前的旧时代再相似不过了，即卢梭写下《论人类不平等的起源和基础》的那个时代。

非洲是这个不平等世界最令人有刺痛感的标志。1950 年，欧洲（包括苏联的中亚部分）的人口是非洲人口的两倍；今天，非洲人口是欧洲和中亚人口总和的两倍。到 2050 年，非洲人口将占到全球人口的四分之一；到 21 世纪末甚至可达到三分之一的比率。① 尽管非洲仍然经常被描述为一片布满饥饿农民的土地，战争与艾滋病肆虐其间，可新的现实是：在非洲那些正在涌现的城市里，到处可见一些要找事情做的年轻人（Hart，2010）。非洲基本上错失了机械革命的第一、第二阶段；但是，在一些地方，在数字化技术的某些方面他们却处于领先地位。② 尽管如此，目前非洲的发展也经常是由灌溉和犁耕农业组成的（Hart，1982）。非洲在经历着柴尔德所谓的“城市革命”：在攫取农村剩余产出的基础上建立国家官僚体制和阶

① 根据联合国经济和社会事务署的最新估算（《世界人口前瞻》，2010 年修订版），1950 年非洲的人口为 2.5 亿，占世界人口总数 25 亿的百分比低于 10%；2000 年，世界人口总数 61 亿，其中非洲人口 8 亿（占 13%）。2050 年，非洲人口总量将达到 22 亿（占总数 93 亿的 24%）；到 2100 年，非洲人口总数将达到 36 亿（占全球人口总量 101 亿的 35%），http：//esaunorg/unpd/wpp/indexhtm。

② 比如肯尼亚在手机银行方面的先驱试验，可以提供移动终端支付服务的公司 M-Pesa（Mas and Maorawczynski，2009）。

级社会。这样的发展并非没有其自相矛盾之处。

就前工业文明阶段的比较史而言，杰克·古迪的贡献是非凡的。但是，他还一直在告诉我们关于当代全球社会的构成情况。和拉图尔（Bruno Latour）一样（Latour，1993），他坦言，我们从来没有现代过。现代民主的基础是废除统治欧亚大陆五千年的不平等社会。古迪让我们记起长久存在的不平等，他也认为造成不平等的原因可能会比我们所设想的更难以左右。同时，中国与印度的上升证实了他对欧洲自我感觉良好的心态所发出的警告。当今的世界在变得比以往任何时代都更加彼此密切相关的同时，也变得高度不平等。在过去的30年里，削弱以国家政治控制全球市场的举措导致的结果是，既得利益者与尚未得利益者之间的鸿沟在急速加大。在这一进程中，也产生了较大的地区性分裂。为弥合今天这一现状所需做出的努力，与古迪刚刚开始其战后行旅的1945年相比，似乎只能是有过之而无不及 。

请允许我综述一下古迪思想框架中的几个核心因素：理解社会形式的关键在于生产，在今天就意味着机械生产的不均衡分布；文明，或者说人类文化，在很大程度上是沟通手段引发的后果——过去曾经是使用文字，现在则是一系列的机械化形式，但归根结底是经由口头和书面介质的互动；社会抗争的争夺场地是财产。民族国家仍然是加强全球性契约的有效工具吗？当富裕国家的老年人需要与在这些国家之外的年轻一代来共同达成解决问题的途径时，古迪将其焦点放在人的再生产上——这一思想显示出来的前瞻性，无论怎样赞扬都不会过分。亲属关系也需要被重新发明。当人类文化需要被从不平等社会（这是农业文明受到机器的强化所带来的结果）中拯救出来之时，杰克·古迪提供的人类学愿景是一种不可或缺的手段，以帮助我们考虑如何去达到这一目的。

第二部分：今日之非洲——发展的挑战[①]

我现在要转到非洲，看一下在古迪首次到达那里的50年后这块土地上发生了怎样的转变。古迪从来没有放弃对其田野研究初始之地的兴趣。但是，自非洲脱离殖民统治、实现独立以来，这里不再构成古迪著作的主要内容。非洲大陆被分成三个不同的地区——北部、南部和中部（非洲中部又分为西非、中非和东非）；而各地区之间的某种融合正在发生。一种通行的成见认为，后殖民时代的非洲错失了“发展”或者“腾飞”的机会。这种偏见模糊了人们的视野，让人们看不清楚在20世纪的非洲真正发生了什么。与城市的兴起相伴而生的是软弱、腐败的国家政权，被诱引着走到依赖外国权力的地步，让都市里的大量平民基本上各自为糊口而奔命。后者创建了临时市场来满足自身的需求，这些情况可以被理解成“非正规经济”[②]（Hart，2006b；2010）。

为了更好地说明这个高度差异的大陆非同寻常的转型，我区分了三种不同的社会构成：平权社会、农业文明和国族资本主义。“平权社会”（egalitarian societies）形成于亲属关系之上；“农业文明”（agrarian civilization）是城市精英以国家和阶级权力为手段来控制农村劳动力人口（Hart，2006a）；在“国族资本主义”（national capitalism）那里，市场和财富聚拢被核心官僚机构所规范，以使其公民受益（Hart，2009）。这些过分简化的分类可以帮助我去阐明一些大的历史趋势。撒哈拉以南的非洲，前现代的主体制度安排可以被视为以亲属关系为基础的无阶级社会，尽管其历史比这一类型所能包含的内容更丰富。第二种类型，即“农业文明”，涵盖了过去五千年

---

① 这里是对本文作者《非洲的城市革命与非正规经济》一文主要观点的综述（Hart，2010）。非洲发展的一般问题在《经济人类学》（Hann & Hart，2011）一书的第六章中有所讨论。我在另外一篇文章中，从南非这个非洲大陆最有力的经济体出发讨论了非洲的发展前景（Hart & Padayachee，2010）。我在《非洲的世纪》一书中解释了为什么我相信非洲经济前景会比许多人所设想的要乐观得多（Hart，2012）。

② 罗伯特·纽文特（Robert Neuwirth）最近出版了一项关于他称之为“非正规经济的全球兴起”现象的研究（Neuwirth，2011）。我比较喜欢他在使用这一词汇时较少有贬义。他选择“非正规经济”来指代“D系统”（System D），一个出现在讲法语的加勒比和西非的词汇，它表达的是非正规经济中某些经营上的独创性。

绝大部分的欧洲、亚洲和北非。“国族资本主义”只在南非得以立足，其受益者仅限于这个国家内的白人，这种情况一直持续到最近。在20世纪的进程中，中非完成了姗姗来迟的向农业文明旧统治形式的转变；而此时的欧洲和北美，则启动了“国族资本主义”，亚洲也紧随其后。这一过程让北非和中非更为接近，成为前工业阶段的阶级社会；与此同时，南非自从开始了多数人统治以来，变得与其余的非洲社会更为接近。

埃及与地中海沿岸国家很久以前就是农业文明。在那里与城市兴起相伴的是国家的形成，其功能是监管一种新型阶级社会。在这个社会里，一小部分城市精英攫取日益增加的农村奴仆劳动力的剩余产品。按照古迪的说法（Goody，1976），撒哈拉以南的非洲基本上错过了城市革命及随之而来的农业技术、高人口密度和不平等的财产关系。这也可以解释为什么传统非洲的亲属与婚姻形式如此特异，他们的社会是相对的无阶级社会。即便在有社会分层尺度存在的地方，也经由亲属制度的再分配，阻止出现拥有不同消费风格的阶级。

如前文所述，关于平权社会（建立在亲属关系基础上）与不平等社会（建立在国家权力及阶级分野基础上）的对比可以回溯到路易·摩尔根（1877），在他之前还可以追溯到卢梭（1754）。即便我们试图将非洲与其一南一北的两个极端剥离开，将平权社会与不平等社会的对比应用在前现代的非洲和欧亚大陆，也无法不产生歧义。非洲的城市历史是复杂的（Freund，2007），大西洋和印度洋的奴隶贸易在西非和东非都造就了海岸城市。西非萨赫勒地区（Sahel）的中世纪文明是伊斯兰世界的一个重要组成部分。在约鲁巴人（Yoruba）的农业城市里，在殖民统治开始之时，伊巴丹（Ibadan，尼日利亚的第二大城市）的人口已经达到20万。尽管如此，大部分中非地区在进入现代时城市人口非常少，他们的主导制度更多地依赖于亲属关系而非阶级差异。在现代早期，本土政权（indigenous states）司空见惯，它们的出现经常是对欧洲帝国主义扩张的一种回应。在现代社会里，农业文明还一直强大得足以盘根错节，因为“国族资本主义”到处都在与旧统治阶级的因素搅拌在一起。

当然，不平等在非洲的传统社会里也不是完全不存在。恩格斯明确地指出了妇女所遭遇的从属地位：首先在农牧业的部落社会里，其后出现在前工业国家里，最终也出现在资本主义社会里。马克思主义者和女权主义者（如梅拉苏）将这一分析延伸到不同年龄的非洲男性：多妻的年长男性指挥年轻男性劳动力，其手段则是控制年轻男性以获得可婚配妇女的通道（Meillassoux，1981）；而这些妇女则注定要做绝大多数劳务、缺少有效的政治表达。在非洲社会，性别与年龄差异至关重要。

1900 年，住在城市里的非洲人不到 2%。到 2000 年，在人口增长的同时，城市人口的比例已经达到一半。这一变化集中在一个世纪里，而在其他地方所需的时间要长得多。非洲的人口仍然在以每年 25%的比率增长，因此，在人口方面非洲在世界上的相对分量也在增长，尽管在获得权力方面尚有不及（按照世界银行的报告，其经济占全球经济总量的 2%，参见 World Bank，2010）。这次“城市革命”不仅仅包括了没有预想到的城市增长，同时也包含造就前工业阶级社会的全部因素：国家、新出现的城市精英、农业的精耕细作，以及建立在攫取农村剩余产品价值基础上的政治经济。非洲的发展必须建立在独立的民族国家基础上，其经济基础是前工业化的农业文化（Hart，1982）。

在改变不平等世界这一点上，反殖民主义革命留下了太过乐观的希望。大多数非洲人还没有意识到这一点，他们期望接受的发展模式是“国族资本主义”，可是这种意义上的发展在非洲从来不会获得根基。20 世纪上半叶，非洲人被殖民地宗主国缚住手脚；下半叶，这些新出现的国家力图保持世界经济弄潮儿的姿态，而世界经济却由几个以自身利益为目的的霸权国家来组织掌控，其后便卷入“冷战”之中。在 21 世纪的头 20 年，在全球发展最快的 10 个经济体中，三分之二是非洲国家。① 非洲的新国家领导人曾经以为他们正在建设现代经济，但实际上他们在建立脆弱的国家政权，其经济基础还是和从前一样是落后的农业（Hart，1982）。这一弱项毫不留情地导致了这样的后果：他们用争取独立带来的民主合法性，换来了对外国权力的依赖。这些统治精英首先依赖农业出口的税收，之后依赖条件暧昧的借款，最终则依赖垄断财团，后者被授权监管这些国家与全球资本主子之间的关系。但是，这类做法到了 20 世纪 80 年代却已经日薄西

① 根据《经济学人》（2011 年 1 月 6 日）的报告，2001—2011 年间，全球发展最快的 10 个经济体中，非洲占据 6 个；2011—2015 年间，预期非洲所占数量将达到 7 个。这 7 个国家是：埃塞俄比亚、莫桑比克、坦桑尼亚、刚果、加纳、赞比亚和尼日利亚。其他 3 个经济体是中国、印度和越南。

山了。此时外国资本家感觉到，当地国家权力的介入可能让他们血本无归，于是专心于向这些非洲国家收讨欠债。许多政府破产，有些国家则陷入内战。

当经济需求变成花掉政府的掠夺性收入的同义词时，政治权力聚集于核心的布局就导致了领头城市的主导地位。正常情况下，城市的成长会导致促进城市与农村之间的交流，即农民供应城市居民以食物，并购买后者提供的制造品和服务。[①] 但是这些进步的劳动分工在后殖民地非洲诞生之时就被窒息了，因为有来自北美和欧洲的政府补贴、价格低廉的农产品，以及来自亚洲的廉价制造品。“结构调整”意味着，面对国际贸易的强风，非洲的国民经济没有任何保护措施。那些农民不得不面对暴力和政治掠夺，并做出不得已的选择：他们或者留在家里停滞不前，或者移民到主要城市或者国外。城市以这种或者那种方式存活下来，其基础是临时出现的一些市场，使集中于顶层的货币流动起来去满足居民的需求。要理解非洲城市革命带来的经济潜力，这些市场是关键所在。

随处可见非洲的“都市非正规经济”（“urban informal economy”，Hart，2010）提供食物、住房、交通、教育、保健和其他基础服务；它们活跃在开矿、制造和工程领域，插手不同层次的贸易，包括跨国贸易和外贸交易。但是，这些非正规经济的活动余地有多大，却不尽相同。在西非和中非，欧洲人居住区极小，城市主要是本土人的产物，他们的市场常常缺少规范管制。外国掮客如黎巴嫩人滋润地活跃在殖民地管理机构的控制之外。大西洋海域的一些大港口享受着某种贸易自由，这也使他们能对非洲的商业发展有所贡献。今天的安哥拉妇女登上开往伦敦、巴黎、迪拜和里约热内卢的飞机，在那里采购奢侈品，然后在罗安达（安哥拉的港口城市）的街区里将它们转卖出去。在非洲的南部地区，城市是由欧洲人定居者建立起来的，那里的城市对本土人口的流动控制严格，南非的非正规经济受制于一些规则，而这些规则的设计原本是为了提升现代工业。在其他地方如津巴布韦、莫桑比克和肯尼亚，长期以来国家的角色是控制，其控制的严格程度超过位于西非的城市拉各斯（尼日利亚最大的港口和城市）

① 詹姆斯·斯图亚特爵士（Sir James Stuart）提出了这个观点，我对其进行了发挥（Hart，1982）。

和达喀尔（塞内加尔的首都）。

非洲的民族国家已经认识到他们面临的艰难之路，他们没有自己选择政治经济形式的自由。处于世界因“冷战”而分裂的时代，为了保卫国家利益不受新老殖民者的掠夺，国家拥有生产并控制分配似乎是最佳选择。自 20 世纪 80 年代以来，私有化的狂潮导致国家产权落入公司之手。结构调整迫使政府放弃了公共服务，解雇了很多工人，允许货币自由流通。在刚果、安哥拉、索马里、利比亚和塞拉利昂，失败的国家政权和内战强化了非正规的矿业和贸易，财富和权力集中在军人和他们的追随者手中。恢复和平秩序使国家行政机构能够在有限的程度上控制分配。这种情形具有非常高的动态性，而且有很大差异。

在税收方面，非洲从来没有达到像欧亚大陆一样长久以来就获得的常规性。政府收入靠的仍然是任何可能抽取的财源，从采矿许可费到进出口贸易税，不一而足。新兴的城市阶级控制着这些收入并因此过上好日子，他们通常是在一个被外国力量支持的世袭政权的庇护之下（Mbeki，2009）。这也让一个旧政府收获了足够多的怨恨，从而催熟了自由革命的时机。本年度（2011）早些时候在北非发生的“阿拉伯之春”运动，对整个非洲大陆的意义非同寻常。非洲城市革命后出现的新国家和阶级结构，与亲属制度交织在一起。作为社会组织的一种手段，对非正规经济来说，亲属关系仍然是不可或缺的（Bayart，2009）。在中等阶级眼里，对廉价的家庭劳动力的剥削是非洲亲属关系的平权模式，“家庭企业”一直被青睐，使用童工仍然被接受。另外，正规的管理规则对亲属关系却并不友好，对亲属的优待通常被视为腐败。生活在福利缺失的国家中，非洲人必须依赖亲属扶持走过人生旅程，完成出生、结婚、养育后代、衰老和死亡的人生进程。面对年轻人和妇女的移民外出，农村年长男性的权力得到加强，因为对很多人来说，能够获得祖先的土地是长期安全保证的源泉。

非洲会在不久的将来经历快速的经济发展，西方人似乎并不愿意接受这一图景，尤其因为非洲的象征性角色——非洲是“白种人”优势的反面。①几个世纪以来，在一个沿着种族线路划分出来的不平等的全球社会

---

① 最近几年，有很多研究著作都在强调非洲的经济前景。这一经济前景，部分由于矿石市场的繁荣，部分由于人口的增长，部分由于人们迟到地认识到非洲在世界消费中所占比重增加。关于这一故事乐观的，甚至有些飘飘然的叙述版本可参见 Severino & Ray（2011）。

里，“黑人”扮演的是被污名化了的“下等阶级”的角色。这一偏见于今尤甚，特别是当欧美国家渐渐失去其世界的主导地位，而其他经济上强有力的国家如中国、印度、巴西、俄罗斯以及南非可以与之抗衡的时候。[①]因为不愿意面对自己在经济上的衰退，“白人”宁愿寄希望于“黑人”的不走运，相信非洲会如他们所愿地被排除在现代繁荣之外。失败的政客和上了年纪的歌星高调宣布，他们的使命是要将非洲从所谓的“病痛”中解放出来。西方的媒体把非洲描绘成一个漆黑暗夜的战场，四个末世强梁游荡其间：征服、战争、饥荒和死亡。这一切都是为了让一个衰落的西方能够确认，至少还有一些人比他们自己过得惨多了。

不久之前，在欧洲人意识里中国的形象也与之类似。20 世纪 20—30 年代，通常美国人与欧洲人谈及中国的方式与今天谈及非洲的方式是一样的。那时的中国因为军阀的暴力而满目疮痍，农民陷于难以想象的极度贫困之中。今天，这个国家被说成是有望继美国之后的世界领导者，它的制造业闯入西方的主导领域，其规模程度要远远超过日本曾经达到的水平。经济力量从西方转移到东方，这一巨大的改变并不能保证非洲逃脱世界不平等所带来的束缚。但是它实实在在地意味着，以前看似永无更改的大西洋主导结构，现在确实在发生着可以感知得到的变动，对世界变化的前瞻应该因此变得容易一些。我们正在进入一个新阶段，一个会出现新的经济可能性的阶段；与此同时，全球社会的权力模式也在调整。在目前的全球经济危机中，非洲的优势在于它与全球经济的关联很弱。非洲人没有什么可以失去的；过去斯大林主义者所谓的“不平等发展原理”提醒我们，在这样的情形下，赢者与输者的易位很容易发生。

古典自由主义革命受到三个理念的支撑：自由与经济进步要求人力、商品和货币在市场上增加流动；与之最相匹配的政治框架是民主，将权力交在民众的手里；社会进步依赖的是驱动人们客观地了解事物运作的科学，对科学的追求又引发了启蒙运动。[②]一个多世纪以来，反自由主义的倾

---

① 即“金砖四国”，尽管南非的经济与中国、印度和巴西的经济动力系统没有任何相似之处。南非只有五千万人口，比其他国家要小得多。关于南非大幅度融入非洲地区的情况，参见 Hart & Padayachee (2010)。

② 古迪的继任者、剑桥大学社会人类学系主任盖尔纳（Ernest Gellner），在他的著作《犁、剑与书》(Gellner，1988) 中指出，市场、民主和科学之间的内在关联实际上与农业文明中分别代表经济、政治和思想技术的犁、剑和书之间的关联异曲同工。

向已经将这一伟大的解放运动当成压迫与剥削的伪装形式。与很多社会性革命一样，这种说法也部分地符合真实情况。今天的非洲必须在短时间内摆脱那些深受奴隶制、殖民主义和种族分离制度遗毒而造就出来的政治经济形式。但是，那里的条件已不再能简单地归因于这些旧有的因素。非常可能的是，古典自由主义革命的样板在经济、技术、宗教和艺术领域的内在发展得到强化之后，为解决非洲的不发达问题提供新鲜的解决途径。这一切都必须建立在20世纪的城市革命所产生出来的条件和能量之上（Hart，2010）。

在我们的世界里，权力的分配非常不平等，对此我们心知肚明。任何新的自由运动都会很快遭遇地位稳固的特权阶层的反击。实际上，今天的全球社会与农业文明的旧有统治非常相似。如同18世纪的英国和法国，与底层隔绝的精英阶层享受的生活方式是那些几乎一无所有的大众难以企及的。农业文明的制度机构在统治着今天的社会经济，这并非仅仅发生在后殖民地非洲。美国的自由革命曾经战胜了乔治国王和东印度公司，但是自从世纪之交，美国（而且不止于美国）开始回到一种“寄生的资本主义”（rentier capitalism）的形式，那些来源于通过政治性手段获得安全保证的财产性收入代替了生产上的利润，并成为主要的财富来源。①

很久以来学术界就承认，资本主义在欧洲之兴起，宗教是其所倚重的推动力之一。马克斯·韦伯（Weber，1921—1981）坚持说，一个如此规模的经济革命之所以有可能发生，其根基只可能存在于一个更宽广的文化革命之上。如果非洲的非正规经济要进一步发展成更有力的城市商业的动力引擎，什么才会是它的文化土壤呢？无论下一步发生什么，这些都只能建立在现有的情形之上。非洲未来经济增长的基础，注定是其城市的文化产出，而不是对农村的抽取剥夺，或者是逆潮流而动地寄希望于重走资本主义工业阶段之路。这一转型要依靠以下因素：（1）年轻人与妇女的能量；（2）宗教的复兴；（3）现代艺术的突飞猛进；（4）信息交流领域的数字化革命；（5）新型的非洲人散居世界各地。

以下几个观点是对上述内容进行的综述：

---

① 一种类型的资本主义，其受益形式为财产性收益（利息、知识产权、租金、分红、使用费或者资本赢收）……受益人完全垄断对实体财产、金融财产和技术的掌控，通常这个词汇在使用时含有寄生主义的暗指，或者是一种堕落的资本主义。

1. 无论传统的还是现代的非洲社会，年长男性都占据主导地位。在那些男性曾经拥有的机会中，妇女很少能够从中受益，因此她们也没有其遗留下来的负担。女性在很多情况下已经较快地开发利用了新自由主义式国际经济所带来的商业自由。即使在男人和男孩子们让整个国家陷入内战当中，并由此使经济生活丧失了国家给予的保障之时，建立在由女性从事贸易基础上的非正规经济经常可以打通基本的供给线。非洲城市的社会现实是：年轻人没有足够多的事情可做，代沟在增大。为了非洲的发展，更有效地发挥年轻人的能量是当务之急。如果经济发展的焦点是这些年轻人感兴趣的事情，比如通俗文化，那么实现前述目的的可能性就会大一些。

2. 在非洲，宗教的复兴——无论是基督教，还是伊斯兰教——对经济发展的形式都至关重要。在很多情况下，这是因为年轻人拒绝现有的社会榜样和父母一代提供给他们的政治选择。“原教旨主义者”以及那些极端程度略差的不同宗教派别团体给他们提供的与全球社会的关联，与那些由民族国家提供给他们的图景完全不同——后者或者基于对美国主导地位的认可，或者是对其的拒绝。这些宗教团体有助于填补当前政治上的道德空白地带，也经常提供屡试不爽的办法来建立有创意的经济组织，如“塞内加尔苏菲教兄弟会”“Mourides of Senegal”（O'Brien，1971；Copans，1988）。基督教经常是由妇女来组织和支持的，尽管其领导者通常是男性。

3. 西方媒体在谈到贫穷、战争和艾滋病时，很少谈及后殖民时代非洲现代艺术所具有的非同寻常的活力：小说、电影、音乐、戏剧、绘画、雕塑、舞蹈，以及它们在商业设计上的应用。过去的半个世纪是非洲艺术大爆发时期，它们既利用了传统的资源，也回应了当代世界的复杂性。这十年来的一个例子是从欧洲巡回到日本的艺术展览“非洲混音”（Africa Remix），从约翰内斯堡到开罗的一百件装置艺术，展现着当代非洲艺术的现代性（Elliot & Njami，2005）。非洲的小说与可类比的地区——印度一样领先世界（Irele，2009）。关于电影的创造性将在后文谈及。

4. 非洲基本上错过了机械革命、蒸汽机和以电力为基础的前两个阶段。第三阶段，即通信领域的数字化革命——最可感知的形式是互联网——则给非洲提供了完全不同的参与条件。种种迹象表明，他们也热衷于参与。互联网原本是科学家和军队通信的一种手段，今天却成了有不同寻常特点的全球性集市。如同非正规经济一样，它的大部分运行还没有被规范，但是这一市场自由是由我们这个时代最先进的技术来驱使的。由于互联网将远距离交流沟通的时空范围极大地缩小，它也为建立家乡和国外之间的关系网络提供了新的条件。对移动电话的快速接受（Aker & Mbiti，2010）让非洲成为全球创新的一个试验场，比如在东非出现了第一个多国移动通信网络以及电话银行业务。不应该忽略的还有，在扩大对社区的感知方面，电视作为跨国通信沟通手段所起的重要作用。

5. 在过去的半个世纪里，新的非洲人散居世界各地。与过去的大西洋奴隶制带来的散居情况不同，今天的散居主要是经济移民去往美国、欧洲和亚洲。在国家归属的身份认同层面上，这些人通常被认为脱离了其来源地。但是，他们当中的许多人超越国家归属层面，与他们的来源地保持密切关系。他们通常受过高等教育，在公司业务中积累了经验，与留在家乡从事非正规经济的亲属保持着联系。新自由主义改革的结果之一是，跨国交易变得比以前容易多了。这些交易所需要的，是关于当地条件的本土知识以及那些移民及其家庭在西方所获得的知识和才能。来自国外的资金到处都起着重要的作用，它们注定在非洲的经济中担当一个主要的角色（Gupta & Pattillo & Wagh，2007）。

在谈到非洲未来的经济增长时，我们需要回答的问题是：非洲新城市人口能生产什么。到目前为止，如果有可能的话，非洲国家就依赖出口原材料。矿产当然因为其数量的稀少和需求的增长而被看好，但是食物和农产品的世界市场是扭曲的。惯常的做法是，如果非洲国家的政府寻求在原材料之外的产业多元化，它们会力图促进制造业出口。但是，这时它们会遇到来自亚洲的强力竞争。非洲国家必须集体在世界贸易委员会里提出要求，保护非洲免受国际倾销，以便让它们的农业和刚刚起步的工业至少首先有机会去供应自己国民的需求。但是，服务业的世界市场正在蓬勃增大，那里也许可以找到为本国、本地区和全球市场供给提供的更大机会。

曾几何时，服务大多必须由人员来现场提供。今天，存在时空物理距离的服务提供者与消费者却因为数字化革命被联结在一起。世界贸易中发展最快的领域是文化产业：娱乐、教育、媒体、软件和大量的信息服务（Hart & Padayachee，2010）。一旦某些物质要求已经得到满足，人类经济的未来（Hart & Laville & Cattani，2010）就在于彼此为对方做些事情的领域，如唱歌、讲故事。这未必需要一个具体有形的方式。拥有全球最大电视观众的是如世界杯或者奥运会的体育盛况。美国的三类主导出口产品是电影、音乐和软件。这是他们发起知识产权保护公约（TRIPs），要在那些投入很少的数字化复制文化产品的公司身上拔毛的原因。当代资本主义的核心冲突，发生在将文化共享私人化的企图与广泛的大众抵制之间（Hart，2005）。任何进入这个市场的活动都不得不应对跨国公司以及支持它们的各国政府。尽管如此，这里还是留有很多余地，这一领域还没有如制造业和农业那样被严格划界。这也是一个非洲人能例外地显示有较好竞争能力的领域。已有的事实表明，全球观众大都偏爱他们的音乐和雕塑艺术。

你知道吗？全球第二大的电影制造者，排在美国的电影工厂“好莱坞”之后、印度电影工厂“宝莱坞”（Bollywood）之前的，是尼日利亚的拉各斯，或者称为“瑙莱坞”（Nollywood）（Hugo & Abani & Saro-Wiwa，2009；Saul & Austen，2010）。它的绝大部分电影的费用不超过几千美元，这是当初格里菲斯（WG Griffith）为王时代“好莱坞”模式的遗存。美国的通俗文化仍然是这个国家最成功的出口产品。没有理由表明，为什么非洲不能复制这一成功。“塞内加尔苏菲兄弟会”（the Mourides），是一个成立于一个多世纪前的苏菲教团，是塞内加尔的“国中之（非正规）国”。最近它们把对美国的鞋产品供应从意大利产品转为中国产品，这让人看到它们的国际贸易能够影响到这个国家的国民经济。肯尼亚和加纳的先锋通信企业应该被注意到，它们在将现代技术剪裁为适合本地需求方面显示了杰出的能力。我注意到，那里的移动电话银行业务引领了世界潮流。

结　论

按照古迪的主张——其最近的著作是《欧亚大陆的奇迹》（Goody，2010），欧亚大陆作为一个相对整体的存在已经超过了五千年，其中的西欧（以及后来的北美）自文艺复兴尤其是工业革命以来独享着某些优势。他完全拒绝任何认为亚洲在结构上低劣的说法。在绝大部分历史进程中的许多方面，亚洲文明领先于欧洲。接受现代资本主义的速度表明，亚洲与欧洲有本质上的相似性。这有助于我们去理解在全球社会，占经济主导地位的地区正在发生变换。

古迪着手去解构种族思想的二元对立，而这种二元对立构成了人类学和世界史思考的基点。他认为，关于“工业革命”这一历史上有决定性意义的突破，人们已经说得太多，也许现代资本主义与它的前身并没有多么大的区别，完全将近代史与西方的成就放在一起并不足以令人膺服。这也让他确信，许多被认为是某一个特殊地区（尤其是欧洲）独有的文化特征，在其他地方也可能找到，而且通常是经历了充分发展的形式。因此，与其按照假想中所谓的文化特质——它们或者存在，或者不存在——来给整个社会归类，不如从另一角度来思考：不同的制度模式在特定的社会里如何凸显某些重点，并形成其不同的组合。这样思考下来，种族的优越性就被否定了：经济上的发达并非一成不变，而只是历史上一系列极端的突破罢了。在坚持强调农业文明的遗产还强有力地存留在我们的世界当中、资本主义的旧有形式（小商业和借贷）并没因工厂生产而被风卷残云这一点上，古迪的观察是对的。但是，我们还是要试图理解我们正在经历的经济革命，哪怕仅仅是为了避免全球灾难。从这个角度看，（具有批判性的）马克思和韦伯的著作（Marx，1867—1970；Weber，1921—1981）比一个纯粹拥戴西方统领地位的学术更有用处。

杰克·古迪很少明确表示，他的整个方法是要对文化人类学进行冲击。像在他之前的摩尔根和柴尔德（Morgan，1877—1964；Childe，1942）一样，他从技术变化方面来解释文化的差异。精耕细作的农业（犁耕和灌溉）和新的通信方式（文字）有助于农业文明中不平等阶级结构的形成，解释了欧亚大陆与非洲之间的文化差异。那些持西方强势论的人不仅错误地估计了欧洲的独特性，他们也是一些唯心主义者，无法领会那些潜藏在他们为之欢呼雀跃的差异之下的物质条件。这也造成古迪对现代世界史的理解存在两处缺憾。在这里仔细解释第一个缺憾，即他在相当程度上忽略了两个世纪以来机械革命对世界的改变。关于我对这一问题的看法，请参看拙文《时空中的世界：关于古迪的“偷窃历史”》（Hart，2007）。另一个缺憾是在他的世界图景中当代非洲所占的位置。

杰克·古迪作为民族志的作者在加纳北部度过的时间，为他进行世界史比较研究提供了独特的理由。他的问题在于：在他的著作中，“非洲”成了与欧亚大陆形成二元对比的简单对象，他把自己所了解的那些没有国家归属的荷锄农民所具有的生活方式当成非洲的象征。如果说亚洲比西方人惯常所想的要复杂得多的话，刚刚经历人口爆炸的非洲何尝不是如此？

在古迪那里，“非洲”后来似乎成了一个静态的抽象物，被用来为他反击西方对亚洲的轻视助战。这与他早年对非洲认可，以及支持加纳的反殖民革命形成了反差。美国和欧洲可能很快就不再是全球社会的引擎，代之而起的是如中国、印度和巴西等国家。在并不久远的过去，这些国家还被认为受制于文化上的先天不足。这些国家的发展条件，古迪没有去探究。现代民族志学者也在批评西方的自以为是，可他们的举隅都与世界史的背景关联分离开来。杰克·古迪刻画出一幅从人类学角度出发的世界图景。随着新世纪的发展，这一图景凸显得更加清晰。古迪的人类学遗产会源远流长，尽管他的文字中没有预想到非洲大陆的崛起。借发表“古迪学术演讲”的机会，我想要表明的是：古迪对传统的延展性关注思考——我称之为“关于不平等社会的人类学”——无论对于理解 20 世纪的非洲真正发生了什么，还是憧憬 21 世纪在非洲会发生什么，都是不可或缺的。

参考文献

［1］ Aker, Jenny & Mbiti, Isaac. 2010. Mobile Phones and Economic Development in Africa. *Journal of Economic Perspectives* 24, No. 3: 207-232.

［2］ Bayart, Jean-Francois. 2009. *The State in Africa*, Cambridge: Polity.

［3］ Childe, V. Gordon. 1942. *What Happened in History*, Harmondsworth: Penguin.

［4］ Copans, Jean, 1988. *Les Marabouts de L'arachide: La Confrérie Mouride et les Paysans du Sénégal*, Paris: L'Harmattan.

［5］ Elliot, David & Njami, Simon. 2005. *Africa Remix: Contemporary Art of a Continent*, London: Hayward Gallery.

［6］ Engels, Friedrich. 1972/1884. *The Origin of the Family, Private Property and the State*, London: Lawrence & Wishart.

［7］ Fortes, Meyer & Evans-Pritchard, Edward, eds. 1940. *African Political Systems*, London: Oxford University Press.

［8］ Freund, Bill. 2007. *The African City: A History*, Cambridge: Cambridge University Press.

［9］ Gellner, Ernest. 1988. *Plough, Sword and Book: The Structure of Hu-*

man history, London: Collins Harvill.

[10] Goody, Jack. 1962. *Death, Property and the Ancestors; A Study of the Mortuary Customs of the LoDagaa of West Africa*, Stanford, Calif.: Stanford University Press.

[11] Goody, Jack. 1971. *Technology, Tradition and the State in Africa*, London: Oxford University Press.

[12] Goody, Jack. 1976. *Production and Reproduction: A Comparative Study of the Domestic Domain*, Cambridge, New York: Cambridge University Press.

[13] Goody, Jack. 1977. *The Domestication of the Savage Mind*, Cambridge: Cambridge University Press.

[14] Goody, Jack. 2006a. *The Theft of History*, Cambridge, New York: Cambridge University Press.

[15] Goody, Jack. 2006b. Gordon Childe, the Urban Revolution and the Haute Cuisine: An Anthropo-archaeological View of Modern History. *Comparative Studies in Society and History* 48, No. 3: 503-519.

[16] Goody, Jack. 2010. *The Eurasian Miracle*, Cambridge: Polity.

[17] Gupta, Sanjeev & Pattillo, Catherine & Wagh, Smita. 2007. Making Remittances Work for Africa. *Finance and Development*, No. 2.

[18] Hann, Chris. 2008. Reproduction and Inheritance: Goody revisited *Annual Review of Anthropology* 37: 145-158.

[19] Hann, Chris & Hart, Keith. 2011. *Economic Anthropology: History, Ethnography, Critique*, Cambridge: Polity.

[20] Hart, Keith. 1982. *The Political Economy of West African Agriculture*. Cambridge: Cambridge University Press.

[21] Hart, Keith. 1985. The Social Anthropology of West Africa. *Annual Review of Anthropology* 14: 243-272.

[22] Hart, Keith. 2005. *The Hit Man's Dilemma: Or Business, Personal and Impersonal*, Chicago: Prickly Paradigm.

[23] Hart, Keith. 2006a. Agrarian Civilization and World Society. In *Technology, Literacy and the Evolution of Society: Implications of the Work of Jack*

Goody, edited by David R. Olson & Michael Cole, 29－48, Mahwah, N. J. : Lawrence Erlbaum.

［24］ Hart, Keith. 2006b. Bureaucratic Form and the Informal Economy. In *Linking the Formal and Informal Economies*, edited by Basudeb Guha-Khasnobis & Ravi Kanbur & Elinor Ostrom, 21－35, Oxford: Oxford University Press.

［25］ Hart, Keith. 2007. The World in Time-Space: About Jack Goody "The Theft of History". *European Journal of Sociology* 48, No. 3: 437－443.

［26］ Hart, Keith. 2009. Money in the Making of World Society. In *Market and Society*, edited by Chris Hann & Keith Hart, 91－105, Cambridge: Cambridge University Press.

［27］ Hart, Keith 2010. Africa's Urban Revolution and the Informal Economy. In *The Political Economy of Africa*, edited by Vishnu Padayachee, 371－388 London: Routledge.

［28］ Hart, Keith & Padayachee, Vishnu. 2010. South Africa in Africa: From National Capitalism to Regional Integration. In *The Political Economy of Africa*, edited by Vishnu Padayachee, 410－428, London: Routledge.

［29］ Hart, Keith & Laville, Jean-Louis & Cattani, Antonio, eds. 2010. *The Human Economy: A Citizen's Guide.* Cambridge: Polity.

［30］ Hugo, Pieter &Abani, Chris & Saro-Wiwa, Zina. 2009. *Nollywood*, New York: Prestel.

［31］ Irele, Abiola. 2009. *The Cambridge Companion to the African Novel*, Cambridge: Cambridge University Press.

［32］ Latour, Bruno. 1993. *We Have Never Been Modern*, Amsterdam: Harvester.

［33］ Lévi-Strauss, Claude. 1962. *La Pensée Sauvage*, Paris: Plon.

［34］ Marx, Karl. 1970/1867. *Capital: The Critique of Political Economy* (3 *vols*), London: Lawrence and Wishart.

［35］ Mas, Ignacio & Morawczynski, Olga. 2009. Designing Mobile Money Services: Lessons from M-Esa. *Innovations* 4, No. 2: 77－91.

［36］ Mbeki, Moeletsi. 2009. *Architects of Poverty: Why Africa's Capitalism needs Changing*, Johannesburg: Pan Macmillan.

[37] Meillassoux, Claude. 1981. *Maidens, Meal and Money: Capitalism and the Domestic Community*, Cambridge: Cambridge University Press.

[38] Morgan, Lewis Henry. 1964/1877. *Ancient Society*, Cambridge MA: Bellknapp.

[39] Murdock, George Peter. 1962-1980. *Ethnographic Atlas* (29 *instalments*): Ethnology.

[40] Neuwirth, Robert. 2011. *Stealth of Nations: the Global Rise of the Informal Economy*, New York: Pantheon.

[41] O'Brien, Donal Cruise. 1971. *The Mourids of Senegal: The Political and Economic Organization of an Islamic Brotherhood*, Oxford: Clarendon Press.

[42] Padayachee, Vishnu, ed. 2010. *The Political Economy of Africa*, London: Routledge.

[43] Pieter, Hugo &Abani, Chris & Saro-Wiwa, Zina. 2009. *Nollywood*, New York: Prestel.

[44] Rousseau, Jean-Jacques. 1984/1754. *Discourse on Inequality*, Harmondsworth: Penguin.

[45] Saul, Mahir & Austen, Ralph, eds. 2010. *Viewing African Cinema in the Twenty-first Century: Art Films and the Nollywood Video Revolution*, Athens OH: Ohio University Press.

[46] Severino, Jean-Michel & Ray, Olivier. 2011. *Africa's Moment*, Cambridge: Polity.

[47] Steuart, Sir James. 1767. *Principles of Political Oeconomy* (2 *vols*), London: Miller & Cadell.

[48] Weber, Max. 1981/1921. *General Economic History*, New Brunswick N. J.: Transaction Books.

[49] Wolf, Eric. 1982. *Europe and the People without History*, Berkeley: University of California Press.

[50] World Bank. 2010. *World Development Indicators*, Washington D. C.: World Bank.

第二部分

在社会转型中观察：发现卡尔·波兰尼

▶ 市场与社会：我们这个时代的大转型——我们能从卡尔·波兰尼学到什么

Hart, Keith & Chris Hann. 2009. Introduction: Learning from Polanyi 1. In *Market and Society: The Great Transformation Today*, edited by Chris Hann and Keith Hart, 1-16, Cambridge University Press.

▶ 新的“双向运动”？从人类学视角看新自由主义经济时代的产权问题

Hann, Chris. 2007. A New Double Movement? Anthropological Perspectives on Property in the Age of Neoliberalism. *Socio-Economic Review* 5: 287-318.

▶ 道义剥夺

Hann, Chris. 2011. *Moral Dispossession.* InterDisciplines 2: 11-37.

▶ 对（已经）遭受道义剥夺者的道义剥夺——对韩可思论文的评议

Merl, Stephen. 2011. Moral Dispossession of the (already) Morally Dispossessed? A Commentary on Chris Hann's Contribution. In *InterDisciplines* 2: 38-45.

▶ 回应

Reply

市场与社会：我们这个时代的大转型

——我们能从卡尔·波兰尼学到什么*

凯斯·哈特、韩可思　著
吴秀杰　译

市场与社会

市场是由买和卖行为构成的网络，通常经由货币这一中介来完成。在历史上的大部分时间内，在社会赖以建立其上的主流制度安排中，市场一直处于边缘地带。不过就在并不那么久远以前，肇始于世界上的局部地区，市场被认可为社会的核心。这导致了激烈的政治辩论，这些辩论还在持续地进行着。人们辩论的问题是：市场与社会之间该有怎样的适当关系。人们广泛地承认，亚当·斯密那部发表于1776年、认为市场是现代社会的主导性制度的著作《国富论》提供了一部关于“市场”（现在经常用复数的形式）的宪章。关于“经济”的理念，起初是关于乡村家户管理的原则；当经济学这个职业出现以便来专门研究“经济”时，它就变得几乎完全与市场重合了。不过，有一个人特别地关注了近现代历史中市场与社会的关系：这个人就是卡尔·波兰尼（Karl Polanyi，1886—1964）。他在第二次世界大战期间问世的著作《大转型》，对力图将社会建立在自我调

* 本文是两位作者为其共同主编的论文集《市场与社会》所写的导论。作者致谢：2006年6月，我们在马克斯·普朗克社会人类学研究所组织了一次学术讨论会，这部论文集就是在其基础上形成的。我们感谢 Bettina Mann 和 Anke Meyer 帮助组织了这次会议；感谢 Anke Meyer 在处理反复修改的文稿时表现出的耐心和高效率。

节的市场之上这一设想发出了最强有力的谴责：波兰尼认为这是乌托邦式的、最终是摧毁性的尝试。正因为如此，我们——这部论文集的作者们——在思考这位来自中欧的跨学科大师所具有的学术重要性。

欧亚大陆的各农业文明都曾试图保持对市场和货币进行检查和控制，因为贵族军事阶层的权力来自以土地为形式的财产，他们害怕市场会埋葬自己对社会的控制。在中世纪的欧洲，这一对立体现为乡村的“自然经济”与城市商业的对立。在更早的时期，亚里士多德——当马其顿的骑兵踏进希腊城邦时，他曾经是亚历山大大帝的老师——更倾向于在自给自足的采邑庄园基础上建立社会，认为市场贪于赢利，是反社会的。关于经济的这一理念（oikonomia，其字面上的含义是“家户管理”），一直到现代的肇始时期都是普遍通行的，英国作家简·奥斯汀（1775—1817）在她的小说里还把一位无力支配仆人的主人公描写为糟糕的“经济人”。当马克思和恩格斯断言历史是城市与农村之间的斗争时，他们指的是基于土地的权力与城市商业之间的冲突。

在无国家社会里，市场也经常处于边缘地位，屈服于主导性社会机构之代理人所制定的规则。按照论文集《非洲的市场》作者们（他们都是波兰尼的追随者）的观点，在传统上，市场受到限制，只能在特定的时间和地点举行，生产和消费中的大份额供给和需求均通过亲属纽带来安排。殖民地宗主国对农作物和雇佣劳动力的需求意味着市场规则无所不在，破坏了现存的有效规则（Bohannan & Dalton，1962）。为什么人们会认为市场对传统的社会安排具有颠覆性？因为商业没有边界——在某种意义上，所有的市场都是世界市场，这威胁到本土的控制体系。

市场成为受制人群逃离支配阶级的潜在的手段：女人、年轻人、臣仆和奴隶、族群意义上的少数人群体。远方商人的权力经常校正当地统治者的权威，市场也并非一直都处于边缘。实际上，早在我们现代社会以目前的方式去认识市场的显著特征之前，地方经济与全球经济间的辩证关系已经定义了各种竞争利益之间的斗争。在处理市场问题上，传统社会采用的方法各不相同。不过它们有一个共通的做法，那就是将商业活动限制在那些被社会排除的族群当中，从而保证当地居民无缘于金钱，而接触金钱的人缺少权力。在这方面最著名的例子是：在欧洲的中世纪，犹太人处于被排斥的地位，而这样他们才可以经商。另外一种方法是阻止商人进行生产性投资，其最终目的是同样的，即防止通过市场和金钱带来的影响来消解当地的权力垄断。

当亚当·斯密建议说，社会不仅无须惧怕市场，而且还能从中获益良多时，他知道自己正在说的是什么。作为一位道德哲学家，亚当·斯密并不情愿去为在市场交换中苦心孤诣追求自利的行为欢呼，但是他认为宁可放纵大众身上的这一品性，也比将经济权力集中在所谓的高级精英人物手中为好。当他断言“互通有无的倾向”是人之自然本性的一部分，市场会比任何其他手段都能更有效地增加“国富”时，他彻底颠覆了惯有的智慧。他没有声称，按照自身规则运作的市场对作为一个整体的社会利益是最有利的。他的这些有所保留的观点大多被人们给遗忘了。

在过去的两个世纪里，就“市场”对于“社会”究竟是好是坏这一问题，资本主义和社会主义两个阵营一直在进行激烈的争论。后者完全沿着前工业时代为土地统治辩解的线路——宽泛地说，是亚里士多德的线路。卡尔·马克思本人认为，对于任何一个复杂经济来说，货币是不可或缺的，货币在任何形式上都是与国家极端对立的。不过，在许多马克思的社会主义和共产主义追随者那里，如果不让市场与货币完全出局的话，他们也宁愿把它们拉回到其在农业文明里所处的边缘地位，他们对国家——这一前工业社会留给我们这个世界的持久性遗产——并不那么心怀敌意。波兰尼踏入的是这一阵营，他承认亚里士多德是他的思想导师，认为“自我调节的市场”是造成20世纪可怕景象的主要原因。

一种少一些末日情景、沿着圣西门传统的社会主义承认，不受羁绊的市场会造成社会破坏——熊彼得称之为“创造性摧毁”（creative destruction）（Schumpeter，1948），但是他们主张不要放弃市场带来的财富。实际上，主要资本主义国家都曾经一度认可过黑格尔（Hegel，1821—1967）的理念：政府应该阻止不平等的蔓延，改善市场造成的社会悲苦。在这一框架之内，着重点则因时而异：到底是依赖政府，还是依赖市场来管理国民经济；是选择社会民主思潮，还是自由民主思潮。20世纪30年代大规模的经济崩溃令大量美国经济学家放弃欢呼市场的逻辑，转而去考虑该如何去修复市场的缺陷。“制度经济学”坚持的理念是，当市场被用来服务于公共利益时，它需要自觉的社会干预。约翰·凯恩斯（Keynes，1936）推出了20世纪最能给人留下印象的自由主义与社会民主的综合体。最近学者写到波兰尼时，都将他直接归入这一类别，而不是把他看作一个明确的反市场主义者。的确，《大转型》一书认为市场及其与之相关的交换原则实际上与互惠、再分配和家户经济同时并存，而这些在他看来才是首要的“经济行为规则”（Polanyi，2001：59）。

与市场反对者的情况相类似，市场辩护者们也可以被分为两类：（1）一些人认为市场是跨越历史的经济提升机器，最好任其自身运行；（2）另一些人则认可对商业进行开明的公共管理。古典自由派将市场推崇为获得更大个人自由的手段，对旧政权带来的既定的社会不平等有纠正作用。但是，工业革命带来了城市商业的转变，这使大量的工薪阶层劳动者依赖市场以获得食物、住房和其他基本需求。在这种情况下，尤其是在英国，“社会”本身似乎退出视野，被“经济”所取代，而这一次“经济”的典型标志是市场契约，而不是家庭的自给自足。玛格丽特·撒切尔——当代“市场原教旨主义”复活的设计师之一——就曾经这样说过：“没有所谓的‘社会’这种东西。”另外一些人则认为，“社会”尚存的抵抗力实在太过微弱，不足以抗拒日益增高的全球货币潮水：你无法越过市场。不被调控的市场是不平等的引擎，“市场是社会规则之外的自然力量”这一市场理念在为财富正名的同时，甚至也让贫穷变得“罪有应得”了。

现代社会理论的奠基人都认为市场是一种进步的力量，因为市场打破了传统乡村社会的僵化狭隘，将人带入更宽泛的话语和互动范围内。但是，奠基者们对于这一推动带来的结果有不同的看法。马克思和恩格斯认为私人货币（资本）的力量太过零散，不足以用来规划这个由商品的机器生产所造就的都市社会。因而，他们把因工人的大量聚集而得以加强的社会性潜力视为真正的集体性救疗。马克斯·韦伯认为，资本主义科层制度的“正规理性”（formal rationality）导致了很多人的生活发生实质性的恶化。但是，作为一位自由主义者，他认为政府对市场的全面干预是一个能带来经济灾难的药方。涂尔干和莫斯都是社会主义者，他们想要强调的是，人的相互依赖性包含在市场与货币的扩展性社会角色当中；同时，他们拒绝社会达尔文主义者的断言，即无约束的资本主义会保证“适者生存”。

卡尔·波兰尼的立场与这些奠基人都大不相同。在以下篇幅里，我们要介绍他的著作《大转型》里面的观点，解释使其长久不衰的重要性在哪里。在这个过程中我们希望让读者看到，为什么波兰尼作为一个社会思想家如今声誉日隆，我们能从他的著作中学到什么。

《大转型》

卡尔·波兰尼一生中的大部分时间是在中欧度过的。但是，他的著作《大转型：我们时代的政治与经济起源》（1944）完成于美国新英格兰州，在一个位于加拿大边界的小学院，时值第二次世界大战的激烈酣战阶段。他带着《旧约圣经》里先知般的精神去写作，但是他的先知预言却显得错了。一个充满了空前的人类灾难——两次世界大战、大萧条、法西斯主义、斯大林主义以及一些类似西班牙内战那样的丑恶冲突——时期正在走向终结。他相信只有社会性的计划才能满足人的需求，才能修复让“社会”屈服于“市场”这一灾难。甚至在 1945 年以后，许多人都不相信文明会在不久的将来复苏，认为需要打一次朝鲜战争来推进 20 世纪 50—60 年代的经济复苏。但是，在美国的领导下世界自由经济却恢复了体力，因此推翻了波兰尼的“市场作为组织社会的主要手段，已经走到了尽头”这一断言。

他的历史性分析思路如下。19 世纪——1815 年（拿破仑战争的结束）至 1914 年——是一个和平与繁荣的时期，至少对主要欧洲国家来说，其基础是自我调节的市场、金本位体系、自由的政府、权力的制衡。但是，这是一幅乌托邦式、有误导性的景象。到了 20 世纪上半叶，问题开始出现了。沿着亚里士多德的思想，波兰尼相信社会是一种旨在为其成员提供物质供养的自然形式。在人类历史上，不同的分配手段被引入，用以保证实现这一目的：家计、互惠、再分配，市场被限制担当一个处于边缘的角色。政治经济学的新使徒们坚持认为，只要每样东西都能不受任何限制地自由买卖，市场就能完成自我调节。这就导致出现了被波兰尼称为“虚拟商品”（ficitious comodities）的新现象。自然、社会和人力一经进入市场，就变成了“虚拟商品”土地、货币、劳动力；保证每个人都获得物质供养的传统被扫除在一边。在一种“双向运动”中，市场的兴起刺激不同的阶级为了维护社会而以行动去反抗市场，市场却毫发无损。自由主义理论中所谓的“作为守夜人的政府”，即一个只考虑规范财产的、最低限度的政府，就是一个耻辱。政治权力被利用去保证资本自由地流动到它想去的地方，但是为了实现这一目标，许多其他的自由，如工作的权利，就被牺牲掉了。金本位体系的存在，使放弃政治性管理的货币（这种货币被凯恩斯重新引入，用来对付20世纪30年代经济崩溃的货币）成为加入国际贸易的前提。这种经济上的互相依赖保证了一种脆弱的和平，在整个20世纪中主要国家之间只有两场小型战争。

这种状态不可能持久，的确也未能持久。第一次世界大战打破了各国势力的均衡条件：金本位体系被放弃、各国变成了威权政府、市场经济遭受毁灭。自由主义理论的“自由”是虚假的，因为在行使各种自由之前我们必须接受其以自然形式出现的社会。现代社会应该建立在那些原始社会和农业文明中用来管理分配的古老机制之上，市场应该被降级到担当一个补充的、边缘的角色。

波兰尼对世界历史的解释过于简单。他把19世纪“市场社会”的出现看成一个极端的断裂。在这一点上，他和另外一位“中欧之子”非常相似。恩斯特·盖尔纳（Gellner，1983）将“工业”与“农业”对置，认为现代民族国家与先前的社会构成之间被划出一条“大沟渠”。和他们形成对比的是，杰克·古迪将资本主义的兴起与几千年来市场和“行商文化”在欧亚大陆不同地区的扩展联在一起（Goody，2004；Graeber，2009）。在古迪看来，聚焦于19世纪西欧（在波兰尼这里只有一个国家即英国）所获得的判断会扭曲历史大图景。波兰尼当然对古迪所强调的“长时段”亦有所知。实际上，他教授经济通史课程（Fusfeld，1994）。尽管如此，他还是坚持认为我们应该承认这一点：当“市场社会”首次成为主导时，事情发生了质的变化。这集中体现在1834年对斯宾汉姆兰法案（Speenhamland law）的废止上，其结果是将人的劳动力缩减到“虚拟商品”的地位。

在波兰尼勾勒的这一新制度形式——“市场”的特征中，缺少了在19世纪晚期建立起来的“科层资本主义”的几个重要特点，由于它们导致了1914—1945年的局面，用丘吉尔的话说即“第二个三十年战争”。民族国家与工业资本主义的现代综合也许可以称为“国族资本主义”：通过核心的官僚机构试图从制度上管理货币、市场和积累。这与大财团的兴起——资本主义组织之主导形式——连在一起。在本质上，这是黑格尔在《法哲学》中表述的观点，即只有国家权力才能制约资本主义的膨胀；反过来，市场也可以限制政治权力的膨胀。社会应该由受过教育的官僚精英以符合国家利益的原则进行组织管理。马克思当然不倡导这种形式，但是韦伯从德国的历史经验中认出了莱茵兰地区的资本主义与普鲁士官僚政体的联合。“国族资本主义”仍然是我们这个世界里的主导社会形式，哪怕新自由主义的跨国视角模糊了这一事实。

波兰尼提出的挑战是，如何在组织工业经济的同时避免社会的“去人性化”。那些一直掌权到20世纪最后10年的社会主义政府，以非常不同的方式去应对这一挑战。尽管波兰尼对“市场社会”的批判与马克思对资本主义的批判有明显的相通之处，但波兰尼对马克思主义的经济决定论缺少好感。尽管他的妻子伊洛娜·杜钦斯卡（Ilona Duczynska）在几个共产主义的政党里都非常活跃，他本人却从来没有加入过共产党。他深受基督教社会主义者的影响，尤其是在英国期间，但是他从来没有加入过教会。他倾向于“基尔特”社会主义（guild socialism），这表明他对涂尔干和莫斯的理论情有独钟（Hart，2007）。波兰尼认为，1956年的匈牙利革命是一种力图改革社会主义的努力，并非是要拒绝社会主义。关于“第三条道路”的某些观点，他深以为然（McRobbie，1994a）。在生命的最后几年，他大量阅读匈牙利——他在那里出生长大——“通俗”作家的文学作品。在他去世后不久，1964年匈牙利“新经济机制”（New Economic Mechanism）的推行（1968年），让这个国家发展出一种“市场社会主义”的形式。假如波兰尼还活着，当时关于匈牙利的各种争论会让他想起20世纪20年代他在维也纳做过的各种关于“社会主义”的报道，那时他强调用再分配的原则去对抗市场环境。

由于1990年苏联阵营的解体，匈牙利的社会主义混合经济也发生了转型，尽管这里的变化远不如苏联以及东欧地区其他国家那么极端。最近若干年，上台的执政党自称为“社会主义党”。尽管这种社会主义与托尼·布莱尔在英国实行的“第三条道路”（Alexander，2009）的接近程度似乎超过了与马克思主义遗产的距离，但是人们对社会主义福利政策怀着普遍的、持续的好感，这是再清楚不过的了。关于“市场社会”讨论的意义，远远不止于学术研究领域，至少中国几十年来一直在追求与匈牙利类似的“混合型”政策这一事实，就足以说明这一讨论的现实意义。波兰尼会因为认为当代中国逐利动机日益主导，从而引发较大的社会不平等、缺乏市民民主自由而感到厌恶呢，还是会对一个不容置疑的事实即市场扩展减少了贫困而感到震撼呢（Hann，2009；Robotham，2009）？

1957 年，波兰尼与承担同一个福特基金会跨学科项目（该项目旨在让他在退休之后仍然有机会从事研究工作）的两位同事（Conrad Arensberg 和 Harry Pearson）出版了一部论文集《早期帝国的商业与市场：历史与理论中的经济学》。在其中的一章里，他重新检视自己研究思路中亚里士多德的根基（Polanyi，1957a）；但是，在另一章中却塑造了“二战”后的经济人类学（Polanyi，1977）。在《经济作为制度性的过程》（Polanyi，1957b）中，他认为“经济的”（economic）一词有两种被混杂在一起的含义：实体性的和形式性的。他将这一区分归于卡尔·门格尔名下（Menger）。前者指的是对物质欲望的供给，而后者则是手段-结局关系，是经济化的精神进程。统治大多数前工业社会的制度都能保证集体存活，工业社会却有了一种“去在地化”（delocalized）的经济，也就是“市场”，统治它的是个人的决策。他认为人类学家和历史学家应该聚焦非资本主义经济，而将现代资本主义留给经济学家。这一建议显得正当其时，引发了著名的“形式主义-实体主义的讨论”（Frankenberg，1967）。但是，这种学术上的劳动分工从来没有获得更多思想上的说服力，因此我们的这部论文集更关注的是他在战争期间提出的论辩。

变迁的时代中波兰尼的重要性

卡尔·波兰尼是一位匹马独行的公共知识分子，他一生中做记者的时间多于做专职学者。他是一位历史学家，同时他热衷于阅读文学书籍，这让他的文字里充满了令人难忘的生动活力（McRobbie，2000）。他对实际上历史变化的兴趣超过对抽象的、形式的理性之猜想。关于“是什么造就了我们人类”这一问题，他有一种与众不同的设想（vision），这贯穿于他的著作之中。但是，正如格利高里（Gregory，2009）指出的那样，他寻找的是总体性模式而非普遍性的定律。在对于社会的现代理解方面，他的贡献既缺少系统性，也不完全准确——对他进行这样的批评再容易不过了。然而，时至今日，他的影响远未褪色模糊，似乎反而胜过以往任何时候。在最近的几十年里，波兰尼的生平和文字被不同学科的学者们进行了集中的分析。① 我们不想在这里重复这些努力，或者再增加若干重要内容。我们只想指出有哪些重要因素让人们对波兰尼思想做历史性的重新思考。

在《大转型》一书中，波兰尼从自身所处的那个历史时刻出发对现代资本主义做出了极端的批评。他的建议似乎与第二次世界大战后经济繁荣的情况相抵触——这种繁荣建立在全球市场与主要工业国家对经济实行政治性管理二者结合的基础上。自 20 世纪 40 年代以来，他所描述的戏剧性图景在经济决策实践中被否定了，开始是英国自由派如凯恩斯和柏卫基（Beveridge），后来则有许多资本主义国家的政府或多或少地奉行一些社会民主主义的原则，从罗斯福新政的美国到尼赫鲁治下的印度（Parry，2009），不一而足。波兰尼从来没有在细节上关注过凯恩斯主义的后果、新型的福利国家以及潜伏在法团主义新形势下的危险。他生命中最后的几年笼罩着“冷战”的阴影。在这一背景下，他从来不认为有必要去抛弃他那个极端性的诊断。

今天的世界，与当初波兰尼自信地预言经济的市场模式行将衰落时他所看到的世界大不相同（Hart，2009）。但是，20 世纪 80 年代以来市场资本主义的复兴、政府福利的衰退，这些都给波兰尼提供很多材料来装点他的论点：对社会利益的忽视注定最终造成政治反弹，并从“市场原教旨主义”中撤出。在最近的 30 年里，我们看到的是类似维多利亚时代资本主义的重新返回，政府的角色被减弱很多，至少在经济组织方面如此。也许我们注定要面对新一轮的灾难，即那种被波兰尼归因于让社会组织依赖于“自由的”市场所带来的灾难。在新自由主义霸权的门面上，已经出现了一些裂缝；正在行进中的资本的全球化——在西方垄断了几个世纪之后，它

---

① 在本书交付出版的同时，一部关于波兰尼的法语论文集 *Avec Karl Polanyi，contre la société tout-marchand*（Paris，2007）出版了。关于波兰尼个人的丰富材料，见 Polanyi Levitt（1990）；McRobbie（1994b），Polanyi Levitt & McRobbie（2000）。到目前为止仍然没有一部很好的学术传记，但是这一空白不久将得到弥补，Gareth Dale 正在完成一部内容丰富的书稿（Dale，2010）。Stanfield（1986）和 Baum（1996）挖掘了他的思想中关键性的哲学和经济学角度问题。关于波兰尼从马克思那里吸取的思想，参见 Halperin（1984）；关于波兰尼与马林诺夫斯基的比较，参见 Hann（1992）。Issac（2005）对波兰尼的著作以及目前他在人类学内外的地位做了不偏不倚的评价。关于波兰尼对 21 世纪的重要性，见文集 *Bugra & Agartan*（2007），也可参见加拿大卡尔·波兰尼政治经济研究所的主页 http：//artsandscience1concordiaca/polanyi。

的扩展正在遍及日本、中国、印度、巴西、俄罗斯以及其他地方——也注定会影响我们对经济的理解。在今天，市场逻辑的绝对主导地位已经不再像不久以前那样令人信服，波兰尼的理念最近能激发起人们的兴趣，这也就不足为奇了。

波兰尼从来没有否认市场在分配某些物品和服务方面的作用。他所谴责的是给“自我调节的市场”以支配性的地位、英国工人阶级为此付出的高昂代价。放任的自由主义并非工业主义必不可少的“天然”的伴生物：“自我调节的市场”在一定程度上是一个并不恰当的说法，甚至只是一个幻象，因为只有借助于政府的特殊干预，这一领域才能出现和实现自身的再生产。与此同时，很多新企业在家庭和亲属关系网中剥削“非自由”形式的劳动力。当新兴自由主义下的牺牲者保护自己不受侵害时，新秩序的支配地位就受到来自社会内部的、反向运动力量的挑战。“宪章运动”是最早的、工人们以求保护自己不受新市场机制之害的群众运动。这样一来，市场在两种完全不同的意义上“被嵌入”了：第一，它被嵌入在对政府的依赖之中；第二，如同其他形式的交换一样，它与一系列的家庭和社会组织相关，包括一些新形成的、旨在对抗非个人化的、“天然的”市场力量的组织。波兰尼有时看低了这种趋势，他把放任的自由主义看作一个“脱嵌”的社会。对“市场社会”的这种理解也许最好看成一个被夸张了的理想类型，这也是他毕生反资本主义的修辞外壳。他真正反对的是“市场原教旨主义”（Servet，2009）。

自20世纪80年代以来，无论是凯恩斯主义还是社会主义的经济管理手段都受到质疑并被摒弃。代之而起的新自由主义意识形态在声称市场所具有的优点时，要远甚于初始的自由主义原型。这也是许多不同领域的学者现在感到能从波兰尼的著作中受到启发的原因。比如，政治经济学家赫莱纳（Helleiner，2000）认为，最近几十年金融资本的戏剧性扩张有其历史先例可循，波兰尼式的批判正当其时（Graeber，2009）。与波兰尼描写的“双向运动”（double movement）类似的是，伴随着当前市场资本主义全球化而起的社会运动有一种与之具有可比性的倾向。社会用来保护自己的方式，不是在一个民族-国家之内建立商业联盟，而是通过活跃分子的跨国网络来抗议参加峰会的八国政府的权力。波兰尼可能对所有那些在当前寻求民主的新型而采取极端形式的人产生好感。这些力量格局的形成，也许可以缓解“市场”对人和自然环境所造成的持续性损害。全球市场与“全球公民社会”（global civil society）彼此牵连（Keane，2003），而我们的任务是更切近地理解这种相互依赖所呈现出来的变化中的制度性形式。

波兰尼有时提到“人本经济”（human economy）。这到底意味着什么？在这篇导论余下的篇幅里，需要勾勒一下我们的目标，那就是找到一个更加人本的方式去理解经济，并阐明在这样的做法中经济人类学担当着怎样的角色。

人本经济

政客们热衷于政府事务、承认对大众的生计问题一无所知的日子早已成为过去，也正因此才有了比尔·克林顿的“傻瓜，问题是经济！”（It's the economy，stupid!）这一著名的选举口号。几千年来，经济考虑的出发点都是以家户为单位的。后来，当市场、货币和机器的现代兴起日益突出并成为社会主导时，一个新的、以政治性的经济为目标的学科领域诞生了，它关注的是经济行动的公共后果。这一学科已经存在一个多世纪了，它自称为“经济学”。其研究对象更多的是个人作为不同市场的参与者时所做出的经济决策，而非他在家户生计中的能力。在经济学家的计算中，人是无足轻重的；在媒体发表的量化数据分析中，人们也根本看不到有什么内容反映了他们的状况。

新古典主义经济学的奠基人如阿尔弗雷德·马歇尔（Alfred Marshall）与他们的古典经济学先师们一样从广义上提出问题（Marshall，1890）。但是，先师们关于人的本质、关于社会的设想被抛到这门现代科学的门外，留给人类学家和其他人去捡拾起来。人类学家的目标在于去理解那种可以见到“人参与其中的经济”。“人参与其中的经济”包括两个意义：第一，我们关注的是，在大型机构主导的经济中，人作为劳作者和消费者还能保留某些自我组织的自由，这时他们在做什么、想什么——作为农民、商人、家户管理者或者礼物馈赠者。第二，我们对人类的通史感兴趣，它的过去、现在和未来；我们能够援引的事例来自世界各地。我们需要找到有意义的方式，在两者之间的空白地带上架起一座使之相通的桥梁。世界上存在着很多种不同层次的经济，从家庭经济到全球经济各不相同，但是经济学却假装认为自身这一学科是普适性的。于是，我们也以达到一定程度的思想上的一体性为目标，但是我们首先要考虑人的生活与人的目的。最终，来自人类学的批判表明，那些关于目前支配性的经济组织具有无可更改的地位这一断言是错误的。

马克思在《资本论》（Marx，1867/1970）中指出，现代经济以抽象价值（货币）来组织生产、以工业革命（机器）为工具，将人简化至被动匿名体的劳动力，由此导致人的本质的异化［或者“疏离”一词更为确切，德文的用词是 Entfremdung——译者注］。马克思将让这一秩序反转当作目标，直到今天，这仍然是我们要达到的首要目标。最近的两个世纪见证了非个人社会中那些无所不在的实验。无论在哪里，人的本质都是由遥远的抽象之物来组织管理的：国家、资本主义市场、科学。对很多人来说，与这些匿名的机构建立有意义的关联已经变得不可能，这已经被反映在那些在思想结构上没有为“人”（human beings）预留出空间的专业学科上。从前人类学学者研究没有国家形式的人群，为的是从中学到如何构建更好的社会形式；而今，当世界上大部分地区的普通公民感到权利被褫夺时，科学的民族志已经不再寻求去改变世界。当然，无论在哪里，只要有可能，人们都还在继续表达自己——在家庭生活中，或者在非正规经济的实践中。但是，对于现代经济生活的三个最重要的因素——人、机器和货币，在那些以现代经济为对象的学术领域里却没有得到合适的关注。

“经济”这一语汇所指的究竟是什么？英语词典表明，这一词汇和它的衍生词有若干不同的但含义交叉的所指：

（1）秩序；

（2）有效储备资源；

（3）实际上的事务；

（4）钱，财富；

（5）物品与服务的流通；

（6）加入更大范围的社会单元。

希腊语词汇 oikonomia 本义指的是：在一座房子里为规范实际性的事务而实行的秩序强制。通常这是指乡下的一座大房子，有奴隶、动物、田地和果园。那时的经济理论的目标在于，尽可能通过谨慎的收支计划和避免交易而达到自给自足。市场这个专门给没有根基的个人来赚钱的地方，完全是这种经济——其目标在于既保护社会又保护自然——的对立面。在本源上，“经济”强调上述所列 6 个所指中的前三条，将房子作为其发生的地点。但是，在过去的 2500 年，尤其是最近的两个世纪里，“经济”发生了移位。亚当·斯密的思想革命将“经济”的注意力从家户秩序转移到“政治经济”，尤其是运用货币的市场运作。接下来发生了两件事情。首先，市场很快就被大公司所支配，这个以钱生钱的体系最终被命名为“资本主义”（Sombart，1902—1927）。其次，政府出于国家利益要求，有权利管理货币、市场和财富积累。这就是为什么在当今，虽然全球经济已经进入公众的意识当中，“经济”的首要相关项仍然是我们生活在其中的那个国家。在这个过程当中，“经济”经常被用来意指市场交换中的货币联结，尽管我们头脑里保留的是“有效储备资源”这个古老的含义。

“经济”一词之所以带来混乱，一部分原因在于其所指内容在历史进程中的移位，从农村家户的自给自足到城市、国家和全球市场的复杂依赖关系。人们根本无法弄清楚，这个词是主观的还是客观的。它指的是一种心智态度，还是心智态度之外的东西？它是理念性的还是物质性的？它所指的是个人还是集体？也许这些都包含在内。果真如此，我们需要探讨二者之间的联结。经济学家可能会认为，经济主要是一种理性计算的方式（Robbins，1932；Schumpeter，1954），但是我们也几乎无法说那些将经济当成社会性对象的人是错的。或许可以说工厂经济是将经济的分量从农业转移到工业，目前的主流经济生活是用电子数码的形式、以光的速度穿梭在数字空间。对于这个世界上的穷人来说，把经济理解为“对物质必需品的供应”仍然是迫切的首选；但是，对人类群体中越来越多的人来说，去聚焦经济概念中的生存含义已经没有意义。在“经济”一词核心中的混乱，不仅反映在未完成的历史，也反映在当代经济经验的巨大不平等中。

经济人类学

经济人类学是在 20 世纪人们将两个学科并置后的产物。如果将其称为经济学与人类学的对话，那会是错误的。在强势的新古典主义传统中，经济学家很少表示他们对人类学的兴趣。在 20 世纪后半叶，当经济学在意识形态和实践上成了全球资本主义的左膀右臂后，他们对人类学就更不屑一顾了。在另一端，当人类学学者考虑到“经济”时，他们经常感到必须涉足主流经济学家看问题的角度，有时将后者的理念和方法应用到边远社会；更经常的情况是，对这一学科的某些断言——这些断言建立在关于短缺与理性选择具有普遍可行性的推测上——提出批评和质疑。

经济人类学仍然被认为是关于“原始人的经济学”，其目标在于去检验“一种全球性经济必须建立在资本主义原则之上”这一断言是否站得住脚。这种寻找正在进行当中，寻求一种另类的道路，也许可以支持一种更为公平的经济，不管它被插上什么样的标记：自由的、无政府主义的、社会主义/共产主义的。因为社会被理解为是处于运动中的，而且还没有达到其最终的形式，因而经济人类学学者有兴趣去了解起源和进化。关于经济的构成，经济人类学的思考方式是包罗万象的；它对资本主义不平等的批判只是次要性的。第一次世界大战标志了资本主义与高度中心化的国家官僚制度趋同的一个新阶段。随着大学的扩展，知识按照自然科学的模式被划分成不同的与人无关（impersonal）的学科。人类学最终发现自己被划分到去研究其他学科无法接触的那部分人类，偏重于他们的理念或者“文化”，而不是他们的物质性条件。社会权力集中于巨大的匿名机构里这一事实，消解了人们自己尝试着去建立一个美好世界的勇气。人类学曾一度心怀普世性意图，让自己成为有建设性的行动者，最终却变得为一个被动性目标所驱动：建设一个关于“异文化”的客观的数据库，其工作的成果也主要服务于内部消费。这个行当也深陷文化相对主义的范式而不能自拔，在定义上与普适性的经济学相对而立。人类学学者在智识上的权威性，立足于长时间停留（田野调查）在边远角落而获得的关于那里的知识，让人们倾向于去质疑他们讨论世界经济轨迹的能力。

我们有必要将经济人类学的发展放置在这样一个大背景下来审视。在20世纪40年代以前，民族志学者试图带着他们在“原始社会”那里的特殊发现，去讨论新古典主义经济学的一般性主张。他们没能成功，主要是因为他们误解了经济学者在认识论上的前提。20世纪50—70年代，大体上与西方在“冷战”高潮阶段进行社会民主试验的时间相巧合，经济人类学学者在自己的圈子内讨论，去研究这些被保留的、部落的、农民的经济是否需要特殊的理论和方法。卡尔·波兰尼引入的“形式主义-实体主义讨论”在60年代晚期异军突起，开辟了马克思主义一度占据优势的先河，同时他们仍然主要关注民族志的传统对象。在 20 世纪 80 年代至今的新自由主义全球化阶段，人类学学者从大量的不同角度去探讨各种各样的人类经济组织。许多研究是从资本主义的核心及其全球的扩展出发去分析其深层的运作、以前“第二世界”的经济私有化（“后社会主义转型”）以及我们过去称为“第三世界”的贫困人口面临的困境（“发展”）。

在市场经济变得真正具有全球性时，一些人类学学者发出了对资本主义文明的批判性评论；少数人类学学者开始挑战经济学家在国民经济和全球经济分析中涉及自己研究对象区域的观点。也许这样的一个时机终于成熟了：既要从总体上考虑全球经济，也要考虑其中的一个部分；从《大转型》涉及的历史维度入手也许是达到这一目标的一个手段。最根本的问题仍然是：资本主义经济是否根植于具有普遍效力的人类准则之上。人类学学者可以为此感到非常骄傲，因为我们的专业是可以深入人的生活当中，去发现他们想什么、做什么。但是，以田野调查为基础的民族志需要重新面对这些理论探讨，需要有关于世界历史的新视角。

在经济学与人类学的交叉点上，有几个恒久性问题：经济学家的抱负是让人类事务以理性为根基，这是一个值得人类学去参与的议题吗？或者不过是一个糟糕的梦想而已？如果说经济学是西方文明尤其是英语世界的产物，那么经济学中任何关于普遍性的断言是否与“西方中心主义”捆绑在一起？如果说资本主义这一经济配置的起源并不久远，那么市场和货币还是人类的普遍之物吗？我们能做到让市场变得更高效民主、将大金主不平等的投票权予以中立调和吗？在经济组织中，私人利益与公共利益可否调和？或者说，“理性经济人”（Homo Economicus）的个人主义要不可避免地大行其道吗？我们该如何看待作为研究对象的经济，应该将其孤立于其他因素之外，还是去强调经济关系是如何普遍地嵌入社会和文化之中的？所有这些问题，没有哪一个是只属于经济人类学的：很多学者，包括来自社会经济学、政治经济学和历史学的学者都拾起过这些话题。我们在这本书里的目的不是要将学科的界线划分得更加明确，而是恰恰相反。这也是我们邀请经济社会学和政治经济学的学者来加入这一讨论的缘由。这些学科之间的边界，在今天比以往任何时候都更为模糊，这是一件好事。将经济研究人本化，是许多不同学科共有的趋向。与其为它找一个共同的标签，远不如去确认一些便于共同探讨的问题更有重要意义。这部论文集如同这种联盟的果实，它同时也是一种试图让经济研究与世界历史研究在人类学领域得以恢复生机的努力。在碎片化严重的人类学学科里，经济和世界历史这两个领域都被忽略得太久了。

本书各章的内容

本书前四章具有宽泛的理论视野。古德曼（Stephen Gudeman）（第2章，Gudeman，2009）认为，经济人类学学者的首要任务是去理解不同人类社会中经济生活里突出的多样性，这些都体现在当地的经济模式当中，经济学家的泛化概括和普遍性断言很少能对获取这样的知识有所助益。他在这篇文章里选取了波兰尼的“双向运动”（double movement）理念，将其中的历史质感剥离掉，构造一个“相互性”（mutuality）与市场的辩证关系，并以此来对不同社会进行比较探讨。接下来的两章是对经济社会学当中正在兴起的领域进行综述，其中一篇文章认为，近年来经济社会学领域的许多著作在很大程度上徒劳无益地使用了波兰尼的名字，另一篇则将波兰尼与这一领域的现代奠基人并置。贝克特（Jens Beckert）的文章让人看到，近年的经济社会学接受了波兰尼的“嵌入性”概念，并让它成了一个几乎无所不在的魔咒。可是，波兰尼使用的“嵌入性”概念明确地与从经济效率最大化角度出发的网络分析毫不相干。网络分析这一基本上属于美国的分支领域与波兰尼的改革主义者的批评没有任何关系。（这样误用的）结果是让这个概念失去其边界。贝克特建议，将考察所有社会都存在的、与协调相关的三个基本问题作为替代性的出发点（第三章，Beckert，2009）。斯坦纳（Philippe Steiner）认为，波兰尼与涂尔干有类似的预设。他们二人都考虑到经济学如何去塑成那些我们赖以经验市场的语汇；他们二人都是在自己的著作变得成熟之时从历史学转向了人类学。斯坦纳认为涂尔干在思想上更精确一些，而他给出的理由会让关于波兰尼在社会思想史中的位置这一讨论变得更加尖锐（第四章，Steiner，2009）。塞维（Jean-Michel Servet）的文章（第五章）勾画了制度经济学中蓬勃的法国传统（Laville & Cattani，2006）：自从“柏林墙”倒掉以来，这一学科引用莫斯和波兰尼的时候就多于对马克思的引用了。他认为，在大多数情况下，人们将波兰尼的贡献误读为对商品化的浪漫式批判。只有当我们认识到他对“经济作为人类活动的一个单独领域”这一概念所做的批判具有怎样的原创性时，我们才有可能发展出新的经济制度，如另类货币体系（Servert，2009）。

其余各章都出自经济人类学学者之手。第一组文章提供的是宽范围的历史文献与民族志文献的综合。哈特（Keith Hart）审视了波兰尼关于19世纪文明兴起和衰落的看法对最近几十年重新实行的“自我调节的市场”实验有着怎样的重要性（第六章）。他特别聚焦过去和现在全球社会的形成（making）和非形成（unmaking）中货币所起的作用。格雷博（David Graeber）以波兰尼的观点为基础来推测市场理念的起源（第七章）。他提供了一个独创性的关于世界历史的周期模式，其参照物是货币在两个端点之间的来回摆动：一端是货币作为在市场中生成出来的抽象价值；另一端是货币作为建立在债务之上的社会建构。他也指出，在市场扩张和暴力之间有着跨越历史的关联（Graeber，2009）。格利高里（Chris Gregory）提出的问题是：为什么在《大转型》一书中提出的家计（household）原则后来从波兰尼的概念工具中掉落出去了（第八章）？在检视了大量来自当代印度、非洲和其他地方的民族志的基础上，他认为经济的去制度化（或者说非正式化）让波兰尼早期关于家户经济组织的观点再次变得中肯（Gregory，2009）。施毕勒（Gerd Spittler）力图让人们注意到长久以来不应该被忽略的一项德国学术传统——关于工作的研究。令人吃惊的是，这是波兰尼著作中的一个盲点（第九章）。不幸的是，在他对人类学学者产生的影响中，这一盲点也未得到纠正。除了20世纪70年代的马克思主义人类学有一个短暂的中场以外，英语和法语经济人类学界从来没有将“劳工”（labor）当作显要的焦点，他们一直给予“交换”至为优先的待遇（Spittler，2009）。

最后五章通过对民族志材料的分析来形成理论观点。帕瑞（Jonathan Parry）曾经在印度一家钢铁厂及其周围地区进行过长时间的田野调查，在这些田野材料的基础上，他重拾布洛维（Burawoy，2003）就国家与市场之关系这一问题在波兰尼与葛兰西之间所做的比较（第十章）。如果说后者强调国家霸权如何将工人阶级玩弄于股掌之上，而波兰尼在看待社会抵抗市场掠夺的可能性时则显得乐观得多。无论如何，帕瑞十分怀疑当代印度“双向运动”能够生龙活虎（Parry，2009）。盖娅（Jane Guyer）提供了一份关于商品形式和价格的实验民族志，将她对尼日利亚的出色研究（尤其是在 20 世纪 90 年代）予以扩展，更为大胆地去考虑第二次世界大战以来美国和英国的情况（第十一章）。她指出一个颇有兴味的可能性：波兰尼的“虚拟商品”列表应该得到修正，即增加“风险”这一项（Guyer，2009）。亚历山大（Catherine Alexander）关于伦敦废物循环利用计划的民族志所要考察的问题是国家推进“市场作为一种再分配”这一修辞话语（第十二章）。这让人透过一面透镜看到波兰尼版本的 19 世纪工薪劳动体系的构成，同时也开启了对托尼·布莱尔治下英国的批判性思考（Alexander，2009）。卡瑞尔（James Carrier）提出的问题是，对于牙买加环境保护计划的民族志分析，波兰尼是否能够提供可资利用的概念（第十三章）。他的结论是，马克思和韦伯比波兰尼更合用（Carrier，2009）。韩可思（Chris Hann）认为，如果对波兰尼的概念工具进行适当的调整，就会允许我们将马克思列宁主义、毛泽东思想下的社会主义视为“脱嵌”的一种独特形式（第十四章）。1968 年后，以匈牙利作为先锋的“改革社会主义”以及在过去的 30 年里中国和越南对其的进一步深化，也许可以被理解为一种重新嵌入（re-embedding）形式。在这种重新嵌入中，市场原则已经不再是道义经济的极端对立物，而更多的是被包含在其中。

最后，罗伯塔姆（Don Robotham）在其言辞激烈的结语（第十五章）中指出，这部论文集的许多作者都与波兰尼在一定程度上保持了距离，尽管他们中的绝大多数作为知识阶层中的一员与波兰尼一样对“市场”有着基本的敌意。聚焦市场，将我们的注意力从世界规模的生产进化上转移开。也许最糟糕的是，我们集体性地无视自由主义者的一个观点：市场的扩张对很大一部分人来说，仍然具有解放性意义。罗伯塔姆帮助我们明白，为什么波兰尼的力作从来没有对经济人类学产生很多直接影响。不管怎样，它那独一无二的历史视野及其所获得的广泛关注，启发和激励了我们，并使得这部论文集得以形成。

参考文献

[1] Alexander, Catherine. 2009. Illusions of Freedom: Polanyi and the Third Sector. In *Market and Society: The Great Transformation Today*, edited by

Chris Hann & Keith Hart, 221-239, Cambridge: Cambridge University Press.

[2] Baum, G. 1996. Karl Polanyi on Ethics and Economics, Montreal: McGill-Queen's University Press.

[3] Beckert, Jens. 2009. The Great Transformation of Embeddedness: Karl Polanyi and the New Economic Sociology. In *Market and Society: The Great Transformation Today*, edited by Chris Hann & Keith Hart, 38-55, Cambridge: Cambridge University Press.

[4] Bohannan, P. & Dalton, D. eds. 1962. *Markets in Africa: Eight Subsistence Economies in Transition*, Evanston, IL: Northwestern University Press.

[5] Bugra, A. & Agartan, K. eds. 2007. *Reading Karl Polanyi for the Twenty-first Century: Market Economy as a Political Project*, New York: Palgrave MacMillan.

[6] Burawoy, Michael. 2003. For a Sociological Marxism: The Complementary Convergence of Antonio Gramsci and Karl Polanyi. *Politics and Society* 31, No. 1: 1-69.

[7] Carrier, James G. 2009. Market and Economy in Environmental Conservation in Jamaica, 240-255.

[8] Dale, Gareth. 2010. *Karl Polanyi: The Limits of the Market*, Cambridge: Polity.

[9] Frankenberg, R. 1967. Economic Anthropology: One Anthropologist's view. In *Themes in Economic Anthropology*, edited by Raymond Firth, 47-90, London: Tavistock.

[10] Fusfeld, D. J. 1994. Karl Polanyi's Lectures on General Economic History: A Student Remembers. In *Humanity, Society and Commitment: On Karl Polanyi*, edited by K. McRobbie, 1-6, Montreal: Black Rose Books.

[11] Gellner, Ernest. 1983. *Nations and Nationalism*, Oxford: Blackwell.

[12] Goody, Jack. 2004. *Capitalism and Modernity: The Great Debate*, Cambridge: Polity.

[13] Graeber, David. 2009. Debt, Violence and Impersonal Markets: Polanyian Meditations. In *Market and Society: The Great Transformation Today*, edited by Chris Hann & Keith Hart, 106-132, Cambridge: Cambridge University Press.

[14] Gregory, Chris. 2009. Whatever Happened to Householding? In *Market and Society: The Great Transformation Today*, edited by Chris Hann & Keith Hart, 133-159, Cambridge: Cambridge University Press.

[15] Gudeman, Stephen. 2009. Necssity or Contingency: Mutuality and Market. In *Market and Society: The Great Transformation Today*, edited by Chris Hann & Keith Hart, 17-37, Cambridge: Cambridge University Press.

[16] Guyer, Jane I. 2009. Composites, Fictions and Risk: Toward an Ethnography of Price. In *Market and Society: The Great Transformation Today*, edited by Chris Hann & Keith Hart, 203-220, Cambridge: Cambridge University Press.

[17] Halperin, R. 1984. Polanyi, Marx and the Institutional Paradigm in Economic Anthropology. *Research in Economic Anthropology* 6: 245-272.

[18] Hann, Chris. 1992. Radical Functionalism: The Life and Work of Karl Polanyi. *Dialectical Anthropology* 17: 141-166.

[19] Hann, Chris. 2009. Embedded Socialism? Land, Iabour and Money in Eastern Xinjiang. In *Market and Society: The Great Transformation Today*, edited by Chris Hann & Keith Hart, 256-271, Cambridge: Cambridge University Press.

[20] Hann, Chris & Hart, Keith. 2011. *Economic Anthropology: History, Ethnography, Critique*, Cambridge: Polity.

[21] Hart, Keith. 2007. Marcel Mauss: In Pursuit of the Whole A Review Essay. *Comparative Studies in Society and History* 49, No. 2: 473-485.

[22] Hart, Keith, 2009, Money in the Making of World Society. In *Market and Society: The Great Transformation Today*, edited by Chris Hann & Keith Hart, 91-105, Cambridge: Cambridge University Press.

[23] Hart, Keith & Hann, Chris. 2009. Introduction: Learning from Polanyi 1. In *Market and Society: The Great Transformation Today*, edited by Chris Hann & Keith Hart, 1-16, Cambridge: Cambridge University Press.

[24] Hegel, Friedrich. 1967/1821. *The Philosophy of Right*, Oxford: Oxford University Press.

[25] Helleiner, E. 2000. Globalization and Haute Finance-deja Vu? In *Karl Polanyi in Vienna: The Contemporary Significance of The Great Transformation*, edited by K. McRobbie & K. Polanyi Levitt, 12-31, Montreal: Black Rose Books.

[26] Isaac, B. L. 2005. Karl Polanyi. In *Handbook of Economic Anthropology*, edited by J. G. Carrier, 14-25, Cheltenham: Edward Elgar.

[27] Keane, J. 2003. *Global Civil Society*? Cambridge: Cambridge University Press.

[28] Keynes, J. M. 1930. *The General Theory of Employment, Interest and Money*, London: Macmillan.

[29] Laville, Jean-Louis & Cattani, Antonio. 2006. *Dictionnaire de L'autre Economie*, Paris: Gallimard.

[30] Marshall, Alfred. 1890. *Principles of Economics*, London: MacMillan.

[31] Marx, Karl. 1970/1867. *Capital: The Critique of Political Economy* (3 *vols*), London: Lawrence and Wishart.

[32] McRobbie, K. 1994a. From the Class Struggle to the "Clean Spring". In *Humanity, Society and Commitment: On Karl Polanyi*, edited by K McRobbie, 45-80, Montreal: Black Rose Books.

[33] McRobbie, Ked. 1994b. *Humanity, Society and Commitment: On Karl Polanyi*, Montreal: Black Rose Books.

[34] McRobbie, K. 2000. Literature and The Great Transformation. In *Karl Polanyi in Vienna: The Contemporary Significance of The Great Transformation*, edited by K. McRobbie & K. Polanyi Levitt, 85-106, Montreal: Black Rose Books.

[35] Menger, C. 1981/1871. Principles of Economics, New York: New York University Press.

[36] Parry, Jonathan. 2009. "Sociological Marxism" in Central India: Polanyi, Gramsci and the Case of the Unions. In *Market and Society: The Great Transformation Today*, edited by Chris Hann & Keith Hart, 175-202, Cambridge: Cambridge University Press.

[37] Polanyi, Karl. 1957a. Aristotle Discovers the Economy. In *Trade and Market in the Early Empires*, edited by Karl Polanyi & C. M. Arensberg & Harry W. Pearson, 64-94. New York: Free Press.

[38] Polanyi, Karl. 1957b. The Economy as an Instituted Process. In *Trade and Market in the Early Empires*: *Economies in History and Theory*, edited by Karl Polanyi & C. M. Arensberg & Harry W. Pearson, 243-270, New York: Free Press.

[39] Polanyi, Karl. 2001/1944. *The Great Transformation*, Boston: Beacon Press.

[40] Polanyi, Karl. 1977. The Livelihood of Man, New York: Academic Press.

[41] Polanyi, Karl &Arensberg, C. M. & Pearson, Harry W. eds. 1957. *Trade and Market in the Early Empires*; *Economies in History and Theory*, Glencoe, Ill: Free Press.

[42] Polanyi Levitt, K. ed. 1990. *The Life and Work of Karl Polanyi*: *A Celebration*, Montreal: Black Rose Books.

[43] Robbins, L. 1932. *The Nature and Significance of Economic Science*, London: Macmillan.

[44] Robotham, Don. 2009. Afterword: Learning from Polanyi 2. In *Market and Society*: *The Great Transformation Today*, edited by Chris Hann & Keith Hart, 272-283, Cambridge: Cambridge University Press.

[45] Schumpeter, Joseph. 1948. *Capitalism*, *Socialism and Democracy*, New York: Harper Perennial.

[46] Schumpeter, Joseph. 1954. *History of Economic Analysis*, Oxford: Oxford University Press.

[47] Servet, Jean-Michel. 2009. Toward an Alternative Economy: Reconsidering the Market, Money and Value. In *Market and Society*: *The Great Transformation Today*, edited by Chris Hann & Keith Hart, 72-90, Cambridge: Cambridge University Press.

[48] Sombart, Werner. 1902-1927. *Moderner Kapitalismus* (3 *Vols*), München/Leipzig: Duncker & Humblot.

[49] Spittler, Gerd. 2009. Contesting the Great Transformation: Work in Comparative Perspective. In *Market and Society: The Great Transformation Today*, edited by Chris Hann & Keith Hart, 160-174, Cambridge: Cambridge University Press.

[50] Stanfield, J. R. 1986. *The Economic Thought of Karl Polanyi*, London: MacMillan.

[51] Steiner, Philippe. 2009. The Critique of the Economic Point of View: Karl Polanyi and the Durkheimians. In *Market and Society: The Great Transformation Today*, edited by Chris Hann & Keith Hart, 56-71, Cambridge: Cambridge University Press.

新“双向运动”？从人类学视角看新自由主义经济时代的产权问题

韩可思　著
吴秀杰　译

内容提要

这篇学科研究现状综述文章意在明确指出，在关于财产（property）问题的跨学科讨论中，社会-文化人类学者无论在经验层面还是理论层面都能够有所贡献。本文篇幅最长的一部分用来讨论近年来人类学家对东欧前社会主义国家农村地区集体化解体所进行的调查研究。实行私有化后出现的结果，在总体上令当地人感到失望，这可以解释为由于“制度上”的短板而令事情不尽如人意。但是，人们真正面对的挑战，是如何设计更加灵活的财产规则来处理各种不同的物资以及面对本地的各种环境。这篇文章进一步指出，人类学在其他一些领域也有突出的贡献，包括关于知识产权和“文化”的讨论。有些人类学学者拒绝在非西方的语境下使用“财产”这一概念；但是法律人类学在近年来的研究却提出了一个更为严格的定义，并以此来推进比较分析，暴露目前占主导地位的经济学方法的局限。“产权化”（propertization）让新形成的“虚拟商品”列表不断增加。我在这里提出的观点是：某些对新自由主义的批评过分强调了其财产逻辑的噩梦图景，忽略了反向的趋势。从这个角度看，先前关于所谓的“脱嵌”的市场经济——其形成可以追溯到两个世纪之前——的讨论，与今天关于财产的讨论有异曲同工之处。

导　言

以传统的自由主义角度来研究产权问题的学者，总体上都主张高度的私人物权：首先，它是政治自由的保证；其次，它是经济效率的必要条件（Ryan，1984）。在不同意识形态的引导下，这类模型反复地被重新改造、确认，而最近一次的举措发生在“新自由主义”的旗帜下（“华盛顿共识”等）。苏联阵营的解体往往被当成一种明确的佐证：私有财产是人类经济最基本的组织原则，除此以外，别无他路；或者至少可以说，在那些已经具有高度复杂性和先进技术的经济中，非此莫属。众多西方资本主义国家或多或少同时启动私有化浪潮，与此同时也出现了大量新兴的财产目标，尤其是在知识产权领域。这些现象让人类学学者参与了对这一问题的讨论。最近出版的一部论文集的主编们在导言中将这一轻易可以观察到的现象称为“产权成为时尚”（property is in），他们对“私有财产权的拜物教”提出了强有力的批评（Von Benda-Beckmann & Von Benda-Beckmann & Wiber，2006a：1，10）。历史学家西格里斯特（Hannes Siegrist）发出的批评与此类似。他指出，“知识产权”的出现可以追溯到17世纪。尽管“产权化”并非新生事物，但是最近的情形却是一种极端化。财产的理念——他指的是排他式的私人拥有权这一主导理念——正在渗入人的社会生存中越来越多的领域（Siegrist，2003；2006）。同时，西格里斯特也认识到相反方向上的趋势。比如，里夫金（Jeremy Rifkin）强调“获取权”（access）的重要性正在增加，往往超过了“拥有权”（Rifkin，2001）；恩格尔（Christoph Engel）注意到，由于国家和其他监管机构强加给财产拥有者的各种限制一直在增加，财产权正在被稀释、“摊薄”（Verdünnung）（Engel，2002）。

这篇文章主要是集中阐明社会-文化人类学家对于这些基本的讨论做出了哪些贡献。文章中的大部分举隅来自德国马克斯·普朗克社会人类学研究所近年来对“后社会主义社会”产权关系所进行的调查研究，同时我也阅读了诸多周边领域的研究文献。我的分析以经济史学家卡尔·波兰尼的《大转型》的框架为基础，并做适当的调整。《大转型》一书于1944年面世，波兰尼在书中对古典自由主义发出谴责：古典自由主义对在19世纪工业化推进过程中造成的人的悲惨处境负有责任，对20世纪的法西斯主义和第二次世界大战负有责任。最主要的责任者是“市场”，或者精确地说——如波兰尼在他后来的节点性著作（Polanyi，1957）中所指出的那样——是那种极端的市场理念，即相信自我调节的市场可以是主导的“整合方式”，可以不受社会的制约。在这一进程中，土地、劳动力和货币被转化成“虚拟商品”。波兰尼给出的这一噩梦图景即完全“脱嵌的经济”只是一种极致的类型，它发出的火花引燃了经济人类学领域长达几十年的辩论。然而，就算漫不经心地阅读了《大转型》的读者也会发现，作者完全意识到国家/政府（state）扮演了一个重要角色，用来为扩展自由市场的主导创造先决条件。波兰尼也提出了“双向运动”这一概念，用它来描述“社会”如何对这种未曾预想过的威胁做出反应。正因为此，劳动力——三项“虚拟商品”之一——得到的保护日益增加。商业联盟的兴起意在保护工人的利益：社会不允许将人的劳作贬低至与其他物类商品为同类货色。波兰尼的分析（受马克思的影响很大，尽管波兰尼不是那么严格的经济学家）中有一点非常明确：自由市场的兴起与私人财产的兴起是紧密相关的。我在这里想要指出的是，我们可以用波兰尼的眼光来看待新自由主义的目前阶段：市场和私有财产在扩展，一些颇为有趣的新兴虚拟商品出现在这一舞台布景中，其中尤以知识和文化最为显著。在对这些商品化新潮持最严厉的批评的人当中，人类学学者当仁不让。但是，我们也必须认识到，这种商品化新潮中的不明确性和反向趋势，即西格里斯特将其称为“去产权化”的趋势。我认为这种全面的复杂状态可以被看成一场新的“双向运动”。

必须指出的是，人类学角度的分析还有一个特殊的优势：哪怕是在通过单独个案来讨论当代政治、经济和社会生活中具有举足轻重意义的问题时，人类学学者也会吸收自身的学科传统，即对不同时间和空间中各种人类社会中的产权关系进行理论思考（Hann，1998a）。映射在这种学术传统中的，既有世界经济的变化，也有人类学研究条件的改变。近年来海量涌现的各种研究，一方面反映了人们处理财产方式的改变以及出现了新的财产形式；另一方面也映射出人类学研究中的新风格和新理论。[①] 在开始谈

① 过多纠缠于这样的细节会让我们偏离主题。许多当下时兴的理论方法都以前缀词“后”（post）开头，这就足以说明问题的本质。

过去20年的研究成果之前，本文先简短地介绍人类学的方法和历史，以期对读者会有所帮助。我之所以这样做，主要出于如下的原因：一是这里的读者可能对人类学并不完全熟悉；二是其他学科的学者往往对人类学有成见，认为从事人类学的人没有理论，他们仅仅能够强调每一个民族志个案的复杂性。这种看法是错误的。我在这里要强调的是，我同意冯·本达-贝克曼等人（Von Benda-Beckmann & Von Benda-Beckmann & Wiber, 2006a）的观点：去把握经验层面上的复杂性的确是人类学方法的主要强项；但是，这种民族志传统也不乏坚实的理论基础。

在人类学研究“产权”（以及其他核心概念）的方法中，最为核心的因素是追问西方学术传统中对这一概念的理解是否足以为理解整个人类提供一个适当的基础。英语里对“财产”（property）这一词汇的理解，无论在技术层面、法律层面、学术层面，还是在“民间”（folk）的理解中都与圈地运动和资本主义形成的历史密切相关。既然如此，如何能用“产权关系”（property relations）这样的语汇来描写在前资本主义时代获取土地使用时出现的各种特征呢？此外，目前关于“财产”的主导性理解，可能是当代欧美产权体系实际运行状态的一种被高度扭曲了的表征。甚至那些原本以对社会制度安排进行比较分析为己任的学者也对使用这一概念感到迟疑，这一概念甚至无法被翻译成与英语非常相近的语言，如德语。[①]在更遥远的地区，比如在一个波利尼西亚岛屿上，翻译这个术语就更为艰难了（Firth，1965/1939）。彼得斯（Pauline Peters）是众多主张放弃这个术语的学者之一（Peters，1998：370）。不过，她主张用古老语言中的“权利”（rights）一词来代替“产权”（property），这似乎也会遭到类似的反对。

尽管有各种困难，冯·本达-贝克曼等人（Von Benda-Beckmann & Von Benda-Beckmann & Wiber，2006a）还是力主继续使用“财产”这一语汇。他们认为，我们可以把这一语汇中多余的意识形态上的负载卸掉，在同样的地方搭建一个严格的概念模型。在这一概念模型中，“财产”是一个“覆盖性语汇”，它指的是人类如何规范自身与那些被他们赋予价值的物品之间的关系。所有人类社会都有一个包括以下三种因素的产权体系：“其

① 在德语里，Vermögen经常被看作比通行的Eigentum更为合适，更多的德国学者愿意用“Besitz and Eigentum”这个组合词来指称这一领域。

一，社会单元（个人、群体、家族、法团、国家）可以拥有财产权及相关义务；其二，有价值之物可以被构建成产权对象；其三，对于这些产权对象，不同的社会单元可以有不同的权利与义务组合。”[①] 在经济人类学领域，罗伯特·亨特（Robert Hunt）发出将“产权”概念精确化的呼吁与此大体上类似（Hunt，1998），但是两位冯·本达-贝克曼和韦贝尔（Wiber）坚持，财产对于社会体系的运行和再生产太过重要，因而我们不能视财产仅为经济领域之事物。他们尤为感兴趣的领域是法律多元性，在他们看来，“在单一维度的政治的、经济的、法律的模式中都无法轻而易举地把握”财产制度。[②] 我以前曾经在历史学家佩里·安德森（Perry Anderson）著作的理论基础上指出，对于“财产”进行讨论之所以引人入胜并且具有挑战性，正是因为这种讨论必然涉及经济基础和上层建筑中的法律-意识形态领域（Hann，1998a）。

不可否认的是，关于财产最具有影响力的西方理论是在“标准自由模式”（standard liberal model）——我姑且这样称之——的支撑下形成的。这又可以追溯到先于波兰尼很久的、早在英国发展起来的“占有性个人主义”（possessive individualism），这种思想尤其体现在约翰·洛克的著作里（Macpherson，1962）。不过，人类学家已经让人们看到，财产的社会重要性远比自由主义传统所认识到的更为广泛；财产的经济、政治和社会功能也处于不间断的变化之中。与19世纪的许多欧洲国家的情形不同，21世纪拥有一定数量的财产不再是政治公民权的必要前提。在成熟的工业社会里，拥有土地和其他生产资料也不再具有与在洛克和马克思时代可堪相比的社会和经济重要性。正如詹姆斯·伯恩哈姆（James Burnham）早就指出的那样，对财产的经营权力与获取信息的可能性在某种程度上甚至比实际的所有权还更为重要；从广义上研究财产关系必须考虑这些因素。获得社会福利和社会保障的资格也可以被认为是一种新形式的财产，它涵盖了所有的公民。简而言之，人类学者对狭隘地看待财产的做法提出了批评，指出了这种看法的不适当性，即便在那些民间关于财产的主流理解与狭义上的财产概念相契合的社会［指西方社会——译者注］，狭义的财产概念在问题分析上也同样不够适当。他们与许多从事社会-法律研究的学者共同

---

①② Von Benda-Beckmann & Von Benda-Backmann & Wiber，2006a，2，15.

主张，应该让这个概念涵盖宽泛的领域。

人类学的研究传统

对于财产的研究，人类学角度与社会学角度的区别并非本质性的，它们都是从一开始就强烈地依赖于法学的传统。“权利束”这一最初由亨利·梅恩（Henry Maine）在《古代法》（Maine，1861/1986）中使用的比喻，影响了后来的无数学者。这个比喻性说法的主要目的，在于让人们注意到那种司空见惯的情形：不同的人或者群体，对于同一物可以有不同种类或者不同层次上的权利。拥有权（ownership）——在法律中被承认的、对于某一有价物品的各种权利在最大限度上的组合——并不排除给予拥有者以外的他人以长期的使用权，也并非必须包括对该物的转移处置权。因此，这是一个比“产权”更为特定的语汇，但是在用于跨文化的分析时，这个语汇也有潜在的可行性。

在人类学领域中早期讨论财产问题的理论家们，尤其以路易·亨利·摩尔根（Morgan，1877）及其追随者弗里德里希·恩格斯（Engels）为甚，主要用意在于解释人类社会的进化历程，其顶点是现代资本主义的高度个人化的私人所有权。人类学中早期那些讨论财产问题的理论家们，主要立意于解释人类社会的进化——其发展的高峰在于现代资本主义所具有的、高度个人化的私人所有权。这种看法也是莫斯（Marcel Mauss）写作《论礼物》（Mauss，1925/1990）一书的潜在推动力，是隐含在他关于馈赠分析之后的基本思想。他的分析表明，从交换形式的改变上可以看出，经由物品即财产发生关联的人与人的联结方式在转变。和他的前辈一样，莫斯也认为将“对物的权利”与“对人的权利”——因为属于某一特殊的社会群体或者政治共同体而获得——明确区分开来，这并没有什么不当之处。与此同时，欧洲的殖民地当局正在力图让当地的农地制度与西方的分类范畴达成一致。比如，瓦尔特·尼勒（Walter Neale）（他是波兰尼的同事及追随者）的研究让人看到英国人在印度政策上的摇摆不定：一方面，英国承认村落社区的共同权利（后来在某些马克思主义的理论中，这成了所谓停滞的“亚细亚生产方式”的基础）；另一方面，他们把有权力的征税人（zamindar）同英国的庄园主一样看待（Neale，1962）。那些在印度尼西亚的荷兰殖民地官员将显然无人使用的土地归类为“废弃之地”，为的是将它们转移到殖民地当局的拥有权之下，取消本土群体对这些土地的惯例性权利（Von Benda-Beckman & Von Benda-Beckmann，2006）。

从一开始，许多人类学的著作就被错误的“共同体/个人”的简单划分所困扰，在马林诺夫斯基推翻这个二元对立的田野调查革命发生后的很多年里，这种非此即彼的二元对立却一直存活下来：西方的民众一直对此坚信不疑，“冷战”的意识形态亦为其推波助澜。马林诺夫斯基在其最后一本关于特罗布里安岛居民的专著中，描写了他们的园艺实践（Malinowski，1935）。他坦言，至关重要的是去查明“法律的表面”之背后隐藏的东西，抓住那些土地被保有和使用的表面现象下的规则。这些规则的最终基础存在于他们的母系亲属组织里，而不是在任何经济理性的原则中。马林诺夫斯基的学生和继任者弗斯（Raymond Firth）提供的关于提科皮亚岛居民的财产制度分析（Firth，1939/1965）与马林诺夫斯基的观察有某种可以类比之处：在这里，个人所有权原则（作为一个必然的结果是，偷窃得到社会认可）与一个亲属群组的共同所有权，或者酋长作为头人的所有权原则并行存在。土地和重要物件如神圣的独木舟被排除在个人所有权之外。

格拉克曼（Max Gluckman）以他的“管理权限财产”（estates of administration）的概念提出了关于财产的具有影响力的比喻（Gluckman，1965），这一概念的提出主要建立在英国殖民地后期他在非洲南部（尤其是在今天属于赞比亚的巴罗策兰地区）进行田野调查的基础上。“权利束”的概念具有内在的静态性质，并不能说明不同的权利是如何相互联结在一起的，而格拉克曼的贡献在于，他着重于一个政治等级秩序中权利的授予。因此，土地可能被一个国王（如在英国一样）“终极”拥有，但是一个典型的非洲国王将土地的权利授予地区的头领，头领又把权利授予村里的头人，头人把耕地分给在居住区里的家户，每一位妻子都有可能得到可以自己去耕种的土地，这被格拉克曼称为“生产权限财产”（estate of production）。在现代欧洲的私有者中，要找到“管理权限财产之等级秩序”的对等物是徒劳无益的。农地制度既不完全是集体性质的，也不完全是个人的，它反映了群体的社会结构。在一个平权性的群体里，一块没有被使用的土地的权利会回归到为整个群体所有的状态。在撒哈拉以南的非洲，从总体上看土地并不稀缺。其基本的原则是，政治当局有义务给居民提供足以为生的土地。

格拉克曼进行上述分析，其本意部分地在于纠正英国殖民地管理者的错误和对权力的滥用。在承认当地规则方面，殖民地当局终于表现出更多的灵活性（Meek，1946）。随着殖民时代的终结，从总体上人们对农地制度和财产的兴趣在不断减弱。当然也有一些例外。弗兰兹·冯·本达-贝克曼让人看到，在印度尼西亚的米南卡保人（Minangkabau）中，人们得以继承多种形式财产的机制是维护社区凝聚力的核心因素（Von Benda-Beckmann，1979）。为数众多的人类学家调查财产权对生态和环境保护带来的后果（McCay & Acheson，1987）。女权主义的影响让一些学者考虑到性别在财产拥有和承递中担当的角色，去重新发现恩格斯关于女性从属地位的进化论的起源（Hirschon，1984）。杰克·古迪（Goody，1976）分析了在欧亚大陆社会里“女性的财产情况”，他让人们看到这里的“双系双性别财产承嗣”（diverging devolution）与撒哈拉以南非洲的平权社会中财产承嗣的主导模式完全不同。由于那里的土地丰富，所以对人的权利要远比对物的权利重要得多。不过，20 世纪的人类学家很少有人在这样的规模上做比较研究，他们中的大多数放弃了历史和进化论上的问题，把这些问题留给为数极少的同事或者考古学家们（Hunt & Gilman，1998）。

简而言之，人类学有较长的研究产权问题的历史，这一传统在后殖民主义时代才开始衰败。也正是在人类学淡出这一领域的时间里，来自其他学科特别是经济学的学者正在为标准自由主义模式的满血复活铺垫基石。哈定（Garret Hardin）指出，需要完好地定义产权以避免“平民的悲剧”（Hardin，1968）；德姆塞兹（Harold Demsetz）则在民族志材料的基础上，从支出-收益分析入手来解释财产的起源（Demsetz，1967）。诺斯（Douglass North）将经济学家关于理性的假设扩展到一大批制度机构上，假定在历史变迁中产权规则具有核心地位，因而声称“新制度经济学”是从前在人类学家范围内的一个领域（North，1981）。

不动产：集体化解体的政治经济和道义经济

在当代的产权化（propertization）中，最为显著的特色是知识产权以及在新技术的助力下新产权形式的不断涌现。这些现象已经引起很多人类学学者的关注，我也将在这篇文章中留出专门的一节来讨论这一话题。不过，我们的目光不应该被这些创新性的形式所遮蔽，不应该因此对“不动产”（real property）即土地的持久重要性视而不见。① 对于生活在欧亚大陆上的居民来说，在 20 世纪当中，关于产权的“基本规则”不得不经历两次极端的断裂。第一次断裂的发生是由于——用共产主义意识形态的语言来说——农民进入与工人阶级的联盟。在共产主义的实践中，通过集体农庄或者国家农场这样的机构组织，农村的生活条件发生了极端性的转变。就很多方面而言，城镇与农村的分野变窄了。1990 年前后，当社会主义的财产形式在一些国家被抛弃时，这种长期性的城乡分化趋势又回来了。一些人类学学者认为，至少在苏联的一些地方，前工业时代农民生活的一些特征又重新变得显著起来（Leonard & Kaneff，2002）。2000—2005 年间，我带领马克斯·普朗克社会人类学研究所（MPI）的一个研究组开始调查研究某些国家的社会主义产权关系的瓦解问题。我们启动了一组彼此相关的研究项目，采用在社区层面上进行参与观察的方法。这些研究项目背后的问题是：在多大程度上“后社会主义”的私有化复制了先前的殖民过程，也就是说，在多大程度上一般自由主义对土地的理解，即强调个人的拥有权和处置权，被强加在其他社会复杂的生活实践中。

MPI 的研究项目不只是去调查农村转型的政治、经济，同时我们也关注更多的主观性因素如对土地的情感性依恋、涉及道德和公正的诸多问题，这些总是构成关于财产讨论的核心因素。当我在社会转型的若干年里频繁地去回访匈牙利的村子塔兹拉尔（Tazlar，以下称为“塔村”）时，我意识到有必要将这些因素合在一起予以考虑。我第一次来到这个社区是在 20 世纪 70 年代，当时很少有人谈论产权问题，这个话题在我的专著里也没有得到太多的关注（Hann，1980）。在实行社会主义制度的最后几十年，匈牙利施行了灵活的经济政策，让村子里的家庭获得足够的激励机制去调动家庭劳动力从事以市场为导向的生产。集体化的结果带来一个事实：他们的产权被严重削弱，对土地的使用只能依赖于社会主义的合作社。当时的老年人还对此颇多抱怨，可是对年轻村民来说，土地所有权几

① 在关于产权问题的理论分析以及在经济人类学这一分支领域里，土地总是占据着特殊的优先地位。这种情况源于这一事实：在绝大多数人类社会里，土地一直是生产和再生产的一个主导因素。

乎很难说是他们考虑的主要问题。1990 年以后，我在塔村也看到同样的代际差别。那些年纪较轻、对前集体化时代没有任何回忆的人，面对获得土地的可能性他们倾向于采取理性的、出于经济效果来考虑的态度：许多人认识到，当地社会主义时代那些对相对贫瘠土地的补贴取消了；社会主义阵营的葡萄酒市场崩塌了，而葡萄酒是这一地区的主要产品，这造成了这里的农业在整体上变得前景十分暗淡。然而，在那些老人身上为获得土地而表现出来的决绝姿态，还是让我震惊不小：他们自己已经老得不能在土地上劳动，他们要重新获得位置不好地块的完全所有权，长期来看这些土地肯定会成为他们家庭的负担而不是财产（Verdery，2003）。经济学家的模式无法让人们看到的是，在转型年代感情上的依恋在多大程度上塑造了争夺所有权的策略；同样看不到的是出现在家庭内部的讨论。在是否愿意当全职农民这一问题上，比较典型的情形是，女性并不像男性那样兴奋并且热衷于此（Hann，1993）。在村子里的一些朋友眼里，恢复前社会主义时期的财产关系优先于其他一切可能性。匈牙利政府最终采取了一个复杂的土地返还计划，这一计划并不保证一块土地肯定能回到先前所有者的后代手中。既要确保基本的公正，也要考虑人们维持具有可行性的生产单元这些愿望，匈牙利政府在寻找一种妥协，以避免大量复杂的司法程序。这让一些年老的农民感到失望和厌恶。相邻的罗马尼亚选择去完全恢复历史上的地界，并为此付出了高昂的经济代价（Cartwright，2001；Verdery，2003）。

在实行集体化之前，匈牙利和罗马尼亚已经形成了普遍性的土地私有的规则。在苏联阵营的其他国家，尤其是苏联本国，情况并非如此。通过强行成立社会主义组织机构所带来的整齐划一是有欺骗性的，甚至在这些国家的内部也经常存在较大的差异。匈牙利是一个追求“市场社会主义模式”的例外，国家给私人的经济活动留出一定的活动余地，其形式为允许人们拥有私有的地块以及在集体制度中留有非正规性的运作机制（Eidson，2006）。汉弗莱（Caroline Humphrey）的专著是（在苏东解体之前）唯一的从社会人类学角度研究苏联集体农庄的著作（Humphrey，1983）。在她看来，这里的土地是被掌控在一个“管理性财产”——由马克斯·格拉克曼基于非洲殖民地的田野调查材料发展出来的一个理论框架——的体系之中。她也注意到，个人拥有价值物品的重要性在社会主义时期也得以保持

(Humphrey，2002b)。概括而言，那些将社会主义的产权原则看成是一片真空的看法，或者认为只有通过大规模扩展私有权才能纠正这一社会演化上的歧途的观点，都忽略了人与土地以及其他有价值物品的另类联结方式中所具有的复杂性和本真性。

东欧各国的社会主义农村经济在它们的经济效率上有很大的不同，但是它们都采取了有力的措施来使农业和工业整合在一起。大多数国家重磅投资在农村的物质性基础建设上，给出大量的转移支付，也就是说支持社会服务和文化服务。在换位到“市场经济”之后，这些支持被迅速压缩，这在很多情况下破坏了在社会主义期间已经出现的市场渠道（包括正式的和非正式的），却没能提供相应的替代物。全球农产品市场令人沮丧的条件又使这些问题加剧。东欧前社会主义国家里的许多农民完全清楚，西欧和北美的农业获得高标准的补贴，而他们对自己的市场机会不抱什么信心。

在这样的条件下，财产的变化不可避免地引起社会分层的变化。塔嘉娜·特伦（Tatjana Thelen）在她进行调查的匈牙利村子里发现，当最近获得权力和地位的土地所有者将自己的意志强加在家庭里的女性和年轻男性身上时，父系家长制正在复兴（Thelen，2003a；2003b）。在集体化解体进程造就的“赢者”当中，从前那些富裕农民家庭的后代成为显要人物，至少在这一个案当中如此。[①] 在一些地方，出现了成功的独立农场主和其他私人企业主，这是社会分层中的一种新型模式，但是其社会主义时期建立起来的等级序列并没有在一夜之间消失。在东欧的一些地方，它们变成了非正式的关系网络，给新出现的财产所有者提供重要的“社会资本”；在苏联，经济上普遍的崩溃和短缺更为严重，社会主义时期的机构在实际上还承担着决定性的角色，尽管在正式的法律意义上这些机构已经被废止(Ventsel，2005；Visser，2003，2006)。

当西方的咨询者如美国国际发展署（United States Agency For International Development，USAID）的官员出台新自由经济手段时，“后社会主义”农村面对的就是这样的混乱现实。私有产权政策后面的经济理论

---

① 财产改革让那些在集体化时代担受污名的地主（kulaks）的儿孙拿到一手“好牌”，去重建其家庭过去曾经有过的主导地位。但是，甚至在这些情况发生之前，社会认可的连续性已经被社会学家注意到了（Szelenyi，1988）。

与那些古典自由主义的经济理论一般无二。人们带着这样的假设性前提：由于对物品获得了更大程度上的排他权力，当事人会更认真地对待它们，进行更适当的投资，普遍地采取能够提高自身利益与加强集体性福祉取得完全一致的行动。[①] 按照新制度经济学的说法，这样做的优点在于降低流通费用。然而，从塔村村民的角度看，土地所有权碎片化带来的费用远远超过了在其社会主义制度下后几十年土地使用和管理的费用。即便在那些旧生产单元得以保留的地方（也就是说，大块土地仍然作为一个单元被耕种），农民现在也必须和许多土地所有者进行协商，而他们中的很多人根本不住在农村。对土地的测量和划分充满争议，这是一个费时而且昂贵的过程（Hann，2006）。在其社会主义时期，司法机构对大多数村民来说无足轻重；后期政府面临很大困难去建立有效的机制来记录情况或者做出裁决，进而发放所有权的法律文献。换句话说，新自由经济的财产范式所需的基本条件没能实现，许多村民还是坚持承认非正式的权力和“习惯”（Cartwright，2003）。

不过，人类学对“产权化”作为包医百病的药方这一做法提出置疑，还有更深层次的理由。即便有更多的技术性前提，即便司法机构运行良好，即便腐败在转眼之间被克服和消除，新自由主义经济的实行也会遇到很多问题。我们有必要进一步了解以哪些不同方式，将财产嵌入社会关系当中，以及表达共同体的规范和价值。在所有的社会里，无论财产权如何与在道德上能够被认可的权力和财富分配相匹配，都趋向于生成两难处境（Widlok，2004）。MPI 研究组的几位成员对历史学家汤普森(E. P. Thompson）提出的“道义经济”概念进行了适当的调适，探讨“道义经济”与正在变化的政治经济之间的密切关系。我们的主导假设是：至少有一些道德规范，对快速变化是有抵抗力的。当政治经济领域发生威胁性变化，道德规范成为明确的反思对象时，它们就可能会变得“刀枪不入”。

---

① 一些经济学家引入心理学上的推测，即人类有一种很强的形成对特殊物品依恋的意向，某些人类共同体被确认他们所具有的某些依恋倾向是独有的（Schlicht，1998）。塔村的一些村民对某些地块有强烈的感情上的依恋，这与上述推测是一致的。不过，对土地的依恋绝不是普遍性的。萨堪尼（Mihaly Sarkany）在他研究的匈牙利北部村庄里没有发现这样的情感依恋（Hann & Sarkany，2003），甚至在塔村，在复杂的再分配启动十多年后效应变得日益清晰的情况下，绝大多数人现在完全以实用的态度对待土地所有权，只是将其视为各种资源中的一种而已（Hann，2006）。

对于那些认为“私有财产具有内在的反人类天性、在非资本主义的人类共同体里并不存在”等激进而浪漫的看法，我们的项目调查结果对此无法予以支持。文泽尔（Aimar Ventsel）的研究对象是西伯利亚的狩猎者，他们对特定地域有一种明确的关联，经常给予一个地域以人的名字。要想从这块土地上拿走某种资源，必须到“拥有者”那里请求许可，而这种请求总是会得到允诺的（Ventsel，2005）。这与新自由主义的私有财产模式相距甚远。在文泽尔从事研究的边远的萨哈地区（Sakha），尽管在理论上土地都属于个人，但是“互惠”（reciprocity）依然是社会整合的主要模式。约翰·泽克（John Ziker）在对俄罗斯北部泰米尔半岛上狩猎者的研究中发现，当地人应对“后社会主义错位”的策略是着力强调分享、非正规权利资格（Ziker，2002；2003）。这些实际行为与一种强调同自然环境密切认同的宇宙观绑缚在一起，表达了强势的道义经济。

贺培伦（Patrick Heady）和米勒（Liesl Gambold Miller）在伏尔加地区进行人类学研究。他们发现，虽然这里的经济条件不同，这里的俄罗斯农民也有与上述地区可类比的集体性情结。根据 1991 年的总统令，土地被正式分配到个人手里。但是在这个时间段，很少有村民具备独立农业作业的条件，很少有人具备从事产业化农业所需要的技能和资本。土地的重新分配没有考虑集体化之前的土地所有情形，对大多数俄罗斯村民来说，成为名义上的土地持有者没能让他们在态度和实践上有任何改变。贺培伦和米勒也关注那些将自己的土地份额从集体农庄的后继机构里拿出来的特立独行者，看到他们经受的“农庄主的孤独”（Heady & Miller，2003：287），嫉妒在道义经济中扮演着一个举足轻重的角色。大多数村民仍然指望当地农业上的领头人物能给他们提供工作和最低的生活必需品，以作为使用他们名下土地的回馈，同时这些农民对自己的“自留地”进行精细耕作，社区共同体团结的传统被大力加强。格雷（Patricia Gray）在伏尔加河流域的马里伊尔（Marii El）也观察到类似的情形，当地人不赞成那些从社会主义国家的后继组织中退出来的个人（Gray，2003）。然而，卡内弗（Kaneff）在乌克兰西南部讲保加利亚语的当地人当中看到的情形却有所不同，那里独立农民的高收入因为有诚实和努力的好名声而被当地人认可。在亚尔琴-海克曼（Yalcin-Heckmann）调查的阿塞拜疆社区共同体中，集体性的机构被完全废止。由于没有大规模的农场作为先前的集体农庄的后继者，每个人都被强制着从事个人性的行为。在缺少机构性渠道的条件下，道义经济在非正式的评论、闲言碎语以及类似的非正式制裁中得以表达。在那里，原则上没有人反对将土地完全转为私人所有。但是，当收入和财富上的不平等被认为缺少正当性时，仇恨就开始上升（Kaneff & Yalcin-Heckmann，2003）。如同在社会主义时期一样，在高度人际信任与高度腐败之间，二者的界线一直是模糊的。产权关系上的革命带来的不是人们所希望的清晰透明，而仅仅是更深层的玩世不恭。人们大体上沿着这样的思路："他们假装给我们所有权，但是拥有土地只带来了责任。财富现在是来自土地之外的地方，而我们是被排除在外的。"在这样的条件下，可以发现一个饶有兴味的现象，如同大卫·陶西罗（Davide Torsello）在斯洛伐克已经观察到的那样：那些新出现的土地所有者，即便对代替前集体农庄的大机构有激烈的批评，他们也倾向于更信任这些大机构，而不是那些与自己同样的个人土地所有者（Torsello，2003a；2003b）。

在苏珊（Susanne Brandstädter）研究的中国个案中，当地的宇宙观强调宗族先祖和道义经济，这些在宗祠管理委员会中获得一种正式的表达方式，即用富裕移民的捐资来筹办社区共同体的庆典仪式（Brandstädter，2003；2001）；同时，在人生礼仪上可以观察到大量的奢侈支出。在外人看来，那种付出的档次似乎可以说是"浪费的"，但是苏珊将这些解释为高度理性的投资，其投资目标是贯穿一生的人际关系。中国的个案尤其引人注目，因为这个国家仍然实行社会主义，在很多领域里产权并不明晰。不过，正如匈牙利社会主义晚期一样，财产权的去中心化和有效的市场激励足以带来难以企及的经济增长。苏珊的个案研究——必须承认的是，这里也有一个例外情况，该社区地处沿海的福建，有大量的来自海外的转移收入——让人看到了在和谐与良好秩序下道义经济的双面：宗祠委员会代表了集体的一面，仪式场合上出手大方的礼品馈赠则代表了人与人之间交往的一面。不过，如果将道义经济的双面称为公共的和私人的，那也是误导性的。还有一个主体，它站在道义经济的门外，那就是国家本身以及它的地方性机构。中国政府将全国大多数土地的所有权归为己有，不过按照苏珊的说法，甚至在改革阶段也没有能"产生出新的纽带性规则去让社会关系重新被嵌入其中"（Brandstädter，2003：436）。

在人们的预想中，私有制原则与资本主义、集体或者国家所有制与社会主义强烈地联结在一起。人类学的个案研究则表明：在社区共同体层面，二者创造性的结合不仅是可能的，也是人们所希望的。社会主义的财产制度是复杂的组合，根本不能简单地以一个“开放使用”（open access）的成见一言蔽之。与哈定（Hardin，1968）表达出来的担心相反，许多学者已经看到，共同产权的形式可以生成一些既有效又平等的解决途径（Ostrom，1990）。不过，在当今世界，共同财产很少能完全替代市场和国家。社区共同体经常持有彼此矛盾的理念，对于做出短视的决定也没有免疫能力，比如在涉及环境的可持续性方面。要保证社区共同体之间的高效联结，某种市场机制是非常重要的；如果要让市场的自由不被滥用的话，一些国家控制也是必要的。因此，最佳的财产规则可能会是有实用考虑的组合，让它们获得足够多的变通性，以便能同时顾及特殊的财产目标和当地环境条件。

在 MPI 的诸多项目中，巴巴拉·塞拉瑞思（Barbara Cellarius）的研究对象是保加利亚罗多彼（Rhodope）山脉地区的集中性林业，这也提供了一个很好的案例（Cellarius，2003；2004）。在这里农业土地重新回到个人手中，变为私人所有，这一决定是在 1991 年迅速做出的。此后，当局几乎用 10 年的时间才完成林业私有化。形成具有可行性的农业作业单元已经是令人挠头的任务，但是对林业资源的管理却更为艰难。在其社会主义时期，保加利亚有很强的合作传统。在林地问题上（与农地不同），新的权力拥有者甚至允许重新组建林业合作社，原本的林地所有者按比例获得份额。对这些合作社的民主管理也将是一种挑战，但是早期出现的迹象却是令人鼓舞的。换句话说，这种新的合作社与保加利亚社会主义时期的合作社不同——那时是以苏联的集体农庄为典范建立的，理论上所有的财产归属在当地的集体手中，实际上当地人对所有的财产资源都只有很少的掌控权——这似乎提供了一个有效地解决问题的途径：它们建立在高度的自我管理基础之上，同时又纠正了历史上的不公正。

不幸的是，对社会主义集体化的厌恶和反感让这种解决问题的途径变得难以推行，在目前的欧亚大陆比在世界上的其他地方更困难。近年来，一个让人充满希望的活动出现在地广人稀的西伯利亚地区，即一种新形式的 obshchina（“公社”）。这个本义为“社区共同体”的俄语旧词汇现在被用来指一种新型的、形式松散的、西伯利亚“小人物”的联合会，他们当中有人甚至宣称其基础是历史上这片土地上的“部族”纽带。细节情形在每个地方都有所不同，在很大程度上取决于“公社”的法律地位，着意从哪些方面带来好处，是要获取信贷和供货还是销售产品？在俄罗斯北部，比如弗罗里安·施达姆勒（Florian Stammler）从事调查的亚马尔（Yamal），对当地的驯鹿饲养者来说，他们因选择“公社”得到了大大的回报：市场运行良好并且经济繁荣（Stammler，2005）。不过，在萨哈（Sakha）和楚克奇（Chukotka），“公社”的形成是由当局推动而广泛地展开的（Stammler & Ventsel，2003；Gray，2001；2005）。至少，这种所有权的特定形式只针对那些因为族群归属才获得资格的当地人，没有引起那些同土地没有历史性关联的其他居住者，尤其是来自俄罗斯的移民与之发生摩擦。这种情况的出现，部分的也基于这一现实：整个西伯利亚的土地使用情况一直是令人费解而不确定的。总体上的土地仍然非常丰富，离土地成为市场上的商品这一步还非常遥远。在这种条件下，对一些本土人来说，将土地移付给“公社”所带来的效果较好。当然这不是一剂万能的良药，可以用来解决西伯利亚人口目前面临的问题。亚历山大·金（Alexander King）对堪察加半岛上城市居民的调查凸显了国家补贴取消和公共机构雇员减少所带来的负面影响（King，2003）。农地为社区所共有可以构成部分解决之道，但是一个全新的产权规则也必须顾及必不可少的各种形式的私有权和集体所有权，以便足以让市场成功运行、让制度国家行之有效。

如果能实现各种因素，那么在涉及土地时，就务必要主张允许或者坚持某种地方性的集体管理甚至集体所有，可能还有其他核心资源亦如此。私人所有在较大范围内很可能是一个主导性的形式，从联合收割机到雪地动力车。国家的存在是作为核心服务的提供者，尤其是在健康保健和教育方面。不过，将土地、湖泊和海洋资源作为公共产品来对待具有充分的理由，它们有可能被分配给家户或者个人来使用，但是其所有权属于当地的社区共同体。这样一来，道义经济就不只限于苏珊所确认的两面。本土自治、建立在亲属之上的“公社”时代结束了，其时农村居民需要被融合进国家，或者由当地的协会或者合作社把他们组织起来；他们也应该被融入市场体系之内，享有建立密切的人际关系的自由。国家不能被排除在道义经济之外，因为它是更高层次共同体的表达形式。但是，这种层次上的道义经济总是被道义经济的地方形式所补充——MPI 研究团队探讨的那些形式。人们通常会以为，市场的帝国里满是非个人性的、追求利益最大化的活动，从定义上市场与道义经济就无法匹配。然而，工具主义者、以盈利为取向的活动也可以得到道义上的认可。当然这发生在匈牙利社会主义晚期，当时的市场激励为财富积累提供了富有成效的机制。即便在具有较为正统的社会主义农村经济地区如前东德，埃德森（John Eidson）和米利干（Gordon Milligan）发现，在前东德的集体农业里，企业活动一直坚持下来，并得到受益社区内人们的普遍赞同（Eidson & Milligan，2003）。当然，市场也是一个能造成分化的领域，在这里收益很少能被公平地分配。市场和私人财产在一定领域互不相干。市场和私人财产处于道义经济之内，不仅仅因为它们在一定程度上得到道义经济的认可，也是因为大多数产权关系和市场关系都严重依赖于人与人之间的信任。然而，在另一种意义上，道义经济对私有者保持一种经常性的压力，限制了实现“理性的”、非个人的利益最大化的可能性。正如契约永远也不能制定所有的履约条件一样，所有权的行为也永远无法穷尽产权关系的社会复杂性。

上述人类学关于集体化解体的研究结果表明，这些地方需要适合本地的、特殊的解决方案。在这样的方案中，国家、市场和社区共同体资源管理都有其份额。将关于苏联与前东欧社会主义国家的个案研究做总体上的对比可以发现，我们有探究其历史性根基的必要性。在俄罗斯，土地的私人所有只是在 20 世纪初才普遍开来；在东欧，封建的限制在更早些年代已经被废除，这里的农民完成向私有化的转变更快一些。尽管匈牙利的农民直到进入 20 世纪还在进行集体性的土地管理（Fel & Hofer，1969），但是在实行集体化时已经在大部分地区发展出另外一种对土地的态度。人们对土地的私有权有强烈的认可，农民对土地的持有是判断其地位和阶级的主要指标。在俄罗斯，大部分农庄被集体化是在 20 世纪 30 年代早期。在这里，没有严肃的关于是否应该将土地归还前所有者这一话题的讨论。代之而行的是，土地按照平等分配的原则被私有化［尽管在一些个案中，也有考虑到历史情况的不同处理方式（Kaneff & Yalcin-Heckmann，2003）］。与之形成鲜明对比的是，在大多数东欧地区，集体化的实行晚了整整一代人。政权更替时，许多村民对于他们在 20 世纪 50—60 年代早期所经历的集体化情形还有鲜活的回忆。毫不奇怪，在这些国家里普遍推进土地私有化得以快速完成，而且人们也普遍地支持这样的原则：那些曾经被拿走的土地要尽可能地回到从前的土地所有者或者是他们的后代的手中。

在俄罗斯，不可能像在东欧那样回到一个历史的基准线。构成影响土地政策的决定性因素是对当下的考虑，平权的原则在实践上也仍然产生影响。这与在东欧经常有关于历史基准线的火爆讨论的情形正好相反。在很多情况下，早在集体化之前的几十年中，所有权情况已经发生了戏剧性的改变。有些人会问：为什么社会主义的牺牲者可以被返还土地或者至少得到补偿，而在更早以前的“民主的”土地改革的牺牲者以及族群驱逐的受害者却只能得到很少，或者根本得不到他们（祖先）先前的财产呢？在东欧，如果从纯粹的农业经济角度看，更为理性的选择是将土地作为大单元分给贵族家庭（土地是 1945 年从他们手里拿走的），而不是以小碎块的形式返还给那些在 1960 年被拿走土地的人。这是出于政治上的考虑，而不是任何高尚的正义使命，其导致的结果是，后者的要求会被承认，尽管这种新的所有权模式造成了失位和长期性的交易成本。

从 MPI 的项目以及其他人类学学者对“不动产产权”的社会主义形式之解体的研究中，我们所看到的不是私有财产具有社会演化意义上的优势；我们更多看到的是自由主义理论的局限性。人们普遍地将私有化与这些后果放到一起来考虑：失位、社会不平等的扩大、产出低下和生产率下降。在某些个案中，已经出现了负面的环境后果（Sneath，2000；Humphrey & Sneath，1999），而在塔村和许多其他东欧社会主义世界里，土地已经不再用于农业生产。与此同时，人类学的研究也表明，有必要进入“产权化”这一论题的多个层面。正如在集体化实行时，私人的“自留地”保证了连贯性；在很多地方，作为集体化后继者的合作社使得集体化解体的进程顺畅很多。集体化和集体化的解体都有许多不同的形式，但是总体来说，在提供社会保障上一直具有连贯性，并没有形成再回到传统农民的条件。在很多方面，新的私有财产拥有者的权利受到限制，其中有社区共同体的非正式规则，也有国家或者欧盟的正式法律框架。所有这些都让人想到波兰尼提出的“双向运动”概念，即一个用来把握早在 19 世纪就已经出现，但是与当今的情形从根本上相似的辩证现象的概念。

非不动产财产：新虚拟商品与人类学理论

苏联社会主义的崩塌，在世界历史上尽管其所具有的重要性不容置疑，但是上文涉及的农村研究项目在近年人类学的产权研究中却是非典型的。当然，这些研究的领域狭小，没有反映出人类学的财产研究涉及的全部范围（Hann，1998；Hunt & Gilman，1998；Verdery & Humphrey，2004）。在这里，我要提供一份关于土地以外其他产权领域的人类学研究成果概况，当然这无法涵盖全部著作，而有选择性地去评议也是不可避免的。我们从中可以看到，关于财产研究的人类学传统再次繁荣起来，而一部分研究还在继续追问“财产”概念本身。

关于东欧“后社会主义”的个案研究，大多数聚焦土地问题。尽管如此，也有一些学者不失时机地关注了其他财产对象。罗伊洛夫-格兰迪（Carolin Leutloff-Grandits，MPI 研究团队中的一员）最近在克罗地亚的克宁（Knin）调查，主要考察的是当地人们对房屋的权利状态和情感依恋（Leutloff-Grandits，2006）。这里地处南欧克罗地亚南部，塞尔维亚族曾经是这里的主要人口，直到 20 世纪 90 年代中期他们才被暴力驱逐。来自国际非政府组织的压力以及欧盟的努力都没能成功地创造出合适的条件，足以让大量的塞尔维亚族人感到可以回到家乡，而提出对房屋的财产权。卡特琳娜·亚历山大（Catherine Alexander）调查的是哈萨克斯坦的工厂私有化，那里遭遇的毁坏与其他学者记录的苏联时期某些农村情况相类似（Alexander，2004）。卡洛琳·汉弗莱（Caroline Humphrey）探讨的是与社会转型相伴的在消费性财产上出现的变化，比如新兴的都市精英层的别墅，以及仍然住在先前住宅楼的公寓里，但是现在是公寓的责权相关的所有者，在他们身上呈现了“主体身份”（subjecthood）的新形式（Humphrey，2002a，2006）。

近年来社会人类学对东欧前社会主义国家以外地区的农地使用研究，也提出了类似的问题，即哪些情况下私有化政策没有考虑政策的更大背景以及“嵌入性”（James，2006；Peters，2006）。在这些研究中，可持续性问题一直占优先地位。大多数环境人类学家认为，就保持耕地质量和土地生态而言，正规产权规范本身没有产生影响或者只产生很小的影响。这些问题取决于如何对资源进行管理，而资源管理方式又反过来依赖于权力关系以及上文提到的“嵌入性”的总体关联。渔业人类学一直备受关注，尽管在这一领域某些经济问题与其他领域完全不同（McCay，2001）。由于人们不可能在海里修建围墙，也不可能控制鱼群的活动，以渔业为生的经济主体所面对的不确定性要远远高于农业和牧业的从业者。在财产管理上，他们做出各种努力以减少不确定性，比如以分摊的形式来共同拥有船只。技术上的突飞猛进导致在世界上很多地方出现分捕捞现象，因而也出现了许多新尝试，以避免渔业总体上的悲剧。比如，加拿大引入了一种被称为“个人可转让配额”（ITQ）[①] 的新产权形式。对渔业省份这一新制度的研究暴露出很多问题，包括产业集中在高度资本化的船只上，再因此形成对小渔民压榨的情形（Wiber，2000）。

在加拿大的这个案例发生地以及在世界上许多其他地方，当地居民抗拒私有化迷思的倾向日益增强：他们或者强调基于本土知识来形成对财产权的诉求，或者从他们是本土居民或一种特殊经济方式的实行者这一事实出发。相关的社会运动已经发展起来，“当地人拥有独一无二的、本真的文化”这一观点经常被工具化利用，以提升本地利益、反对外来者（Kasten，2004b）。有些人类学学者对于这种基于群体的权利、将那些在族群归属上不属于主导族群的当地人排除在外的财产诉求——物质和知识上的趋势持批评态度。正如梅基尔（Toon Van Meijil）在关于新西兰毛利人分配渔业权利的个案研究中所发现的那样，在“符合什么条件才是群体成员”这一问题上很难达成一致意见；出于善意将某种权利划归为本土群体，往往有较大的歧视性（Meijil，2006）。另外一些人类学学者则认为，尽管存在这些困难，承认本土人的财产权是在提升边缘人口权益方面唯一的可行方式，他们长期以来被外来的权势者所剥削。要想重建那些与原初形式相似的权利，其可能性非常小。尽管如此，大量的人类学学者还是支持本土的权利诉求，为的是矫正历史上的过错以及保障本土群体的经济收益（Kuper，2003，以及随后的批评性讨论）。

如果亚马孙河流域的一个部落最早了解一种植物的特性并用作药物，而一家大制药公司从对该植物的开发利用中赚取了巨额利润，那么这家制

① 类似的规则在欧盟的“共同农业政策”中早已实行，其中突出的是牛奶配额。

药公司应该将其利润的一部分转移支付给该部落。这似乎是显而易见的。同样的逻辑似乎也可以用到与之不同的艺术领域，但是却总是遇到许多困难。比如在音乐领域，民间音乐是它的创造者的财产，如果唱片卖上了价钱，那么就应该支付版税（Seeger，2004）。但是，这个原则如何才能被推入“世界音乐”的时代？保罗·西蒙通过他的唱片《恩赐之地》（*Graceland*）让非洲旋律在世界享有盛誉，同时也挽救了他自己的职业生涯。对于本土的音乐家个人和群体来说，莫非他做得还不够？他还应该给他们以更多吗？（Erlmann，1999）当某一作品属于一种特定的文化保留节目，但是仍有可能被声称为个人创作时，关键问题就出现了。在这样的案例中，人们该如何去分配收入所得？在这样的情况下，也许可以让人类学家去帮助律师——只有在对产权对象有一个精确的定义时，律师才可以有效地诉求财产权。不过，绝大多数人类学学者对鉴定什么是“文化上本真的”这一做法保持深度的怀疑，因为对他们来说，从定义上看文化是动态的，是要对精确的认定进行颠覆的。

最近几年，文化的产权化吸引了越来越多人们的关注。博物馆被要求为其所拥有的收藏品提供经济补偿是其背景之一，联合国教科文卫组织（UNESCO）指定“世界文化遗产”名录的活动也为此推波助澜（Brown，2003；Wiber，2006）。针对西伯利亚原住民的情况，卡斯腾（Erich Kasten）大胆地倡议对文化知识实行“开放获取”（open access）的原则，并且他将这一原则应用到人类学者自己在田野调查和资料分析过程中形成的知识所有权上（Kasten，2004a）。不过，如同对自然科学知识的“开放获取”原则，它在实际操作上也存在较大困难。一些本土群体可能不希望他们社会生活的细节通过互联网让全世界都知道，人类学学者一般也会尊重这种愿望。自然科学上的进展提出了另外一些问题：由国家资助的实验室取得的研究成果不断变成私人著作——这是令人感到气愤的，或者研究者本人在向科学界公布成果之前，先将一个专利作为个人知识财产从中抽取出来——这同样令人怒火中烧。同样令人恼火的是，他们发表成果时不表示任何谢意。大量从人类学角度研究知识共享规则的著作让我们学到，“开放获取”似乎并不可行。如果要保持知识领域的合理性，我们有必要找出共同体监管的新形式。

人类学学者论及许多关于产权的话题，这里只提到其中的几个。因为篇幅所限不允许我去讨论他们如何回应由许多其他形式的知识产权带来的挑战。从政治经济学的角度，凯斯·哈特（Keith Hart）认为IP规章是理解自机械时代肇始以来资本主义演化的关键所在。他进一步认为，美国这个盗猎者早就变成了猎场看守人：它目前的努力是对抗日益激烈的竞争，保护数字垄断。这些竞争来自中国和印度，对全球社会的未来发展起到关键作用。从主导当代人类学的“文化主义”角度出发，人类学界最感兴趣的话题在于产权是怎样被建构出来的——由精英的专家团体认可，或者在广大公众中传播，还是经由二者之间的互动？在这一问题上，库姆伯（Rosemary Coombe）的著作影响较大（Coombe，1998）。这种对产权的看法，建立在早年人类学对于“物品的社会生活”（Appadurai，1986）的兴趣之上；商标品牌的重要性及其“标记”社会认同的作用已经普遍地被研究消费的专家们所关注（Miller，1996）。这些研究给出的一个主要信息是：消费者不再是被动的牺牲品。当市民拒绝品牌操纵并通过他们富有创造性的改造为产权设立新的极限时，商标就不断被颠覆，有些个案是通过对经营政策的组织化反对而实现的。

无数人类学学者对新的医疗技术也产生了兴趣，尤其是关于人类的再生产（生殖）领域以及身体部分（器官）的商品化（Parry，2004）。在这些新产权对象明晰的物质性表面下，还潜伏着一个迅速扩张的知识产权的较大领域。比如，帕尔森和哈夸多特通过冰岛的一个案例让人们看到，基因知识的最新进展是如何引起人们在不同层面上对所有权的争论的（Palsson & Harqardottir，2002）。与那些农地使用个案研究中的情形一样，伦理冲突也属于道义经济范围。比如，探讨代孕母亲对孩子的“拥有权”问题，需要与跨国政治经济中的利益冲突联系在一起。在所有这些领域，对产权化的强调似乎都显得过分，不过也有必要看到反向趋势。安东尼·西格（Anthony Seeger）曾经指出，近年来强大的获益者阻止人们从互联网上下载音乐的做法与几十年前产业界面对简易的录音机开始扩散时表现出来的恐惧十分相似（Seeger，2004）。实际上，这是从声音的“机械性复制”（mechanical reproduction）开始就有的问题。法律上的著作权约束在于精确，而在实践中本真的与假冒的、原创的与剽窃的彼此捆绑，界线模糊，这种非明确性给颠覆者创造了空间。尽管有证据表明，在互联网上私有化也正在兴起，哈特仍然认为新兴的信息技术给普通人提供了空前的民主可能性。这意味着，他们可以直接、非正式地交换产权对象，绕过了市场和国家（Hart，2000）。

人类学关注新技术尤其是知识、文化等新“虚拟商品”，这意味着一些传统的人类学调查领域在近年来受到冷遇。比如，继承权、家庭和家户结构的变化形式虽然没有被完全忽略，但是不得不承认的是，这方面的研究不再像从前那么强势［不过还是有一些（Grandits & Heady，2003；Brunnbauer，2003；Layton，2000）］。

在这个简短的综述里，我提到的人类学家当中的许多人都在尝试将分析特定的产权对象与进行理论开拓联结在一起。产权的范围正在扩展这一事实，把一个老问题以更加尖锐的方式重新提出来。假如所有实际存在的权利都可以被当作产权形式的话，那么怎么样才能从总体上区分“产权关系”研究与“社会关系”研究呢？我在对匈牙利农村进行的研究中，毫不迟疑地接受了这种“窜位”。这是因为一方面产权变化在其社会主义制度结束后的社会重构中有核心意义；另一方面，村民们也把其他方面的权益资格与“不动产”的私有化放在一起来计算。当然，出于分析的目的我们可以对不同的产权对象予以区别，就像塔嘉娜·特伦（Tatjana Thelen）在调查匈牙利新型土地所有模式对性别与社会结构之影响时所做的那样（Thelen，2003a；2003b）。不过，如果保留产权作为一个覆盖性术语，承认在总体上产权关系与社会关系共同的边界越来越多，这又有什么坏处呢？

一些学者提出，推进理论的出路在于重新聚焦“价值”这一概念（Verdery，2003；Graeber，2001）。有些人已经发出了对西方的基本产权概念的极端性批评：有时深挖到西方社会中新技术与金融市场的本质当中（Maurer，1999）；有时探究非西方人的本土概念（Hirsch & Strathern，2004；Povinelli，2002；Strathern，1988）。斯特拉森（Marilyn Strathern）认为，新几内亚高原上的居民不以西方的主观-客观二元对立的方式来理解世界；当我们从总体上去考虑财产和拥有权等问题时，美拉尼西亚人的世界观可以为我们提供一个更加合适的基础（Strathern，1999）。

古德曼（Stephen Gudeman）在他的经济人类学著作中也一直都对“本土模式”予以精心的呵护。在最近的著作中（Gudeman，2001；2006a；2006b），他提出了一种普遍性的理论，对目前主导的经济学模式——新古典经济学派和新制度经济学派——予以全面反击。那种以市场中非个人化的交易为表征的“计算理性”（calculating reason）在现代社会中占据的空间超过以往任何时代，但是它永远也无法完全湮没社区共同体这一领域，在这里“团结”（solidarity）和“相互性”（mutuality）的原则被优先看待。即便最为“个人主义”的现代资本主义社会，也是建立在一个人本社会（human society）的“经济基础”（“base”）之上，而这是用“效益最大化”或者“交易成本”等概念永远无法把握的。对于被广泛引用的德姆塞兹的尝试，即从经济学的视角看本土美洲人私有财产的出现（Demsetz，1967），古德曼给予了严厉的批评：那些与德姆塞兹本人和他的追随者们有同样看法的经济学学者，只考虑理性的最大化行为，对于支撑在财产背后、维护社会整体的价值却视而不见。

就像我在导言所中写的那样，冯·本达-贝克曼（Von Benda-Beckmann & Von Benda-Beckmann & Wiber，2006b）等人已经提出一个系统性的分析框架，用以代替经济学家提供的分析框架去理解产权规则（Von Benda-Beckmann & Von Benda-Beckmann，1999）。他们的模型有 4 个层次。最泛化的第一层在于一个文化传统的规范和价值（他们也用了“意识形态”这个词汇）。第二层由政治的和法律的规则所组成，这些经常有多重规定，如规定产权对象被持有的形式、是否可以被处置等。这一层也是典型的、为经济学家所重视的。第三层由与产权相关的社会关系组成，比如特殊的农地使用模式或财产继承模式，以及与亲属关系联结在一起的特殊形式和对不同形式的社会不平等所造成的后果。最后一层是“实践”/实际行为，在这一层面上实践主体有可能强化其他层面的模式，或者策动去改变其他层面的模式。这个分析框架系统而严格，比“嵌入性”等松散概念高出一筹：产权必须在此四个层面上予以分析；如果仅仅集中于法律范畴或者在规范和实践之间做简单的对比，则所做的分析既不够充分也会造成扭曲。尤其是经济学假定的“私有产权普遍优于其他主要产权形式（国有和集体所有）”这一断言是问题累累的，因为这种假定是在抽离了产权形式的社会关联而做出的错误比较。

这个模式不是西方中心主义的。他们指出，西方的“国家中心主义”（state-centric）的方法模式忽略了其他层面上的司法规则。他们拒绝一般性地应用公共/私人这样简单的二元对立，建议对现代西方产权体系的分析具有多元的“相对公共性”（relative publics）。对于“权利束”这个比喻，他们也提供了一个系统的重新阐释（Von Benda-Beckmann & Von Benda-Beckmann & Wiber，2006b：15-22）。有几种不同方式可以让这个比喻得到有效的应用。首先，用来表达财产权利与义务的总体性；其次，用来指能够共同构成“主类别束”的各种权利，比如私人拥有权；再次，指特殊的产权对象，如土地；最后，指由同一个人或者社会单元所掌握的不同的、有价值的资源。如何将那些在这篇综述里提到的关于社会主义农村财产解体的调查纳入这个框架中，是一目了然的。权利和义务与土地连在一起，这是生产的核心因素；借助于所有权的概念——私人的和集体的——可以在“束”的比喻下将它们条分缕析。第二层（政治和法律规则）上的产权改革经常失败，因为它们在其他层次上会遭到抵触或者抗拒。理论家和决策者必须将这些增加的层次考虑进去，放弃常规自由主义模型勾画的、看似有吸引力的简化方式。

三位作者强调，他们提出的是一个研究产权的泛式框架，而不是一个特殊的理论。这让那些力图去寻找普遍性因果法则的人感到失望：在研究者所及范围之内，似乎没有这样的法则出现。在有些情况下，当法律的形式可能保持不变时，在现实的社会关系层次上大量的改变却在发生；在另外一些情况下，财产实践可能保持现存的社会关系模式，以至于法律范畴的变化没有产生广泛的影响。简而言之，财产权利问题的变化发生在不同层次上，其变化的程度也不相同。对于究竟在什么时候已经发生了全球性的“财产规则的转变”这一问题达成一致性意见，这是十分艰难甚至是不可能的。况且，认可全球性模式的人，也不太可能是那些踩着杰克·古迪和路易·亨利·摩尔根的脚印、将人类社会进化的核心角色归于“财产”的人［指人类学学者——译者注］——在他们的眼里，“产权”是将诸多因素统一起来的制度安排。

结　语

我在这篇综述文章里首先梳理了人类学传统中关于财产尤其是农地使用的研究。对这一问题的研究可以追溯到 19 世纪这个学科刚刚萌生之际，而 20 世纪对产权问题的理论探索和历史研究却一蹶不振。人类学“田野调查革命”的结果，只有为数不多的人类学家聚焦嵌入复杂的当地背景中的产权问题。人类学产权研究在民族志方面有所收获，但其学术思想和理论根基却拱手让给其他学科。然而，在20世纪接近尾声之际，由于苏联解体以及全球范围内许多新产权目标的出现，在理论研究和经验研究两个层面，人们对产权问题的学术兴趣开始复苏。

如同“集体化”以及“集体化解体”等制度变化所造成的农地使用方式发生断裂的情形，在人类历史上也是不多见的。前者（集体化）是总体社会工程中的重要一幕，但是它也没有完全湮没私人产权的连贯性；后者（集体化解体）造成的两难处境不仅体现在经济上，而且也体现在如何容忍社会主义时代的连贯性（即借助于作为集体化后继者的合作社）、如何恢复与社会主义时代的关联上。精确的可走之路已经改变，无论在哪里，产权关系都不得不存在于当下。对许多人来说，当下成了实实在在的为了生存的挣扎。那些受道义或者情感上的理由驱动并重新获得私有财产的人，直到后来才幡然醒悟：20世纪90年代的新自由主义对他们来说也是毒霾。综合马普社会人类学研究所各个项目的研究发现，我认为我们可以在产权基本规则的实用性组合中寻找另类的替代之路：它要与市场和国家兼容，给社区共同体留出一定的掌控空间。那种向后看、呼唤“历史上的公正”的声音不可以垄断产权规则转型中的多种可能性。人们有充分的道义上的理由来主张实用主义，有正当的理由考虑现在和未来，正如去关注基于过去的产权诉求一样。

对于全球化背景下新产权目标带来的诸多问题，人类学家也给出了自己的洞见。有些学者已经尝试着通过“解构”一些概念——包括“财产”这个概念本身——去推进理论化，并指出“欧洲中心主义”思想带来的危险。人类学家还没有推出一个全新的、属于自己的宏大理论。我曾经强调指出，人类学家的贡献更多地体现在微观层面，从民族志的角度入手，通过强调具体的社会关系而不是正规的法律范畴，通过脱离社会“嵌入”的个案来揭示近几十年来产权研究的主导范式有多么狂妄自大。

冯·本达-贝克曼和韦贝尔最近提出的分析性框架，对“权利束”这一比喻进行扩展，使之成为探究“财产构架”（property infrastructure nexus）所具有的复杂而系统特征的一个切入点（Von Benda-Beckmann & Von Benda-Beckmann & Wiber，2006a：10）。这个框架不能揭示长期的历史性变化，也没有给决策者提供现成的指导路径。但是，如果意在精确地了解联结网构架中某一方面的变化如何影响其他方面以及会给总体社会关系带来怎样的变化，则可以说这个框架设计得当。它可以帮助人们看清楚，为什么那些基于对私人所有权过分迷恋的政策会造成较大范围失误，以及这些失误的原因在哪里。

最后，我的观点是：对财产关系变化的细致观察表明，我们不必夸大当前将私有财产神圣化所带来的影响——我承认，这个观点更多的是我个人对不同研究成果的阐释，并非来自对文献的直接综合。在扩展私有权和将越来越多的“非实在的”（non-real）产权目标转化为市场商品或者准市场商品这个意义上的财产化，经常是单线的、无法抗拒的。许多人类学家都注意到其对社区共同体的凝聚——古德曼（Gudeman，2001）称之为“相互性”——所造成的恶性后果。不过，人类学家也注意到人们对颁布新法律规则的抵制：这些“来自上面”的法律规则遭到“来自下面”的改动和再社会化，人们试图去改变新的产权规则，使之与他们的道义经济以及当下的社会关系相匹配。这种“来自下面”的修正过程可以在多个层次上观察到：从苏联解体后集体农场成员拒绝将农场分割成个人财产，到参加世界范围内反全球化运动的各种活跃群体，不一而足。一方面，全球经济的关联性正在日益加深，这是无可争议的；另一方面，人类学家也让人们看到，甚至连麦当劳的汉堡包这样的产品也不得不适应当地的情况而做出改变（Watson，1997）。构成财产权的不同“权利束”受制于各种公共规则，它们由国家或者超国家机构如欧盟来颁布。这些监管的实际效力差异较大，但是可以被解释为社会的再度发声。这仍然不足以令人释怀（因此我在文章的题目上加上一个问号），但是新自由主义时代的某些趋势，与卡尔·波兰尼从资本主义成型时期的19世纪看到的“双向运动”之间，其相似性并非仅仅出于偶然。

参考文献

［1］Abrahams，R. G. ed. 1995. *After Socialism*：*Land Reform and Social Change in Eastern Europe*，Providence：RI.

［2］Alexander，Catherine. 2004. Value，Relations and Changing Bodies：

Privatization and Property Rights in Kazakhstan. In *Property in Question：Value Transformation in the Global Economy*, edited by Katherine Verdery & Caroline Humphrey, 251-237, Oxford：Berg.

[3] Appadurai, Arjun, ed. 1986. *The Social Life of Things：Commodities in Cultural Perspective*, Cambridge：Cambridge University Press.

[4] Brandstädter, Susane. 2001. *Re-defining Place in Southern Fujian：How Overseas Mansions and Ancestral Halls Re-appropriate the Land from the State.* Working Paper No. 30, Halle/Saale：Max Planck Institute for Social Anthropology.

[5] Brandstädter, Susane. 2003. The Moral Economy of Kinship and Property in Southern China. In *The Postsocialist Agrarian Question：Property Relations and the Rural Condition*, edited by Chris Hann & the Property Relations Group, 419-437, Münster：LIT.

[6] Brown, M. 2003. *Who Owns Native Culture?* Cambridge, MA：Harvard University Press.

[7] Brunnbauer, U. 2003. Descent or Territoriality：Inheritance and Family Forms in the Late Ottoman and Early Post-Ottoman Balkans. In *Distinct Inheritances：Property, Family and Community in a Changing Europe*, edited by Hannes Grandits & Patrick Heady, 181-206, Münster：LIT.

[8] Cartwright, A. 2001. *The Return of the Peasant：Land Reform in Post-communist Romania*, Aldershot：Ashgate.

[9] Cartwright, A. 2003. Private Farming in Romania or What are the Old People Going to Do with Their Land? In *The Postsocialist Agrarian Question：Property Relations and the Rural Condition*, edited by Chris Hann & the Property Relations Group, 171-188, Münster：LIT.

[10] Cellarius, B. 2003. Property Restitution and Natural Resource Use in the Rhodope Mountains, Bulgarian. In *The Postsocialist Agrarian Question：Property Relations and the Rural Condition*, edited by Chris Hann & the Property Relations Group, 189-218, Münster：LIT.

[11] Coombe, R . 1998. *The Cultural Life of Intellectual Properties*, Durham, N. C.：Duke University Press.

[12] Creed, G. L. 1998. *Domesticating Revolution：From Socialist Reform*

to Ambivalent Transition in a Bulgarian Village, University Park：Pennsylvania State University Press.

[13] Dahl, Gudrun. 1989. Possession as Cure the Ayaana Cult of Waso Borana. In *Culture, Experience and Pluralism：Essays on African Ideas of Illness and Healing*, edited by Anita Jacobson-Widding & David Westerlund, 151-165, Uppsala：Almqusit and Wiksell.

[14] De Silva, Purnaka L. 2002. Comba Modes, Mimesis and the Cultivation of Hatred：Revenge/Counter Revenge Killings in Sri Lanka. In *Imagined Differences：Hatred and the Construction of Identity*, edited by Günther Schlee, 215-239, Münster：LitVerlag.

[15] Demsetz, H. 1967. Towards a Theory of Property Rights. *American Economic Review* 57, No. 2：347-359.

[16] Dench, Geoff. 1986. *Minorities in the Open Society：Prisoners of Ambivalence*, London：Routledge & Kegan Paul.

[17] Eidson, J. & Milligan, G. 2003. Cooperative Entrepreneurs? Collectivisation and Privatisation of Agcriculture in Two East German Regions. In *The Postsocialist Agrarian Question：Property Relations and the Rural Condition*, edited by Crhis Hann & the Property Relations Group, 47-92, Münster：LIT.

[18] Eidson, J. 2006. Cooperative Property at the Limit. In *Changing Properties of Property*, edited by Franz Von Benda-Beckmann & Kebeet Von Benda-Beckmann & Melanie Wiber, 147-169, Oxford：Berghahn.

[19] Engel, C. 2002. Die Soziale Funktion des Eigentums. In *Bericht zur Lage des Eigentums*, edited by T. Danwitz & O. Von Deppenheuer & C. Engel, 9-107, Berlin：Springer.

[20] Engels, Friedrich：1884-1972. *The Origin of the Family, Private Property and the State*, London：Lawrence & Wishart.

[21] Erlmann, V. 1999. *Music, Modernity and the Global Imagination：South Africa and the West*, New York：Oxford University Press.

[22] Fel, E. &Hofer, T. 1969. *Proper Peasants：Traditional Life in a Hungarian Village*, Chicago：Aldine.

[23] Firth, Raymond. 1939-1965. *Primitive Polynesian Economy*, London：

Routledge.

[24] Gluckmann, M. 1965. *The Ideas in Barotse Jurisprudence*, New Haven: Yale University Press.

[25] Goody, Jack. 1976. *Production and Reproduction: A Comparative Study of the Domestic Domain*, Cambridge, New York: Cambridge University Press.

[26] Graeber, David. 2001. *Toward an Anthropological Theory of Value: the False Coin of our Own Dreams*, New York: Palgrave.

[27] Grandits, Hannes & Heady, Patrick, eds. 2003. *Distinct Inheritances: Property, Family and Community in a Changing Europe*, Münster: Lit Verlag.

[28] Gray, P. 2001. *The Obshchina in Chukotka: Land, Property and Local Autonomy.* Working Paper No. 29, Halle/Saale: Max Planck Institute for Social Anthropology.

[29] Gray, P. 2005. *The Predicament of Chukotka's Indigenous Movement: Post-Soviet Activism in the Russian Far North*, Cambridge: Cambridge University Press.

[30] Gudeman, Stephen. 2001. *The Anthropology of Economy*, Oxford: Blackwell.

[31] Gudeman, Stephen. 2006a. *Trade's Reason.* Working Paper No. 81, Halle/Saale: Max Planck Institute for Social Anthropology.

[32] Gudeman, Stephen. 2006b. The Persuasions of Economics. In *Economy's Persuasions*, edited by Stephen Gudeman, 62-80. Oxford: Berghahn.

[33] Hann, Chris & Sarkany, M. 2003. The Great Tranformation in Rural Hungary: Property, Life Strategies and Living Standards. In *The Postsocialst Agrarian Questions: Property Relations and the Rural Condition*, edited by Chris Hann & the Property Relations Group, 117-142, Münster: LIT.

[34] Hann, Chris, ed. 1998b. *Property Relations: Renewing the Anthropological Tradition*, Cambridge: Cambridge University Press.

[35] Hann, Chris, ed. 2005. *Property Relations: The Halle Focus Group 2000-2005*, Halle/Saale: Max Planck Institute for Social Anthropology.

[36] Hann, Chris. 1980. *Tazlar: A Village in Hungary*, Cambridge: Cambridge University Press.

[37] Hann, Chris. 1993. From Production to Property: Decollectivization and the Family-land Relationship in Contemporary Hungary. *Man* 28, No. 3: 299-320.

[38] Hann, Chris. 2006. "*Not the Horse We Wanted!*" *Postsocialism, Neoliberalism and Eurasia*, Münster: Lit Verlag.

[39] Hann, Chris. 1998a. Introduction: The Embeddedness of Property. In *Property Relations: Renewing the Anthropological Tradition*, edited by Chris Hann, 1-47, Cambridge: Cambridge University Press.

[40] Hann, Crhis & The Property Relations Group, eds. 2003. *The Postsocialist Agrarian Question: Property Relations and the Rural Condition*, Münster: Lit Verlag.

[41] Hardin, G. 1968. The Tragedy of the Commons. *Science* 162: 123-148.

[42] Hart, Keith. 2000. *The Memory Bank: Money in an Unequal World*, London: Profile Books.

[43] Heady, Patrick &Grandits, Hannes. 2003. Introdction Property, Family and Community in a Changing Europe: A System and Historical Approach. In *Distinct Inheritances: Property, Family and Community in a Changing Europe*, edited by Hannes Grandits & Patrick Heady, 1-30, Münster: Lit Verlag.

[44] Heady, Patrick & Miller, Lisle. 2003. Cooperation, Power and Community: Economy and Ideology in the Russian Countryside. In *The Postsocialist Agrarian Question: Property Relations and the Rural Condition*, edited by Chris Hann & The Property Relation Group, 257-292, Münster: Lit Verlag.

[45] Heady, Patrick. 2005. Property and Kinship in Rural Russia-and Elsewhere. In *Property Relations: The Halle Focus Group* 2000-2005, edited by Chris Hann, 46-49, Halle/Saale: Max Planck Institute for Social Anthropology.

[46] Hirsch, E. & Strathern, Marilyn, eds. 2004. *Transactions and Creations: Property Debates and the Stimulus of Melanesia*, Oxford: Berghahn.

[47] Hirschon, R. ed. 1984. *Women and Property, Women as Property*,

London：Croom Helm.

[48] Humphrey, Caroline & Sneath, David. 1999. *The End of Nomadism? Society, State and the Evironment in Inner Asia.* Kanpwell：White Horse Press.

[49] Humphrey, Caroline. 1983. *Karl Marx Collective：Economy, Society and Religion in a Siberian Collective Farm.* Cambridge：Cambridge University Press.

[50] Humphrey, Caroline. 2002a. *The Unmaking of the Soviet Live：Everyday Economy after Socialism*, Ithaca, N. Y.：Cornell University Press.

[51] Humphrey, Caroline. 2002b. Rituals of Death as a Context for Understanding Personal Property in Socialist Mongolia. *Journal of the Royal Anthropological Institute* 8, No. 1：65-87.

[52] Humphrey, Caroline. 2006. New Subjects and Situated Interdependence：After Privatization in the City of Ulan Ude. In *Urband Life in Post-Soviet Asia*, edited by Catherine Alexander & Victor Buchli & Caroline Humphrey, 175-207, London：Routledge.

[53] Hunt, Robert C & Gilman, Antonio, eds. 1998. *Property in Economic Context*, Lanham：University Press of America.

[54] James, D. 2006. "The Tragedy of the Private"：Owners, Communities and the State in South Africa's Land Reform Programme. In *Changing Properties of Property*, edited by Franz Von Benda-Beckmann & Kebeet Von Benda-Beckmann & Melanie Wiber, 243-268, Oxford：Berghahn.

[55] Kaneff, D. & Yalcin-Heckmann, Lale. 2003. Retreat to the Cooperative or to the Household? Agricultural Privatization in Ukraine and Zerbaijan. In *The Postsocialist Agrarian Question：Property Relations and the Rural Condition*, edited by Chris Hann & the Property Relations Group, 219-256, Münster：LIT.

[56] Kasten, E. 2004a. Ways of Owning and Sharing Cultural Property. In *Property of Culture-Culture as Property：Pathways to Reform in Post-Soviet Siberia*, edited by E. Kasten, 9-32, Berlin：Dietrich Reimer Verlag.

[57] Kasten, E. ed. 2004b. *Property of Culture-Culture as Property：Pathways to Reform in Post-Soviet Siberia*, Berlin：Dietrich Reimer Verlag.

[58] Kideckel, David, ed. 1995. *East European Communities：The Strug-*

gles for Balance in Turbulent Times, Boulder: Westview Press.

[59] King, A. 2003. Social Security in Kamchatka: Rural and Urban Comparisons. In *The Postsocialist Agrarian Question: Property Relations and the Rural Condition*, edited by Chris Hann & The Property Relations Group, 391-418 Münster: LIT.

[60] Kuper, Adam. 2003. The Return of the Native. *Current Anthropology* 44, No. 3: 389-402.

[61] Layton, Richard. 2000. *Anthropology and History in Franche Compte: A Critique of Social Theory*, Oxford: Oxford University Press.

[62] Leonard, P. & Kaneff, D., eds. 2002. *Post-socialist Peasant? Rural and Urban Constructions of Identity in Eastern Europe, East Asia and the Former Soviet Union*, Basingstoke: Palgrave.

[63] Leutloff-Grandits, C. 2006. *Claiming Ownership in Post-war Croatia: The Dynamics of Property Relations and Ethnic Conflict*, Berlin: LIT.

[64] Macpherson, C. 1962. *The Political Theory of Possessive Individualism: Hobbes to Locke*, Oxford: Clarendon Press.

[65] Maine, Henry. 1861-1986 *Ancient Law*, Tucson: University of Arizona Press.

[66] Malinowski, Bronislaw. 1935. *Coral Gardens and Their Magic: A Study of the Methods of Tilling the Soil and of Agricultural Rites in the Trobriand Islands*, London: Allen and Unwin.

[67] Maurer, B. 1999. Forget Locke? From Proprietor to Risk-Bearer in New Logics of Finance. *Public Culture* 11, No. 2: 365-385.

[68] Mauss, Marcel. 1925-1990. *The Gift: The Form and Reason for Exchange in Archaic Societies*, London: Routledge.

[69] McCay, B. J. & Acheson, J. eds. 1987. *The Question of the Commons*, Tucson, AZ: University of Arizona Press.

[70] McCay, B. J. 2001. Environmental Anthropology at Sea. In *New Directions in Anthropology and Environment*, edited by C. L. Crumley, 254-272, Walnut Creek, CA: Alta Mira Press.

[71] Meek, C. 1946. *Land Law and Custom in the Colonies*, London: Ox-

ford University Press.

[72] Miller, Daniel, ed. 1996. *Acknowledging Consumption: A Review of New Studies*, London: Routledge.

[73] Morgan, L. H. 1877-1964. *Ancient Society, or Researches in the Lines of Human Progress from Savagery, Through Barbarism to Civilization*, London: Macmillan.

[74] Neale, W. 1962. *Economic Change in Rural India: Land Tenure and Reform in Uttar Pradesh*, 1800-1955, New Haven: Yale University Press.

[75] North, D. 1981. *Structure and Change in Economic History*, New York: Norton.

[76] Ostrom, Elinor. 1990. *Governing the Commons: The Evolution of Institutions for Collective Action*, Cambridge: Cambridge University Press.

[77] Palsson, G. & Harardottir, K. E. 2002. For Whom the Cell Tolls: Debates about Biomedicine, *Current Anthropology* 43, No. 2: 271-301.

[78] Parry, Browny. 2004. Bodily Transactions: Regulating a New Space of Flows in "Bio-Information". In *Property in Question: Value Transformation in the Global Economy*, edited by Katherine Verdery & Caroline Humphrey, 29-48, Oxford: Berg.

[79] Peters, Pauline E. 1998. The Erosion of Commons and the Emergence of Property: Problems for Social Analysis. In *Property in Economic Context*, edited by Robert C Hunt & Antonio Gilman, 351-378, Lanham, MD: University of America.

[80] Peters, Pauline E. 2006. Beyond Embeddedness: A Challenge Raised by a Comparison of the Struggles Over Land in African and Post-Socialist Countries. In *Changing Properties of Property*, edited by Franz Von Benda-Beckmann & Kebeet Von Benda-Beckmann & Melanie Wiber, 84-105, Oxford: Berghahn.

[81] Polanyi, Karl. 1957. The Economy as an Instituted Process. In *Trade and Market in the Early Empires: Economies in History and Theory*, edited by Karl Polanyi & CM Arensberg & Harry W. Pearson, 243-270, New York: Free Press.

[82] Polanyi, Karl 1944-2001. *The Great Transformation*, Boston: Beacon Press.

[83] Povinelli, E. A. 2002. *The Cunning of Recognition: Indigenous Alterities and the Making of Australian Multiculturalism*, Durham, NC: Duke University Press.

[84] Rifkin, J. 2001. *The Age of Access: The New Culture of Hypercapitalism, Where all of Life is a Paid-for Experience*, New York: Jermy P. Tarcher/Putnam.

[85] Ryan, A. 1984. *Property and Political Theory*, Oxford: Blackwell.

[86] Schlicht, Ekkehart. 1998. *Custom in the Economy*, Oxford: Clarendon Press.

[87] Seeger, A. 2004. The Selective Protection of Musical Ideas: The "Creators" and the Dispossessed. In *Property in Question: Value Transformation in the Global Economy*, edited by Katherine Verdery & Caroline Humphrey, 69-83, Oxford: Berg.

[88] Siegrist, H. 2003. Geschichte and Aktuelle Probleme des Geistigen Eigentums (1600-2000). In *E-Merging Media: Kommunkation und Medienwirtschaft der Zukunft*, edited by A Zerdick, 313-332, Berlin: Springer.

[89] Siegrist, Hannes. 2006. Eigentum und Soziale Handlungsrechte im Übergang Von Der Frühen Neuzeit Zur Moderne Die "Propertization" von Gesellschaft und Geschlecht. *Comparativ* 15, No. 4: 97-108.

[90] Sneath, David. 2000. *Changing Inner Mongolia: Pastoral Mongolian Society and the Chinese State*, Oxford: Oxford University Press.

[91] Stammler, Florian & Ventsel, A. 2003. Between Neoliberalism and Dirigisme: Approaches to Reindeer Herding in Yamal and Sakha. In *The Postsocialist Agrarian Question: Property Relations and the Rural Condition*, edited by Chris Hann & the Property Relations Group, 321-362, Münster: LIT.

[92] Stammler, Florian. 2005. *Reindeer Nomads Meet the Market: Culture, Property and Globalisation at the End of the Land*, Münster: LIT.

[93] Strathern, Marilyn. 1988. *The Gender of the Gift: Problems with Women and Problems with Society in Melanesia*, Berkeley, CA: University of

California Press.

[94] Strathern, Marilyn. 1999. *Property, Substance and Effect: Anthropological Essays on Persons and Things*, London: Athlone.

[95] Szelenyi, Iwan. 1988. *Socialist Entrepreneurs: Embourgeoisement in Rural Hungary*, Madison, WI: University of Wisconsin Press.

[96] Thelen, Tatjana. 2003a. *Privatisierung und Soziale Ungleichheit in der Osteuropäischen Landwirtschaft Zwei Fallstudien aus Ungarn und Rumänien*, Frankfurt a M: Campus.

[97] Thelen, Tatjana. 2003b. Are the Kulaks Back? Inherited Capital and Social Continuity in Mesterzallas, Hungary. In *Distinct Inheritances: Property, Family and Community in a Changing Europe*, edited by Hannes Grandits & Patrick Heady, 329-346, Münster LIT.

[98] Torsello, David. 2003a. *Trust, Property and Social Change in a Southern Slovakian Village*, Münster: LIT.

[99] Torsello, David. 2003b. History, Trust and Property in the Relation Between Villagers and the Agricultural Cooperative: The Case of Kiralyfa, Southern Slovakia. In *The Postsocialist Agrarian Question: Property Relations and the Rural Condition*, edited by Chris Hann & the Property Relations Group, 93-116, Münster: LIT.

[100] VanMeijl, T. 2006. Who Owns the Fisheries? Changing Views of Property and Its Redistribution in Post-colonial Maori Society. In *Changing Properties of Property*, edited by Franz Von Benda-Beckmann & Kebeet Von Benda-Beckmann & Melanie Wiber, 170-193, Oxford: Berghahn.

[101] Ventsel, A. 2005. *Reindeer, Rodiana and Reciprocity: Kinship and Property Relations in a Siberian Village*, Münster: LIT.

[102] Verdery, Katherine & Humphrey, Caroline, eds. 2004. *Property in Question: Value Transformation in the Global Economy*, Oxford: Berg Publisher.

[103] Verdery, Katherine & Humphrey, Caroline. 2004. *Property in Question: Value Transformation in the Global Economy*, Oxford, UK; New York, NY, USA: Berg.

[104] Verdery, Katherine. 1999. Fuzzy Property: Rights, Power and I-

dentity in Transylvania's Decollectivization. In *Ethnographies of Transition: Ethnographies of Change in the Postsocialist World*, edited by Michael Burawoy & Katherine Verdery, 53-82, Lanham: Rowman and Littlefield.

[105] Verdery, Katherine. 2003. *The Vanishing Hectare: Property and Value in Postsocialist Transylvania*, Ithaca: Cornell University Press.

[106] Visser, O. 2003. Family Farms, Community and the Decline of the Former Kolkhozy in Russia. In *Distinct Inheritances: Property, Family and Community in a Changing Europe*, edited by Hannes Grandits & Patrick Heady, 313-328, Münster: LIT.

[107] Visser, O. 2006. Property, Labour Relations and Social Obligations in Russia's Privatized Arm Enterprises. In *Changing Properties of Property*, edited by Franz Von Benda-Beckmann & Kebeet Von Benda-Beckmann & Melanie Wiber, 126-146, Oxford: Berghahn.

[108] Von Benda-Beckmann, Franz & Von Benda-Beckmann, Kebeet & Wiber, Melanie. 2006a. The Properties of Property. In *Changing Properties of Property*, edited by Franz Von Benda-Beckmann & Kebeet Von Benda-Beckmann & Melanie Wiber, 1-40, Oxford: Berghahn.

[109] Von Benda-Beckmann, Franz & Von Benda-Beckmann, Kebeet & Wiber, Melanie, eds. 2006b. *Changing Properties of Property*, Oxford: Berghahn.

[110] Von Benda-Beckmann, Franz & Von Benda-Beckmann, Kebeet. 1999. A Functional Analysis of Property Rights, with Special Reference to Indonesia. In *Property Rights and Economic Development: Land and Natural Resources in Southeast Asia and Oceania*, edited by T. Van Meijl & Franz Von Benda-Beckmann, 15-56, London: Kegan Paul International.

[111] Von Benda-Beckmann, Franz & Von Benda-Beckmann, Kebeet. 2006. How Communal is Communal and Whose Communal is It? Lessons from Minangkabau. In *Changing Properties of Property*, edited by Franz Von Benda-Beckmann & Kebeet Von Benda-Beckmann & Melanie Wiber, 194 - 217, Oxford: Berghahn.

[112] Von Benda-Beckmann, Franz. 1979. *Property in Social Continuity: Continuity and Change in the Maintenance of Property Relationships through Time*

in Minangkabau, *West Sumatra*, The Hague: Nijhoff.

[113] Von Benda-Beckmann, Franz. 1994. Acts of Last will in Indonesian Local Laws. *Actes `a Cause de Mort—Acts of Last will Transactions of the Jean Bodin Society* LXII, 4th part: 115–143.

[114] Watson, James, ed. 1997. *Golden Arches East*: *McDonald's in East Asia*, Stanford, CA: Stanford University Press.

[115] Wiber, Melanie. 2000. Fishing Rights as an Example of the Economic Rhetoric of Privatization *Canadian Review of Sociology and Anthropology* 37: 267–288.

[116] Wiber, Melanie. 2006. Cultural Property, Repatriation and Relative Publics: Which Public? Whose Culture? In *Changing Properties of Property*, edited by Franz Von Benda-Beckmann & Kebeet Von Benda-Beckmann & Melanie Wiber, 330–348, Oxford: Berghahn.

[117] Widlok, T. 2004. Sharing by Default? Outline of an Anthropology of Virtue. *Anthropological Theory* 4: 53–70.

[118] Ziker, J. 2002. *Peoples of the Tundra*: *Native Siberians in the Post Communist Transition*, Prospect Heights, IL: Waveland Press.

[119] Ziker, J. 2003. Horseradish is No Sweeter than Turnips: Entitlements and Sustainability in the Taimyr Autonomous Region. In *The Postsocialist Agrarian Question*: *Property Relations and Rural Condition*, edited by Chris Hann & the Property Relations Group, 363–390, Münster: LIT.

道义剥夺*

韩可思 著
吴秀杰 译

导言：两个卡尔

关于1989—1991年间发生的重大事件以及随之而来在东欧和苏联发生的社会转型，已经有很多研究著作出版。和其他学者一样，我们马普社会人类学研究所也在努力条分缕析其中的延续性，并试图对这一断裂的冲击力做出某种判断。当苏联和东欧前社会主义国家解体后，对“后社会主义”这一标签的应用似乎注定要式微。在我带领的团队确立研究计划和纲领时，我们放弃继续使用“后社会主义”这一语汇。今天，年轻的社会人类学学者在田野调查中会发现，只有那些年长者才能讲述对前社会主义时代自身生活的回忆。但是，转折（Wende）之年的重要性——无论是在德国，还是在其他地区——似乎根本没有消失。回过头来看，情况似乎越来越明朗：我们面对的，的确是一个关键性的节点，它形成了一个社会代别（social generation），其成员将决定未来几十年的社会变迁。因此，比勒菲

* 本文的雏形是在“代别的变化：从代别视角理解‘后社会主义’与社会变迁过程”研讨会（比勒菲尔德，2010年11月25—27日）上发表的主题演讲。作者感谢比勒菲尔德历史与社会学研究生院的全体同仁，尤其是研讨会的主办者Caterina Rohde和Jeanette Prochnow。感谢Gareth Dale与我分享他阅读卡尔·波兰尼档案馆里的笔记（正是在这里，我才发现在20世纪30年代，卡尔·波兰尼将卡尔·曼海姆列入他的推荐人名单）。这篇论文汇集了马普社会人类学研究所不同项目的智慧。我也感谢那些最近来到马普社会人类学研究所参加经济人类学讨论的诸多访问学者，他们的名字是：James Carrier，Gerald Greed，Keith Hart，Don Kalb，Mihaly Sarkany。我还要特别向“经济与仪式”研究项目的合作者Stephen Gudeman致谢。

尔德（Bielefeld）大学组织的这一聚焦代别的跨学科研讨会备受青睐。在这篇文章里，我想首先提供社会人类学著作——尤其是涉及农村社区研究的著作——对于我称为“道义剥夺”这一话题的观点，当然这一简短的综述不可避免地只能从浩瀚的文献中择其一二。这就要求首先对“社会主义作为一种道德秩序”这一难缠的问题进行一些初步讨论。在确立我的基本定位和给出一些实证材料之前，请允许我提到两位学者来引入我的题目，二人都属于一个世纪之前在中欧形成的同一社会代别。

如果从代别角度入手研究 1989 年开始的一系列变化，我们就几乎无法避免地面对由卡尔·曼海姆（Karl Mannheim）于 1928 年首先提出的理论。在这里细说他的各种观点是没有必要的，不过我想邀请你们和我一起重温他的生平。1893 年，卡尔·曼海姆出生于布达佩斯。和他处于同时代的人除了卡尔·波兰尼（Karl Polanyi）以外，还有奥斯卡·贾希（Oskar Jaszi）、乔治·卢卡契（Georg Lukacs）等许多在 20 世纪世界各地的学术思想和政治生活中留下印记的著名人物。我在这里主要聚焦出生于 1886 年的波兰尼。

首先需要交代清楚的是，我并没有设想这两位卡尔之间有着密切的关联。如同后文提到的其他成对出现的人名一样，我强调的是这一组合中的多样性和共同性。我不太清楚他们彼此之间的熟悉程度，他们的交往也许发生在“进步的”知识分子协会或者某些文学沙龙里，波兰尼的母亲希西丽娅（Cecilia）也曾主持一个文学沙龙，而且是当时最受人们关注的文学沙龙之一。此后，在 20 世纪 30 年代的伦敦，年轻的曼海姆可能为他那身无分文的移民同乡写过推荐信。他们在哲学与政治上的触觉完全不同。在第一次世界大战之前，波兰尼和其他布尔乔亚极端主义者如贾希，对科学实证主义兴趣盎然，而曼海姆似乎对此不屑一顾。像他的导师卢卡契一样，曼海姆更倾向于从德国“形而上学的唯心主义”中寻找理论启发，尽管在介入政治时他要比卢卡契迟疑得多。波兰尼更多地被让-雅克·卢梭和埃米尔·涂尔干所吸引。在写作他的经典之作《大转型》时，他反复谈到一个被他视为现代社会之核心问题的论题，即在一个非传统、“复杂的社会”里如何保护个人的自由。在曼海姆于 1947 年去世几年后，波兰尼高度评价这位同胞的著作，但也批评他未能给予“宗教信念”（faith）这一对于凝聚社区至关重要的因素以足够的关注。①

从广义上看曼海姆式“代别”的构成基础，仅有大学生协会和文学沙龙尚不足够。这些圈子不能完全代表1914年前“双重王权”模式下的匈牙利。在“双重王权”统治下的匈牙利，犹太人无论在学术上，还是在商业或工业上都担负着举足轻重的角色。只是在经历了血腥的第一次世界大战，尤其是1919年苏维埃共和国遭遇失败、导致大量幸存的知识分子流亡国外之后，这些知识分子作为一个代别整体才在历史的反观中凸显出来。两位卡尔在战争期间（第一次世界大战）的经历完全不同：曼海姆继续出入沙龙，完成博士论文《认识论的结构分析》，而波兰尼则在俄国前线。知识社会学的奠基人曼海姆在德国有着令人炫目的事业成就且名声大振，1933年他因遭到驱逐而放弃法兰克福的教授讲席并离开德国，来到英国担任伦敦经济学院的讲师。波兰尼的西行足迹，与曼海姆的相似之处只在表面，实际上是不同的。20世纪20年代的大部分时间里，他在维也纳担任财经记者，从中获得了详细的关于金融市场的知识，了解到实体经济的本质所在。他支持社会主义者的反对派活动。尽管他的妻子伊洛娜·杜钦斯卡（Ilona Duczynska）是一位忠诚的共产党员，卡尔波兰尼本人却没有加入共产党。和曼海姆一样，他不断地让自己与马克思主义保持距离，他看到了马克思主义遭受其自身的经济决定论的戕害。最终，波兰尼被迫移民英国，在“左翼”基督徒的讨论组里他与曼海姆再度相遇。波兰尼为工人教育协会授课，同时集中精力撰写他那本最终于1944年才在美国得以出版的著作《大转型》。因为这本书，他终于在生命的最后几十年、在纽约挽救了自己的学术生涯（Dale，2010）。

我假定的前提是，就《意识形态与乌托邦》的作者曼海姆与《大转型》的作者波兰尼的世界观和思想轨迹而言，他们年轻时在布达佩斯的共同经验对其有着决定性影响。匈牙利的首都可能是那个时代欧洲发展速度

---

① 阿伯拉姆·罗特斯坦（Abraham Rotstein）在1956—1958年间与波兰尼进行了长篇谈话。他回忆到，波兰尼认为，“曼海姆的著作非常令人震撼，但是他的问题在于，他假设了一个没有宗教信念和信仰的世界”（Karl Polanyi Archive，Container 45-13，Notes of Weekend VXIII with Karl Polanyi）。但是我们知道，曼海姆在移居英国之后非常在意“宗教信念和信仰”的问题，在基督教社会主义者大会上与卡尔·波兰尼和迈克尔·波兰尼都打过交道。两位卡尔之间的共通之处，在这一时期两个人的关键著作中显得很明确。《大转型》的副标题是：“我们这个时代政治与经济的起源”，曼海姆则在1943年出版了《对我们这个时代的诊断》。参见Remmling，1975。

最快的工业城市，同时也是那个充满封建遗存的帝国里名列第二的大城市。波兰尼未卜先知地描写了第一次世界大战前这种交集状况下呈现出来的危险。毋庸讳言，他在《大转型》里的论点与他在20世纪20年代“红色维也纳”的经验，以及30年代观察到的“大萧条”给英国工人带来的后果存在某些关联之处。但是我更同意戴勒（Gareth Dale）的看法，即1914年的灾难才是“大分野”，它促使波兰尼在其著作中雄心勃勃地展示历史画卷。贯穿整个19世纪的“市场社会”的兴起——尤其是在英国——才是20世纪上半叶悲剧的真正元凶。按照波兰尼的观点，为了便于不受任何制约地依赖于“市场”，英国工业资本主义有史以来第一次打破了整合经济与社会的传统形式。

在这里，我没有用更多的篇幅去详细阐述这一诊断以及讨论相关的批评。在一个“新自由主义”时代和持续的金融危机中，波兰尼再度声名鹊起且备受关注（Hann & Hart，2009），注意到这一点就足够了。今天，他的经济学和社会学分析似乎比他生活中的最后几十年还更能成为焦点话题，当时的社会民主政策，或者是凯恩斯主义，或者是“嵌入式的自由主义”（精确的标签在这里并不重要）似乎已经为一个全球稳定的新时代奠定了基础。在这篇论文里，我想强调的是波兰尼对市场批评带来的“道德的”（moral）启发。我们知道，在两次世界大战的间隔期间，他深受“基尔特社会主义”（guild socialism）的影响。他充满激情的修辞和关于“复杂社会中的自由”这一问题的锐利思考都反映了这一道德定位，尽管波兰尼并没有真正使用“道义经济”这一词汇。不过，许多人似乎都以为早在汤普森（E. P. Thompson）和詹姆斯·斯各特（James Scott）等人的著作将“道义经济”这个词变得广为人知之前，波兰尼就已经使用这个概念了。

波兰尼与卡尔·马克思、马克思主义、“现存的社会主义”（existing socialism）的关系是复杂的——并非都富有启发性，在这里去扩展这一问题过于复杂。我的目的是，通过借鉴波兰尼对他之前一个世纪中“市场具有自我调节能力”这一乌托邦所遭受的巨大冲击给出的分析，来思考1989年之后的社会主义转型。至少初步看来，在这两种情形中，原有的道义经济被撕裂了。在过去的20年里，这些解构的诸多方面都被民族志的个案研究记录下来。在转向实证材料之前，我首先引入“道义剥夺”这一综合性概念，用以说明在卢梭-涂尔干式的意义上，“社会主义”作为一种道德秩序有怎样的特别之处。

道义剥夺

对“剥夺”这一概念的理解，通常都指向无情的、物质上的褫夺，尤其是在马克思主义对工业资本主义初期阶段的分析中更是如此。在原型式的分析中，农民因为“圈地运动”被剥夺了赖以生存的生产资料。在20世纪，可以说，社会主义的农业集体化是可与其“媲美”的褫夺。在这两种情况下，数百万的小产业者实际上不得已被排挤到城市无产者的行列。哪怕终于轮到那些产业工人获得可观的资源和权利（这与马克思所期待的相反），他们仍然可能被剥夺，尤其是他们的工作和他们生活中的安全感。大卫·哈维（David Harvey）在对“通过剥夺获取的积累”的分析中探讨了新自由主义政治经济下的这一现象（Harvey，2003）。在今天的全球资本主义条件下，但凡市场之风允许吹拂到的地方，这些趋势也出现在许多“前社会主义国家”。卡普（Don Kalb）关注过波兰的工人阶级被“后社会主义国家”剥夺后形成的后果：那一代被动员起来加入“团结工会”运动去反对共产党政府的人，今天更容易被“右翼”民粹分子所拉拢。在卡普研究的个案中，当政府开始将技术工人和半技术工人从管理（management）和拥有权（ownership）中剔除时，剥夺就有了一个非常具体的焦点。但是，这位社会人类学家关注的不止于此，他还把这一概念予以扩展，包括了一个更具有弥漫性的“文化剥夺过程，它伴随着物质剥夺的过程发生，并使之深入而顺畅”（Kalb，2009：214）。

格拉德·葛瑞德（Gerald Greed）对保加利亚农村的研究虽然看上去与卡普对波兰产业工人的研究并不相干，但是两人却殊途同归到“文化剥夺”这个概念上。葛瑞德的研究表明，保加利亚在20世纪90年代对集体农庄的解体是高度政治化的（Creed，1997，2011）。他认为，从总体后果来看，“后社会主义”转型在保加利亚的农村意味着“在实践层面和意义层面上对乡村社会关系的彻底重构”。他接着写道：

“我并不是在简单地说人们失去了一些关系，必须去重建一些新的关系。我要说的是：各种关系的本质被改变了。两性间的关系、族群关系、同村人之间的关系都需要被重新定义。对这些关系有不同的理解，这正是社会主义的典型特征；在过渡阶段，在这些关系中有些遇到了问题，有些则被完全割断。对于这些变化完全没有设想，好像那些设计转型蓝图的人根本不在乎或者没有看到这些变化。”（Creed，2011：10）

在葛瑞德看来，社会主义农场的解体所标志的，正是社会中复杂的生活形式在总体上消失。突然间，一切都被要求去与一个新的西方模板相吻合，唯其如此，这个国家才有资格正式成为欧盟成员国。葛瑞德在他的新书里精彩地描写了村民们如何对这一文化剥夺做出反应。他把焦点放在民间仪式“驱鬼节”（kukeri）上。这一仪式表演在其社会主义时期得到完善，最近这些年又变得再度流行起来。通过仪式性“再附魅”（ritual re-enchantment）的讽刺形式，表演者——他们大多在社会主义意识形态中长大——对那些与社会主义意识形态中的“进步”相对立的新观念，进行讽刺、挖苦和批评。

从卡普和葛瑞德的“文化剥夺”（cultural dispossession）到我提出的新组合“道义剥夺”（moral dispossession），只有短短的一步之遥。我这里用“moral”一词所指究竟为何呢？不幸的是，哲学家和社会科学学者在这个词汇的使用上不一致，更不用说公众在理解这一词汇上的差异了。道德（morality）是指涉及对与错的问题，包括个人在日常生活中的判断。近年来，诸多以研究道德为主题的人类学著作，涉及的都是促成这类判断的个人自由，也就是说，这些人类学涉足的问题是如何造就“人”（person）的一种特殊形态。但是在另一个层次上，即在涂尔干的社会学传统中——这又可以追溯到卢梭——每个社会都是一个道德秩序。从定义上讲，苏联社会主义国家的解体意味着一个道德秩序的解体：它包括实际的生活方式的终结；同时意味着突然陷入世界观问题中，大多数人生活中原本理所当然的知识会遭到质疑。在其社会主义环境下所具有的确定性和可估量的风险被大量的不确定性以及风险的不可估量性所取代。

市场的新机制要求人们面对更大的不确定性，立足于追逐短期个人利益的“计算理性”（Gudeman，2008）。不过，正如古德曼（Stephen Gudeman）在他最近著作中表明的那样，市场社会本身必须被看作一种道德秩序，哪怕它与社会主义的道德秩序完全不同（Gudeman，2014）。原则上，资本主义的市场是具有开放性、普遍性、容纳性的。它的道德支撑是复杂的：既体现为广义上涂尔干式的一种秩序道德，也体现为狭义上与伦理以及人之造就捆绑在一起的道德。新自由主义的意识形态学者仍然一如既往地援引亚当·斯密做先祖，认为市场的“看不见的手”足以保证每一个个人对自利的追求有益于一个良好的社会。实际上，如果从一个经济部门或者整个国家的利益出发不得不进行政府干预，亚当·斯密根本不反感调控。早在写作《国富论》（1776）之前，他已经在《道德情操论》（1759）中指出，人的行为受制于“好感”（sympathy）以及对他人的感同身受，而非自我利益的最大化。在这方面他与让-雅克·卢梭非常接近，1756年他在《爱丁堡评论》上发表了对《论人类不平等的起源和基础》的书评。亚当·斯密对卢梭持有批评性态度，他和卢梭属于同一启蒙时代。他们都在思考如何论证欧洲“商业社会”的合法性这一根基性的两难问题；孟德维尔（Bernd Mandeville）在《蜜蜂的寓言》中对人的本质所做的描绘，他们也都不能苟同。当然，他们所持的立场不同，就像曼海姆和波兰尼一样。对于文明的进步是否能与天性纯洁的共同体达成和解这一问题，卢梭深表怀疑；亚当·斯密实际上是在赞美商业社会。他的看法也源于道德根基，因为在他看来，通过劳动分工带来的交换扩展，经由人与人之间的攀比，最终会促进勤劳与社会稳定。他并不认为自利的财富积累本身有一种价值在里面，更不把财富积累看成人类行动的最终决定因素（Force，2003）。

如果说波兰尼倾向于摈弃“脱嵌”的市场社会是因为他认为市场社会缺少道德基础的话，那么社会主义道德秩序的全方位批评者们也以类似的方式错误地定位了他们的批评对象。那些所谓的社会主义道德秩序所存在的问题，往往是批评者们自己炮制的：我们必须记住“冷战”时期的极端氛围，期间西方在展示“铁幕”时强调的社会主义图景是：法制全无、掌权者的颟顸、普通人既无财产权也缺少基本的自由。这样的图景还保留在历史书、无数博物馆和展览中，以及特定纪念日的共同记忆中。没有哪个地方比德国更热衷于培养这样的记忆了。在“柏林墙”修建50周年的纪念活动上，“左派”党成员拒绝参加纪念“柏林墙”死难者的仪式这一事件发酵成一件丑闻，其中道德指向如此不容含糊。

然而，那些决定修建“柏林墙”的社会主义掌权者也在援引道德原则，即建设一个更公正、平等的社会。他们在多大程度上成功地做到了这一点，不是这里要讨论的问题。问题的关键是，恰好因为缺少在投票箱前多党竞争所带来的执政合法性，社会主义的政府被迫保留一种更为严格的道德说辞，以便为他们行使权力找到理由。他们可以做出一定的妥协，最突出的是放松经济控制，给市场力量以更多的空间，以便提升消费者的满意程度——如果说这不是伦理意义上的合法性的话，那么至少也是一种非常重要的通融资源。但是这一策略有很大的风险，因为“市场社会主义”导致了多样因素的混杂，不可避免地伤及道德基础，而在经济效率方面却无法完全与资本主义比肩。匈牙利——两位卡尔的故乡国——是最好的例子：1968 年引入新经济机制之后“肉汤共产主义”的成功，并没能阻止匈牙利的多数民众在 1990 年利用手中的选票将社会主义党选下去。但是，另一个不容忽略的事实是：尽管有着斯大林主义的影响和 1956 年的暴力事件，这个党还是得以存在，并且在 1994 年、2002 年和 2006 年的选举中获胜。这至少表明，在这个国家里以一种朴素的、实用主义的精神去追求社会主义理想，仍然足以吸引很多人。

我们不要忘记，社会主义的道德根基为无数反对派的活跃分子所反对。他们是那些被孤立起来、最终选择了“内心的放逐”的持不同政见者，是有着安德烈·萨哈罗夫般勇气的苏联科学家，原东德的人权活动者以及一位叫瓦文萨的波兰电工——他的口才要远远超出那些知识分子。但是“团结工会”运动被证明是短暂的，甚至在 1980 年我就注意到，在波兰的农民中它没有得到什么尊重；在 1989 年的改变前夜，它已经分化成各不相同、彼此竞争的若干派别，部分原因是它无法获得“道德高地”。让我吃惊的是：在经历 20 年的“后社会主义”之后，有大量迹象表明这个国家里为数众多的普通人，那些通常被西方国家看成社会主义政权下的牺牲者的人们，认为从前的政府比后来的任何一个后继政府都更公正（从伦理上足以辩解的）。20 年前，谁能想到这一点呢？

当然，这样的说法如同所有的对社会主义国家过去的记忆一样，反映了被访者今天的处境：他们对铲除腐败已经不再抱有幻想，他们自己经历过艰难，或者他们看到过别人的经历。即便不需要专家来对基尼系数进行分析，绝大多数“后社会主义”国家里的绝大多数人似乎也感觉到贫富差别正在显著扩大，他们认为这是一件糟糕的事情。还有，他们感觉到——他们的确有理由——新的不平等远不如旧的不平等那么来得透明。20 世纪 70 年代，我结识的匈牙利人仍然信仰社会主义，尽管当时的政权源于暴力，甚至是暴力让卡达尔（János Kádár）在 1956 年上台。有些人（包括卡达尔本人）尝试着以几乎是韦伯所谓的“入世禁欲主义”标准来遵守道德准则，抗拒其社会主义政权最后几十年的消费趋势。当然这些人是少数。但是那些没有将其内心道德规范行诸身外的多数人，仍然执着于当时通行的社会主义道德标准，尽管它们经常被当作讥笑、讽刺和挖苦的对象。与之形成反差的是，人们普遍同意，今天占主导的“市场社会”——近年来社会主义党派也被淹没其中，甚至不去假装自己有某种道德基础。由于世界金融市场持续的不确定性、关于社会主义的话语以及许多旧潮流等因素的交叉影响，在普通公众的感知里，市场代表的只是短期获利，是道德的反命题。我们可以称之为“草根波兰尼主义”（grassroots Polanyi-ism），尽管反市场的情绪可以一直回溯到亚里士多德那里。

把资本主义带进社会主义的农村

在这里，我想借助于马普社会人类学研究所的几个研究项目来阐明“道义剥夺”。西方的社会人类学家大多没能像卡普那样去关注工业化社区，他们更多地关注农村。正如葛瑞德的研究所显示的那样，以“去集体化”或者说私有化为标志的政策实际上或多或少地成了破坏性的剥夺过程，它比集体化过程中的国家介入更具有破坏性，在后果上与前工业时代的英国“圈地运动”不相上下（Hann & The Property Relations Group, 2003）。在一个人人相熟的社区里进行社会调查的长处在于，调查者有可能在一个可把握的范围内通过追寻和跟踪各种错综复杂的网络来研究社会变化复杂性的全部内容，在城市环境中的调查则不可能做到这些。卡普创造性地找到了一个解决问题的办法，那就是将焦点集中在一个个体身上。一名村落研究者可以把各种信息源组合起来，形成一个令人满意的、整体性的看法，同时也不能忽略社区内部的差分，包括不同的道德判断。另外，一个研究农村的理由是，除了社会主义国家的乡村社会所保留的农业劳动力要大大超过资本主义国家之外，由于城市化程度低，社会主义时期工厂里的工人还受限制住在村子里，每天通勤到工作地点。

集体化最常见的结果是“生产合作社”，其基础形式是苏联时期的集体农庄。在社会主义国家的农村，这种生产组织是最典型的，尽管从意识形态观念上来说，国有农场更为高级。从一开始，新型的社会主义形式就对地方的道德秩序具有核心意义，尽管它也经常遭到强烈的道德批评。集体化解体的形式从柔缓到血腥各不相同：柔缓者，如原民主德国（东德）的“农业生产合作社”被并入联邦德国和欧盟组织（Buechler & Buechler，2002）；血腥者，如乌兹别克斯坦的“后社会主义”公司及其城市里的投资人在牺牲前集体农庄成员利益的基础上建立自己的私人农场（Trevisani，2010）。在苏联的大部分地区，将集体农庄的份额分配到个人手中没能带来任何有效的赋权，很多人甚至懒得去核实分到他们头上的土地到底在哪里，因为作为一个家庭经济单位，他们没有去那里经营农业生产的现实可能性（Yalcin-Heckmann，2010）。从乡村的视角来看，城市和乡村之间的商业关系从总体上被毁坏了；在农村内部，财产和收入上的不平等也大大增加了。大量村民失去了工作，他们被迫外出，或者在自家分得的土地上——这成了他们的主要财产——耕种以获取生存所需，或者两者兼做。

详细的研究表明，这一过程情形中的差异状态，除了在国家和地区层面以外，在同一社区内也有明显不同。匈牙利的村子塔村也不例外。从 20 世纪 70 年代中期开始，我在那里进行田野调查。实际上，由于聚居地形成的历史，社会不平等在这里异常突显。自 19 世纪末叶以来，匈牙利大草原上的这一地区重新开始有不同移民背景的人来此定居，他们在原来的社区都深受社区人口扩张和经济压力的影响（Hann，1980；Juhász，1977）。当地的社会主义组织形式带来了新的不平等，甚至没有完全抹杀旧的不平等。我从有关的学术著作中读到，在这个位于多瑙河与蒂萨河（Tisza）之间的村子里流行一种松散的合作社形式，这对我有着很强的吸引力，所以我选择它作为自己的学术研究对象。与一般的“集体农庄”相比，这种合作社的实质是农民有异乎寻常的自由空间，有可能坚持在自家的土地上从事家庭农业生产。20 世纪 70 年代，很多村民很少或者根本不把时间花在合作社的集体领域里，但是他们的所属身份保证他们有权利在涉及生产投入或者产品销售时得到合作社的帮助。与农民过去生产形式的大尺度连续性，有助于解释为什么在 1989 年后“独立小农党”获得那么多支持力量，为什么他们明显缺少对集体主义理想的好感，尽管从物质方面看，塔村的村民从这一灵活的合作社形式以及 1968 年以后社会主义政府所追求的以市场为导向的政策中获益良多。

塔村在“后社会主义”时期带来了新的不平等。这发生在过去的不平等基础之上，其情形非常复杂。很多我在 20 世纪 70 年代结识的人现在已经过世。在“后社会主义”的转型之后，我在那里停留时间最长的一次回访是在 2001 年。我在村子里待了两个月，但是这样的回访还不足以让我做比较研究（Hann，2006）。与我保持友谊关系的都是我的同龄人或者比我略微年长一些的人，他们是在我首次田野调查中帮助过我的人。我并不真正了解年轻的“转型”一代，最多能间接地从他们的父母那里了解一些。话说回来，即便我有足够多的材料，也不能在这篇文章里对这一代人做一般性判断。在这里我不能像卡普那样聚焦单独一个人，因为那样的话就会抹杀一些不同变体。我想与你们分享我最近回访塔村时（2008 年 9 月）所获得的印象：我要聚焦在两个人身上，他们代表了“市场社会主义”这一代人的两个极端。

我之所以把塔村当成田野调查的首选之地，还得感谢桑伊（Sanyi）。1976 年 5 月，当我第一次在这个地区转悠时，桑伊用他的“特拉邦”牌小汽车（原东德生产的适用于普通消费者的私人轿车）搭载我来到这个村子。在帮助我理解这种不寻常的合作社里各种紧张关系方面，他是一位理想的人选。在调研时他给予我帮助，并安排我住在村子里。桑伊学过农业经济学，他受雇于合作社，给合作社员的独立家庭农业经济提供帮助。对于合作社的集体活动（非常有限）他根本不参加。他不是在农村长大的，而是在一个小镇上，他的父亲是一位钟表匠。桑伊是一位共产党员，他入党不是为了职场上的升迁，而是出于对社会主义理想的真正信仰。他的党员身份帮助我在更高一层机构中获得从事田野调查的许可，起到了一定的作用（地方村委会的主席直截了当地说，他根本不愿意看到一位外国年轻人待在他的村子里。但是，由于我有布达佩斯社会科学院的推荐信，还有合作社领导的支持，他也只好接受我。合作社领导的支持就是桑伊以他一贯的利落而直接的方式帮我获得的）。

我在村子里待了 10 个月，期间桑伊是我的主要陪同人。在该国实行社会主义制度的最后 10 年里，他自己的角色也发生了变化：他首先成了地方党委的全职书记，之后放弃这份工作，担任小产业主的咨询人。不过，他还是合作社里的一名成员，一直在努力帮助合作社坚持实行可以让其成员最大受益的灵活政策。他带头组织一个小型的“附属经济单位”，而一个生产鞋面的活动，其目的主要是创造一些就业机会（尤其是给妇女），以便在匈牙利实行社会主义制度的最后几年让合作社的经济保持健康活力。与此同时，几乎和每个匈牙利人一样，他利用业余时间在自己的土地上工作（由于这一份额外的收入——主要来自于种植葡萄——他能把位于市场中心的房子装修完，也能买一辆原东德生产的“特拉邦”牌的小汽车）。

匈牙利社会主义制度的终结对桑伊来说是一场灾难。这一灾难与他的第一次婚姻解除同时发生，这迫使他放弃在城市的住房和葡萄园。第二次结婚时，他失去了工作和主要的收入来源。合作社里有这种遭遇的人中，桑伊不是唯一的，但是他的处境尤其窘迫，因为他把全部财产转给了前妻，现在他需要从头开始积累财富。有那么几年，他和他的现任妻子不得不忍受极端不卫生的条件，住在合作社的养猪场里。后来，村委员会决定帮助他建一座新房子，主要是考虑到现有的卫生条件对他们新生婴儿的健康有损害。他一直没能完成建房。2008 年，他的房子和院子里仍然一片混乱，是明显贫穷的标志。有的村民把他的状况评价为道德失败的证明，暗示其第一次婚姻的失败与他对共产党的忠诚有一种内在的关联。但是给我的印象是，多年来，大多数人对他还是有所同情，一个转型期的牺牲品。村民们尊重他是为数不多的、没有改变信仰和忠诚的前党员之一。自 1990 年以来，这个党改称匈牙利社会主义党，他仍然忠诚于这个党。他从前帮助过小农场主的事情没有被人们忘记，他还继续参加一些民间活动，尤其是退休人员的活动，这也让他受到普遍的赞赏。

2008 年，桑伊快 65 岁了，他自己也成了一位退休老人。从 1990 年以后，他的家庭主要收入来源是政府救济，是以儿童救济金的形式获得的。为了避免入不敷出，他也从事一些小规模的农业活动、杀猪、给邻居家打零工。他的退休策略中的一个核心因素是，保持 20 世纪 90 年代初合作社重新改组时他得到的合作社股份。实际上，当合作社开始收缩减员时，他和妻子买了其他成员出让的股份。他们相信合作社的地产和在解体前兴办的附属经济单位可以保证投资的安全。不过，在 2008 年我访问期间，桑伊告诉我的一个重要消息是，前农业经济主任引发的一个迁延日久的官司告一段落，法院判决合作社要给出的赔付实际上让他的股份价值归零。合作社名存实亡，最后的一点财产需要赔付给最主要的债权人——政府。在匈牙利社会主义国家解体 20 年之后，对于那些在意识形态上对合作社抱有好感的人的剥夺，以这种方式画上了一个完整的句号。

桑伊显然是一位牺牲者（victim）。很难想象还有比他更具有戏剧性的例子。我能想起的他当年的辉煌，现在大都从他身上消失了。偶尔他也咒骂一些人，尤其是原合作社主席们，那些在1990年原本理论上可以聘用他当农业经济专家却没有这样做的人。他并没有沉浸在自我怜悯中，我从来没有听到他自己或者村子里的人用“牺牲品”这个词汇，但是在我的眼里，他确定无疑是一个“牺牲品”。我尊敬他能坚持自己的原则。直到现在他还相信，社会主义理想是公平社会的核心所在。不过，他第二次婚姻中的孩子们（主要是因为他们母亲的热衷）定期去教堂，经历所有的天主教徒的常规人生仪礼，这与第一次婚姻中的孩子们完全不同。他自己用不着为了保持这个道义社区里的位置而定期出现在那里 。

离开桑伊家后，我去找费里（Feri）。他的房子就在村子的主路旁边，有着被精心料理的花园和整齐的院落，从中可以看出这两个男人之间的巨大反差。费里比桑伊年轻五岁左右，但是我把他们归类为同一社会代别。在我第一次做田野调查的1976—1977年间，他和他的奶奶同住一个院落，他的奶奶是我的房东。他们的先人是19世纪塔村最早的一批定居者之一。这个家庭曾经积攒了不少土地，但是在20世纪50年代被定为地主以后，他们又失去了大部分土地。我的女房东是一个不折不扣地反对匈牙利共产党的人，她每天都去天主教堂里做弥撒。费里去教堂则没有规律，但是他的基本政治观点和他的奶奶相同，他也承袭了这个家庭勇于创业的价值观。上完职业学校之后，他开始利用自己掌握的机修工的手艺从当时宽松的经济环境中获益。那时候，弄到一辆私人拖拉机和附加的设备，以便能提供全部的农业服务，这是一件相当容易的事情。与他的竞争对手、合作社里的拖拉机手比起来，费里提供的服务更快速、及时，而且性价比高。后来，他的农业机械里又增加了一台联合收割机。这种充满活力的成功一直持续到匈牙利前社会主义时代的结束。其后，费里建了村子里第一个（也是唯一的）加油站，后来他买了一个长挂车做远途运输。当合作社开始解散财产时，他用自己和奶奶的股份买了一辆报废的客车，并马上转手卖出，获得相当好的收益。在20世纪90年代初期，他成了一个完全的市场企业者，并为合作社的解体和所有土地的彻底私有化而高兴。

一个事实是，费里是匈牙利社会转型的“赢者”，尽管发生在他身上的“断裂”与东欧前社会主义国家的解体不完全吻合。也许在20世纪90

年代初期有一种小小的加速，但是他的资本积累根本在于20世纪70年代的“市场社会主义”。费里和他的奶奶一样都是合作社的成员。当时合作社要求其成员都要对合作社有劳务投入（最多每年6天），费里宁愿付一小笔罚金也不愿意去参加劳动。他雇用别人为他干活，主要是当司机。这一开始算是“黑色”经济的一部分，因为与社会主义的准则正好相反，尽管在我进行田野调查的时候还是被容忍的。20世纪90年代，他雇用主要帮手和司机都完全合法化了。他分毫不差地缴纳雇主按规定应该交的保险费和退休金份额。在村子的政治生活和公共领域，他从来没有担任过重要角色。当然他也有朋友，他的成功也收获了尊重。20世纪70年代，他和桑伊之间保持着一种可以彼此开玩笑的关系。费里和他的奶奶一样，不隐讳对社会主义官僚体制的不满。桑伊以开玩笑的方式反对他，称他是sumák，这个词汇用来表达对有贪骗行为者的道德指责 。

2008年在回访中我发现，和我以前认识的那个企业家相比，费里的生活方式有明显的变化。他的改变发生在20世纪90年代晚期，这与他的妻子在1999年因患白血病突然去世密切相关。从那以后，他一个人住在一座大房子里，去教堂的次数更频繁了。他的一个女儿在布达佩斯工作和生活，另一个女儿已经结婚生子，住在附近的一个集镇上。她定期来看他，帮他整理报税材料。人们私下说，她的女儿不同意他再婚的想法。在2008年我们的谈话中没有涉及这些私密的话题，但是我们谈到他的商业兴趣和一般性的社会与政治气氛。他抱怨说，运输市场已经饱和，近年来他一直得绷紧了劲儿才能达到收支平衡。他从总体上谈论民主时代且不满地将其与社会主义时代的晚期做比较时，我提出了明确的质疑。我的意思是，他肯定对卡达尔时代有着粉红色的回忆，因为他是这个地区最早开凿出新经济避风窝的人。现在这样的机会变少了，难以抓到，因为在所有的领域里都存在竞争。但是他肯定应该承认，这种市场完备是一件好事，哪怕将来他不太可能快速暴富。

“不，不，不”，他解释说。我误会了。在他看来，前社会主义时代晚期的经济社会从根本上是人道的，不是今天市场社会里这种扼喉式的竞争。信任缺失在今天更为普遍。对村里的年轻人来说，机会大大减少了，高失业率是令人难过的。费里在伦理上的判断强调的是社会，他通过看自身之外的他人是否有机会，来形成他对事物的看法。用波兰尼和葛瑞德的语汇，费里提供给我的是关于“脱嵌的社会”的叙述，这种“脱嵌”意味着人与人之间关系的本质已经发生了转变。尽管费里与桑伊的家庭背景、价值观及其在社区里面的政治经济地位完全不同，他们对匈牙利前社会主义时期所持的观点却非常相似。“后社会主义”时代的“赢者”和“输者”都认为，卡达尔式的社会主义（尽管这个政权的源起并不光彩）从最根本上来说是体面的，尽管在那个制度里他们自身所处的位置非常不同。我认为，匈牙利村民普遍地、集体性地持有这样的观点，或者说这是他们的社会记忆。我并没有声称这些表述要均匀地分布在社区里。即便是那些社会主义最激烈的反对者、那些在2002年之前“独立小农党”最活跃的支持者、那些在意识形态意义上反对任何合作社形式的人，也都承认匈牙利前社会主义时期在某些方面的情形要比今日更令人满意，尤其是在就业和支持农业的政策方面。这些人中的很大一部分如今成了“极右翼”政党（Jobbik——“美好的匈牙利”）的活跃的支持者，他们推进匈牙利的民族主义对其他族群尤其是吉普赛人极不友善。

我的观点是，我们需要认识到社会的转型。一种将重点放在强调自我转型的“道德人类学”并不能很好地处理社会主义道德秩序的终结给世界历史进程带来的重要意义。当然，回忆发生在个体的头脑中，它们也受无数个人境况因素的影响。我看到在桑伊和费里两个人身上，家庭不幸使他们的生活发生了重大的改变。他们的下一代人看待问题的态度和观点当然也会不同（费里的女儿已经离开了村子，桑伊和他的第二个妻子所生的5个孩子都留在村子里，而且看不出他们有流动——地理或者社会意义上——的可能性）。但是，似乎这两代人都经历了我在一部论文集导言里所表述的“社会主义道义经济的坍塌”（Hann & The Property Relations Group, 2003），现在我称之为“道义剥夺”。尽管塔村松散的集体经济与常规的社会主义农业在形式上完全不同，旧道德秩序的终结情形与我们小组在苏联阵营其他地方搜集到的材料非常相似。这些模式可以被拿来与中国自20世纪70年代末以来的集体农业改革进行比较和对照。在中国，从物质上看村民没有被剥夺，土地是在平权的基础上被分配的，村民可以长期承租土地。中国的“家庭承包责任制”被看作地方道义经济的回归，尽管在过去的几十年里市场正在日益穿透这些领域。与中国形成鲜明对比的是，苏联和东欧的“去集体化”过程被人们体验为“道义剥夺”。资本主义的突然穿透似乎更多地验证了卢梭的批判，而不是亚当·斯密对商业社会相对乐观的预言。

道德·宗教·断裂

我在前文里论述了一个观点，即东欧一些社会主义农业机构的解体帮助浇筑了道德不确定性的坟墓。这样的情况甚至也发生在那些集体农场，即一开始遭遇激烈反对而在实际运作中阻力大为减弱的地方。反对这一论点的人可能会说，人与人的直接接触的关系是村落生活的特点，这会带来较大差异。那些生活在大城市里的“桑伊”“费里”们不可能定期在当地的活动中相遇；在大城市中有更多的经济和社会机会向他们敞开。正因为如此，他们对道德变化的感觉可能会弱得多。

诚然，农村与城市有所区别，我也无意于以农村的情况代表整个社会(也不能认为一个村子可以代表整个农村领域)。我的观点是：从某种意义上讲，透过农村可以更集中地看到总体上社会转型至为核心的过程。为了更好地理解这些，我认为理论上回到卡尔·波兰尼还是有所裨益的。他对大转型的理论阐释是围绕18世纪末期斯宾汉姆兰法案修订的《济贫法》来展开的。但是，这一法案的后果难道比那个在18世纪初期曾引起广泛抗议和骚动的《布莱克法案》（Thompson，1975）还更有戏剧性吗？和波兰尼的想法相反，我认为英国社会中的道德变化和制度变化都过于缓慢了——直到2011年，一位保守派的首相仍然把城市骚乱归因于“断裂的社会”中的道德短板。这样的观点似乎广为人们所接受：21世纪的道德秩序是厚颜无耻的消费主义式的；市场社会有效地破坏了狭义的、通俗意义上的道德；正是消费主义的行为，远离了亚当·斯密所推崇的“诚实劳动”和“社会稳定”的价值观，并将两者湮灭 。

相比之下，东欧的集体化和集体化的解体引发了制度和道德上的停顿。道德上的中断显而易见，因为马克思主义的意识形态鼓励人们形成一种世俗的公共道德。这种断裂会以一种前所未有的发生方式，尤其是在社会主义的公共道德有可能与早期传统发生嫁接的地方，使道德震荡缓和很多。这种情形在苏联的农村确实发生了。例如，虽然一位苏联共产党的书记和一位东正教神父对很多细节问题会持有不同的意见，但是他们都会把

"对本地的忠诚和团结"与"努力工作"看作原则性的核心价值。相比之下，20 世纪 90 年代初期的断裂更为惊心动魄，因为当时根本没有可以令人信服的公共道德准则以供使用。在西方，几个世纪以来，宗教信仰式微，人们对教会活动的参与日趋减少。在有些社会主义国家，宗教这一道德价值的传统堡垒受到来自"科学的无神论"的精准打击。甚至在事实证明实行这些政策不过是徒劳而已的地方，比如波兰，社会主义仍然在一定意义上与宗教相抗衡，试图将自身显示为一种道德秩序，而随着其社会主义政府的垮台，"社会主义的道德"也露出了其真实面目，似乎出现了"道德真空"状态。这只是一个含混不清的比喻而已，因为人类永远也不可能彻底摆脱道德理念，主张在经济领域里实行"阵痛疗法"的人，会让他们意图传递的信息与对"公民社会"的美好宣传同时"发酵"。但是，作为一种终极价值的策源地，"公民社会"理念所能说服的不过是城市知识分子这一小圈人而已。这也可以帮助我们理解为什么很多人转向其他的、正好与之对立的思想来源，比如卡普所分析的"波兰的民粹民族主义"、葛瑞德所记录的保加利亚民俗活动的再度"着魅"。

在有些国家里社会主义信念的失败让一些人重新寻找其他形式的绝对信仰，其中有传统的，也有新兴的。这些信仰又小心翼翼地表明，它们所承诺的拯救不是发生在现世的地球上，而是来世的什么地方。沿着对农村财产关系进行调查的线路，马普社会人类学研究所在 2006—2009 年间组织了一个专门集中于"道德与宗教之关联"研究项目的调查。其研究课题分布在整个欧亚大陆，从原东德到东亚。原来的东德地区可能是这个大陆上最世俗化的地区。社会学的研究数据表明，在转型后的 20 年里，原东德地区的信仰状况并没有发生很大变化。尽管如此，我们的一些项目研究表明，宗教在道德教育（Birgit Huber）、从前的罪犯回归社会（Irene Becci）甚至在商业活动（Esther Peperkamp）中担当的角色可能比人们通常认识到的更为重要。俄罗斯位于欧洲的部分，其变化更为突出。俄罗斯东正教教堂给许多从前的"共产主义者"提供了重温信仰和体现组织能力的机会。在圣彼得堡附近的一个教区，戴特丽娜·妥彻娃（Detelina Tocheva）进行了田野调查。她发现，有一个由教区活跃分子组成的核心小组仍然继续强调"努力工作"这一道德价值。她把这一现象描写为世俗禁欲主义，因为这似乎与末世救赎的信条根本不相关。如果不亲自加入一个教区而仅从个人道德行为上入手，则基本上无法发现教会成员的影响、仪式或者朝圣的实践。关于俄罗斯的研究项目结果中，非常引人注目的是宗教归属与民族-国家认同之间的紧密关联（Tocheva，2011）。我们关于中亚和东南亚的研究中也发现，那里也有类似的现象。掌权者如操纵教会，实际上将教会（重新）国家化。其结果是，教会的发展并没有带来传统基督教价值观的有效复苏。那些原本可以在传统基督教价值观中发现的内容，比如对金融投机的道德批判、对与社会主义话语共通基础的挖掘、集体认同感的本源，或者是普遍意志，或者是涂尔干式的道德秩序，现在都转为在民族-国家中寻找。与波兰卡钦斯基兄弟的民粹主义类似，日趋增强的排他的、非宽容性的爱国主义替代了其从前的所谓社会主义兄弟关系。

在引人注目的宗教皈依现象中，道义剥夺可能被显现得更为清楚（Pelkmans，2009）。很多外国宗教团体得以成功地进入“后社会主义”国家，并成功地在那里展开传教活动，尽管这些国家的政府大多在尽力限制和排除各种教团。在塔村（前文中提到的那个匈牙利村子），当地“浸礼会”教徒成功地恢复了一个老教派。吉普赛人是“后社会主义”各种剥夺中受害最重的一群，福兹托（László Fosztó）对罗马尼亚特兰西瓦尼亚地区吉普赛人进行了研究，他发现那里的吉普赛人大多改信五旬节教（Fosztó，2008）。新时代的神灵形式得以流行，尤其是在中亚地区的新萨满教的流行，也是由于深层的道德不确定性。关注变化中的宗教归属模式，包括“改宗”到一个无神论者/世俗者先人的宗教（意指对共产主义信仰的重新皈依），对此进行严格的比较群组分析，将是非常有启发意义的。据我所知，到目前为止还没有人进行这样的研究。

结　论

我在这篇论文里主要采用了马普社会人类学研究所诸多项目的研究成果。除此之外，还有一大批这一领域内的出版物，我们也许可以称之为“后社会主义人类学”。其实，这一领域内一些有影响的代表人物并不倾向于开凿出一个以此命名的分支学科。一个更好的出路是，把对“后社会主义”变迁的研究整合进更具普遍性的社会变迁理论当中。但是，几乎没有哪位文化人类学学者、社会人类学学者带着自己的新想法走进这一层次。

苏联社会主义国家的解体给我们的社会人类学研究提供了一个进一步研究的机会。但不幸的是，这一“转折”发生在20世纪，一个人类学家以民族志方法来定义自身学科的世纪。一方面，博厄斯、马林诺夫斯基和他们的学生们有充分的理由去抛弃简单的进化论和“遗留物”理论；另一方面，不幸的是，这种共时性的田野调查在很大程度上堵塞了考虑世界历史的“大图景”之路。最近，人类学道德研究的趋势也面临着类似的不幸处境：强调自我修炼、强调对人的塑造，这反映了新自由主义时代个人主义的意识形态；对于那些已经发生了的——如在塔村那样的地方——道德秩序的社会转变，这样的道德人类学妨碍了对其社会进程的认知。

“后社会主义”人类学在很大程度上以地方性个案研究为特征。我们记录了无数材料，比如人们如何处理他们的“日常经济”，即如何在非正式的网络里实践互惠原则、如何经由宗教性非政府组织提供的汤饭厨房从再分配中受益、如何参与不定期的市场、如何在跨国的看护行业里出卖自己的劳动力，等等。我在这里只列出几个肯定能吸引卡尔·波兰尼注意力的话题。但是，我们缺少像波兰尼一样——更不用说像路易·摩尔根和恩格斯了——心怀大眼界、大目标的学者，从长时段历史的角度分析前社会主义政府的终结对生活在欧亚大陆的男男女女究竟意味着什么。对“科学无神论”的抛弃、公共领域里宗教的复兴，这些都发生在很多“前社会主义”国家里，对这些现象的研究还没有整合到“世俗化”理论和“多元现代性”的理论当中。社会人类学家没能在19世纪的基础上来建设这个学科。他们放弃了真正重要的问题，比如“复杂的工业社会里的自由和责任”，这一问题被卢梭提出来，被卡尔·波兰尼在《大转型》一书结尾处所讨论。相反，人类学学者将这些讨论拱手交给其他学科。博弈论和试验经济学的专家们以通俗易懂的方式解构了简单的“理性经济人”模型。社会人类学家现在从他们那里学到了本来我们早已清楚的东西，即人的行为受以下因素驱动：对平等的考虑、对公平的判断、出于自利目的的财富积累。要想研究这些问题，“后社会主义”国家里的真实生活经济状况肯定也是一个非常有启发意义的环境，就如同博弈理论家们的实验室一样。

卡尔·曼海姆和卡尔·波兰尼都是他们所属的那个社会代别中的领军人物。他们各自以不同的方式拒绝19世纪的功利主义，而追寻一种新道德景观。卢卡契和许多人在对马克思主义的拥抱中找到了满意的答案，从而加入了共产党；曼海姆和波兰尼都没走出这一步去确立自己的党派归属，尽管这两位犹太学者都曾经一度认真地以为，基督教是西方文明的重要道德基础。市场突如其来的到来，令很多人深感厌恶。在现实中，正如波兰尼在对“乌托邦”的批判中告诉我们的一样，市场总是能够被特殊的政治和法律机构所推动，尤其是政府。从这个意义上说，经济从来不会出现“脱嵌”状态。波兰尼在19世纪的英国所看到的，以及过去的20年里“后社会主义”欧亚大陆的研究可以证实的，说到底是道德上的脱嵌或者剥夺。

但是，波兰尼夸大了第一个“大转型”的陡发性。自工业革命以来，西方资本主义国家经历了或多或少的渐进转变过程，并一直持续到新自由主义时代。即便在某种意义上确实有一个“斯宾汉姆兰”代别（我对此怀疑），道德上的辩解（比如助人义务只限于针对那些值得帮助的穷人）经历的是持续的修正，而非极端的断裂。与此形成鲜明对比的是，对社会主义首先引进，其后（当社会主义还保留在第一代人的记忆当中时）再使其解体而让位于资本主义市场的尝试，导致了认知上的混乱，甚至在微观的层面上，在一个村庄里也是如此。它所带来的不和谐，远远超出简单的“赢者”与“输者”的故事。人们设想的可能是，新的失业者会抱怨对社会主义价值的抛弃；获得上升机会的人会攻击社会主义的道德，如果他们感觉有必要为其辩护的话，他们选择以宗教的形式或者公民社会、民族国家的修辞来表述社会主义道德价值。但是，实际情形要复杂得多。无论在城镇还是在农村，“输者”都容易被民粹民族主义所吸引，代别效应会妨碍社会的连贯性长达几十年。

我深信代别分析方法对分析在社会变化“加速”期间的各种动力因素有很大的作用；它可以帮助我们理解为什么变化的发生如此不均匀，为什么在某些领域比其他领域更显得“粘连”，不那么彻底。我们所处的学术界，专业化的要求经常显得过于强烈，要想讨论这些问题，跨学科合作是其唯一办法。凸显在所有问题之上最大、最恒久的问题是：人类社会作为一种道德秩序的建立。

参考文献

[1] Buechler, Hans & Buechler, Judith-Maria. *Contesting Agriculture Cooperativism and Privatization in the New Eastern Germany*, New York: SUNY Press.

[2] Creed, Gerald. 1998. *Domesticating Revolution: From Socialist Reform to Ambivalent Transition in a Bulgarian Village*, University Park: Pennsylvania State University Press.

[3] Creed, Gerald. 2011. *Masquerade and Postsocialism Ritual and Cultural Dispossession in Bulgaria*, Bloomington: Indiana University Press.

[4] Dale, Gareth. 2010. *Karl Polanyi: The Limits of the Market*, Cambridge: Polity.

[5] Force, Pierre. 2003. *Self-interest before Adam Smith: A Genealogy of Economic Science*, Cambridge: Cambridge University Press.

[6] Foszto, Laszlo. 2009. *Ritual Revitalisation after Socialism Community, Personhood and Conversion among Roma in a Transylvanian Village*, Berlin.

[7] Gudeman, Stephen. 2008. *Economy's Tension: The Dialectics of Community and Market*, New York: Berghahn.

[8] Gudeman, Stephen. 2014. Misfits or Complements? Anthropology and Economics. In *Cash on the Table Markets, Values and Moral Economies*, edited by Edward F. Fischer, 263 – 274, Santa Fe: School for Advanced Research Press.

[9] Hann, Chris. 1980. *Tázlár: A Village in Hungary*, Cambridge: Cambridge University Press.

[10] Hann, Chris. 2006. "*Not the Horse We Wanted!*" *Postsocialism, Neoliberalism and Eurasia*, Münster: Lit Verlag.

[11] Hann, Chris & Hart, Keith, eds. 2009. *Market and Society: The great Transformation Today*, Cambridge: Cambridge University Press.

[12] Hann, Crhis & The Property Relations Group, eds. 2003. *The Postsocialist Agrarian Question: Property Relations and the Rural Condition*, Münster: Lit Verlag.

[13] Harvey, David. 2003. *The New Imperialism*, Oxford: Oxford University Press.

[14] Heintz, Monica, ed. 2009. *The Anthropology of Moralities*, Oxford: Berghahn.

[15] Kalb, Don. 2009. Conversations with a Polish Populist: Tracing Hidden Histories of Globalization, Class and Dispossession in Postsocialism (and beyond). *American Ethnologist* 36, No. 2: 207-223.

[16] Mannheim, Karl. 1952/1928. The Problem of Generations. In *Karl Mannheim Essays on the Sociology of Knowledge*, edited by Kecskemeti, 276-320, London.

[17] Pelkmans, Mathijs, ed. 2009. *Conversion after Socialism Disruptions, Modernisms and Technologies of Faith in the Former Soviet Union*, New York: Berghahn.

[18] Polanyi, Karl. 2001/1944. *The Great Transformation: The Political and Economic Origins of Our Time*, Boston, MA: Beacon Press.

[19] Remmling, Gunter W. 1975. *The Sociology of Karl Mannheim*, London: Routledge.

[20] Swain, Nigel. 1985. *Collective Farms Which Work?* Cambridge: Cambridge University Press.

[21] Thompson, E. P. 1975. *Whigs and Hunters: The Origin of the Black Act*, London: Harmondsworth.

[22] Tocheva, Detelina. 2011. Crafting Ethnics: The Dilemma of Almsgiving in Russian Orthodox Churches. *Anthropological Quarterly* 84, No. 4: 1011-1134.

[23] Trevisani, Tommaso. 2010. *Land and Power in Khorezm Farmers, Communities and the State in Uzbekistan's Decollectivisation*, Berlin: LIT.

[24] Yalcin-Heckmann, Lale. 2010. *The Return of Private Property Rural life after Agrarian Reform in the Republic of Azerbaijan*, Berlin: LIT.

[25] Zigon, Jarrett. 2008. *Morality an Anthropological Perspective*, Oxford: Berghahn.

[26] Zigon, Jarrett ed. 2011. *Multiple Moralities in Russia* Oxford: Berghahn.

对(已经)遭受道义剥夺者的道义剥夺?

——对韩可思论文的评议

斯蒂芬·迈尔　著
吴秀杰　译

毋庸置疑，生活在东欧前社会主义国家农村的老年人，普遍存在着一种在道德上被剥夺的感觉，他们当中很多人都怀念共产主义思想统辖下的时光。注意到这些情况并不意味着，有了这样的观察就能正确地理解目前的处境。任何一个习惯于使用访谈资料的人都明白，这些被访谈的对象会忽略对他们不愉快的重要事实，而这又在较大程度上影响了他们对问题给出的答案。人们按照自己期待的样子重构过去。对那些被日常生活压迫所包围的人来说，这尤其是一个问题。为了过上“正常的生活”，人们倾向在不知不觉中不去感知那些他们不想看到的事情。在东欧前社会主义国家进行田野调查的时候，我们也不得不面对这些问题。因此，在建构一个理论框架和分析框架时，我们就得非常小心。我对一些社会主义政府的研究长达四十年，了解它们的实际运行方式，了解在实行社会主义的社会秩序时，其“道义剥夺”的程度如何。我的评议是从历史学角度出发的。我将集中于一个问题：为了获得足够多的关联背景，以便来解释在东欧前社会主义国家里的人的生活，哪些东西看来是必需（了解）的。既然转向社会主义也意味着“道义剥夺”的过程，所以我给这个评论选择的题目是：对（已经）遭受道义剥夺者的道义剥夺?

我关注的问题是从19世纪的转变过程中开始的。不过，我分析的这两个转变都是从具有低生活水平、低效率劳动组织的前现代经济向市场经济的转变。这一转变导致了广大群众生活条件的重大改善。不过，一般来说，只有年轻一代从中受益，而老一代则经常把转变感受为“剥夺”，忘记了从前社会秩序的负面特征。只有在纯粹理论层面上，人们才可以把这一进程描写成“社会主义”与“资本主义”的战斗。在现实中，无论社会主义还是资本主义都有很多操纵市场机制的企图。

在韩可思看来，东欧前社会主义国家农村在今天面对的“道义剥夺”来源于新秩序。这是不正确的。他用“手段残酷”来谈集体化的解体，而集体化在他的眼里破坏性要小得多：“让我吃惊的是：在经历了 20 年的后社会主义之后，有大量迹象表明这个国家里为数众多的普通人，那些通常被西方国家看成社会主义政权下的牺牲者的人们，认为从前的政府比后来的任何一个后继政府都更公正（从伦理上足以辩解的）。”“道义剥夺”的真正原因，与今天人们所感知到的非常不同。这主要是由于（人们）采取的策略是，不去认知社会主义制度下生活中的基本事实。比如，政府已经不可能继续支付大量的必要补贴，以使社会主义农业得以维持。20 世纪 80 年代，苏联及东欧前社会主义政府成功地向人们掩盖了它们已经破产的事实。这就是为什么人们把他们经历的艰难与向市场资本主义转型连在一起，尽管（这种艰难）这是社会主义无法提高经济效益的后遗症（Merl，1997）。当韩可思把“后社会主义”公民转向宗教或者转向传染性的民粹民族主义的原因解释为资本主义下的“道义剥夺”时，他从根本上错了。这两种倾向在 20 世纪 70 年代已经出现，都与社会主义秩序相关。相关档案材料表明，当时人们当中有强烈的民族主义情绪，而政府将这些情况对公众秘而不宣（Kozlov & Mironenko，2005）。（人们）对宗教的寻求与社会不能满足人们的精神需求相关。韩可思认为，生活在社会主义制度下的人不谙熟追求私利，这一判断与人们普遍利用腐败行为来获取个人利益的事实相矛盾。与政府之间的通信和通告，都可以表明人们自私自利的程度。自私自利是被容忍的，甚至是被政府所鼓励的，为的是加强他们的权力网（Merl，2012）。关于人们在多大程度上利用腐败行为来安排私人生活的事例，有很多材料。因为有些生活必需品在国家商业中买不到，人们只好选择利用腐败行为（Merl，2010：267-279）。

理解社会主义经济如何运行的最佳模型是由一位匈牙利人科尔奈提出

的。他在《短缺经济学》一书中指出，社会主义经济最根本的问题是缺少严格的预算控制。在软预算条件下，所有的企业都浪费性地使用生产力、资本和劳动力，最终导致了与市场经济相比极端低下的劳动生产率（Kornai，1980；1992）。道义剥夺感的主要原因，应该被看成在这种浪费以及在虚弱的预算控制中。20 世纪 90 年代初，西欧的市场经济国家中农业人口比重只有 1%~2%，而社会主义国家中的比例是 10%~20%。政府通过发放巨大的补贴，有意让工作机会保留在农村，因农业机械的质量低劣需要更多的人工，所以在私人的土地上是劳动密集型生产。这导致社会主义农业中较低的劳动生产率。

在市场经济中，劳动力从农业到工业和服务业的转移用了几十年的时间，因此避免了在今天东欧前社会主义国家里可以看到的社会伤害。作为激励，更好的工作条件和更高的工资是决定性因素。向市场经济的转移极大地提高了劳动生产率，在农业生产中，其结果是资本代替了劳动力。农业生产的成本在这一过程中保持恒定。在市场经济中，农业机械的建造与农民的要求相符合，而在有些社会主义国家里农业机械的制造只满足生产者的利益，经常有损于农业生产（重型拖拉机破坏了集体的土地，私人土地上的生产很少使用机械）。正因为如此，在市场经济里，机械最优化地代替了劳动力；在有的社会主义国家里，节省劳动力的效果几乎不存在。在这些国家，资本投入只是增加了农业生产的成本。20 世纪 90 年代初，东欧前社会主义国家没有哪一个还能负担这么巨大的农业补贴。解决问题的途径是，在转型期将那些从前被占据的劳动力中的大多数从农业中解放出来。由于在农业之外缺少劳动力需求，这一情形变得更加困难了。当年轻人普遍地有比较好的机会到城市里发展时，老年人则备受煎熬。

韩可思也指出，在 20 世纪 70 年代匈牙利的农业已经在市场条件下运行。这是不错的，不过，市场条件只是影响了农业的内部关系。匈牙利的整体经济条件没有改变。科尔奈描写的效果，由于弱预算控制造成的生产力浪费，在 20 世纪 70 年代匈牙利的经济中也是典型的。没有大量的劳动力从农业中转移出去，小规模的、在私人土地上的生产、极低的生产率，这些甚至还得到支持。因此，限于农业的自由市场条件，只是显示了对农业生产的积极效果。它并没有解决农业上的结构性问题。

市场条件给匈牙利农业带来的积极后果是显而易见的，与其他社会主义国家形成鲜明对比。在匈牙利，20 世纪 70 年代，农业生产和生产率都得以增长，农业产出 10 年增加了一倍。只有中国的农村公社解体才带来同样的积极效果。在其他（社会主义）国家中，农业生产的增长非常缓慢，而市场经济下的生产和生产率的增长却非常引人注目。其社会主义农业的特征是对资本和劳动力的巨大浪费，成本的大量增加，导致需要更大的补贴。在勃列日涅夫时期，苏联在非黑土地区投入巨资用于灌溉和农田生产设备。其结果是产出的增长率只有每年 1%，但是单位产出的成本却增加了一倍。前东德在 20 世纪 70 年代实行了格林恩贝格［Gerhard Grüneberg，1921—1981，农业经济学家，是原东德负责农业政策的核心人物——译者注］的理念，将农作物生产和动物生产分开，甚至导致农业生产率下降。其主要的后果是加大了人与工作的疏离。因此，可以说，20 世纪 70 年代匈牙利的农业是自由市场带来积极效应的生动例证（Vaga，1984；Merl，1988）。

是什么使匈牙利的农业生产有长足发展的？在市场条件下，（匈牙利的农民）有可能组织生产单位、彼此竞争、使用从加拿大进口的机械和种子。这使农业产出在不到 10 年的时间里增加了一倍。此外，农业企业被允许在私人的小规模的生产者和国有企业之间引入市场关系，从私人生产者手中购买产品后卖给国家。他们也用国有的机械为私人土地上的工作提供服务。20 世纪 70 年代末，这一试验被认为是一个错误，实际上（恰好）是因此才获得成功：政府对农业的补贴仍然很高。生产的增加对政府来说是昂贵的，当产品超出国内需求时，就必须出口剩余产品。不过，西欧国家不想对匈牙利开放农业市场，匈牙利不想以低于国家补贴成本的价格向苏联出口农产品。因此，匈牙利不得不为了减少农业产出而停止这一试验！韩可思告诉了我们关于 20 世纪 70 年代匈牙利农业的故事，这些是故事背后的故事。

我不同意韩可思关于集体化的观点。与他所声称的不同，强制性集体化是一种“道义剥夺”的行动，一种打破先前农民愿望的压迫行为。在社会主义国家，集体化在农业生产上的持续后果表现在劳动者与生产活动的疏离上。在东欧，尽管在集体化过程中丢掉性命的人要少得多，但是在其每个国家这都是一个大众受压迫、农民遭褫夺的行为，引发了严重的“道义剥夺”。1953 年 6 月初，匈牙利共产党总书记拉科齐与新的苏联领导人的会谈记录，来自对此有直接责任的共产党领导人的第一手详细材料，记录了其集体化的重要事实和灾难性的经济后果。匈牙利和原东德的集体化最后一个阶段发生在1960年年初，那是施加心理压力的群众斗争，强迫不情愿的农民进入国有的农业生产合作社。其集体化的结果与严重的“道义剥夺”直接相关。从前的独立农民转变成农业工人，必须遵守党的干部给出的命令。在东欧前社会主义国家，很多农民离开了农村，新的劳动力中占主导的是那些对农业根本没有兴趣的人（Merl，2011）。尽管社会主义农业在每个国家各不相同，但是无论在哪里，失去独立决策的结果就是对工作的疏离。这一点甚至也被（当时）社会主义国家的社会研究所披露。这些研究的结果在其所有国家里都被严格保密。社会主义农村的生活在多大程度上被感知为“道义剥夺”，在工作激励的缺失上体现最为明显。从这样的事实也可见一斑：尽管农业中的劳动力比例很大，大多数前社会主义国家仍强迫他们的学生们参加一个月的劳动，帮助秋收。

在我的理解中，“道义剥夺”是一个可以使用的概念，可以用它来理解在东欧先前的社会主义国家农村发生了什么。不过，其前提是：我们必须考虑到，东欧前社会主义国家实行社会主义秩序也同样意味着“道义剥夺”。

参考文献

[1] Eckart, Gabriele. 1984. *So Sehe Ick die Sache Protokolle Aus der DDR Leben im Havelländischen Obstanbaugebiet*, Köln: Kiepenheuer & Witsch.

[2] Kornai, Janos. 1980. *Economics of Shortages*, Amsterdam.

[3] Kornai, Janos. 1992. *The Socialist System. The Political Economy of Communism*, Princeton: Princeton University Press.

[4] Kozlov, V. A. & Mironenko, S. V. eds. 2005. *Kramola Inakomyslie v SSSR pri Khrushcheve I Brezhneve* 1953–1982. *Rassekrecennye Dokumenty Verkhovnogosuda. I Prokuratury SSSR*, Moscow.

[5] Merl, Stephan. 1988. Hat Sich der Landwirtschaftliche Großbetrieb bewährt? Zum Vergleich Von Agrarentwicklung und Agrarproblemen in der Sowjetunion und der DDR. In *Der Unvollkommene Bloc Die Sowjetunion und Ostmitteleu-*

ropa Zwischen Loyalität und Widerspruch, edited by Hannelore Horn, 139-170, Frankfurt.

[6] Merl, Stephan. 1997. Staat und Konsum in der Zentralverwaltungswirtschaft Russland und die Ostmitteleuropäischen Länder. In *Europäische Konsumgeschichte Zur Gesellschafts-und Kulturgeschichte des Konsums (18-20 Jahrhundert)*, edited by Hannes Siegrist, 205-241, Frankfurt.

[7] Merl, Stephan. 2010. Kann der Korruptionsbegriff auf Russland und die Sowjetunion Angewandt Werden? In *Korruption Historische Annäherungen an eine Grundfigur Politischer Kommunikation*, edited by Niels Grüne & Simona Slanicka, 247-279, Göttingen.

[8] Merl, Stephan. 2011. Sowjetisierung in Wirtschaft und Landwirtschaft *Europäische Geschichte Online Gregory , edited by the Institut fur Europäische Geschichte (IEG)*, http://wwwieg-egoeu/merls-2011-de.

[9] Merl, Stephan. 2012. *Politische Kommunikation in der Diktatur Deutschland und die Sowjetunion im Vergleich*, Göttingen.

[10] Varga, Gyula. 1984. Neue Produktionsbeziehungen in der Ungarischen Landwirtschaft. In *Sozialistische Agrarpolitik Vergleichs-und Einzelstudien zur Agrarpolitischen Entwicklung in der Sowjetunion, Polen, Ungarn, China, Kuba*, edited by Theodor Bergmann, 198-213, Köln.

回　　应

韩可思　著
吴秀杰　译

我感谢斯蒂芬·迈尔给我的文章写了多方位的、激发思考的评议。我不想就拖拉机马力的大小、农村劳动力的社会来源、匈牙利高产量玉米种子的来源国或者 20 世纪 70 年代匈牙利农业生产率水平等问题与他进行争论。我的回应限制在几个宽泛的话题上，这可能也是更宽泛的读者群所感兴趣的题目［涉及当时匈牙利农业情况时，我基本上采用 Swain（1985）的看法］。

令人欣慰的是，迈尔和我都一致认为，“后社会主义”国家的农村居民在其集体农场瓦解时经历了痛苦。我不会像他一样去强调老一代的痛苦，因为从某种意义上说被羁绊在农村的正是一些年轻人，在农村以外进行具体的职业选择方面，他们没有自己的父辈或者祖父辈曾经有过的那么多机会。当然，只有老一代才有可能将现在与社会主义制度下的生活进行比较，才有那种我力图确认的“道义剥夺”的感觉。我所理解的是，斯蒂芬·迈尔并不绝对地拒绝我提出的“道义剥夺”这个概念。他只是坚持，我应该承认集体化本身也是早期的一种“道义剥夺”的行为。这是我很愿意承认的。集体化是东欧前社会主义国家掌权者的极端性干预，这是不容置辩的，历史学家和其他学者详细地记录了其破坏性后果。即便在匈牙利，大规模的集体化在 1959—1961 年间相对温和的氛围中完成，数百万农村人口发展出来的道义经济仍然遭到了摧残。那里曾经有过很多的抵抗尝试，发生过无数个人悲剧。

我认为，这些都是不言而喻的。全世界都知道集体化之恶。我要提醒人们看到的是：几代以后对集体化这一权力干预的拨乱反正，也可以被看作破坏性的“道义剥夺”行动。这一看法似乎是悖理的，因为从理论上财产回到了原初所有者手中，社区似乎终于从所谓压制性的社会政权下解放出来了。当然，横跨整个欧亚大陆的各国有不同的形式。我所了解的是那些比较自由的社会主义国家，如匈牙利和波兰，在那里70年代已经允许西方社会人类学者进行田野调查，而斯蒂芬·迈尔更熟悉的是那些相对高压的政府，如苏联和前东德。我还是坚持认为，来自塔村（匈牙利的一个村子）的材料，不管它多么不具有代表性，还是足以明示一些普遍性模式。苏联的集体农庄提供了一种社区的组织形式，这在20世纪90年代实施的私有化中消失了。从这个意义上说，至少在一些地方，“去集体化”带来的震撼力比集体化更大，因为它的威胁在于将地方社区全部摧毁。在他们的历史上，村民们很少或者根本没有准备如何去担当“资本主义农业人”这一角色。我力图避免过度渲染。迈尔挑出了“残酷的手段”这一词，不过我用来特指乌兹别克斯坦棉花生产中的极端情况，这是特拉维萨尼（Tommaso Trevisani）在他的民族志里所描写的（对于“后社会主义”国家农村阶级的形成，我曾经做过普遍性的评论，参见Hann，2010）。

关于“资本主义与社会主义的意识形态经常无法很好地符合经济的实际情形”这一问题，我同意斯蒂芬·迈尔的观点。就财产关系、市场的角色等问题，我们应该期望看到的是复杂的组合，而非理想化的类型“中央计划”或者“自由市场”。迈尔在评议的第二段里已经提出这一重要论点，所以我很奇怪他接下来在谈到20世纪70年代匈牙利农业时允许自己用了“自由市场条件”这样的表述。我认为，在农业领域如同其他领域一样，实际上的情形是国家与市场、公有与私有的复杂组合。迈尔似乎把对“纯粹中央计划原则”的任何修正都看作腐败。但是我们不能忘记的是，关系网和“非正规性”也是资本主义市场经济不可或缺的因素。对两者需要有精确的区分。费里在塔村的绝大部分时间里都是关系网搭建者，他一直在试探当下制度的极限，起初是社会主义，而后是资本主义。他在20世纪70年代的活动被当局所知，也被当局所容忍。在同一时间段里，当地的村委会主席因为在分派国家电力建设项目时接受贿赂，以腐败罪而受到起诉、判刑和坐牢。简言之，在非正规关系网和腐败之间有所区别。匈牙利的农村人明白这一点，其中许多人认为，后者（腐败）在今天比在前社会主义时期更严重。

这也与迈尔所指出的另外一个问题关联在一起，即社会主义制度下人们是否追逐自利。要给这个问题一个否定的答案是非常荒谬的，我不会这么做。1968 年以后的匈牙利政府鼓励人们将经济收入最大化，在农业方面尤其如此。我的观点是：个人收益最大化发生在一个道德框架之内，这一框架无论政权的支持者还是反对者，都对此予以认可。这是在目前的资本主义经济中完全缺失的，于是民族主义和宗教的诉求填充了这一道德空间。若我们沿着古德曼的概念框架——详见我的论文——市场、核算和自利合起来成为一种道德，则是一种与社区或者“基础”相对而立的道德。但是，在匈牙利村民的主观感受中，市场的扩展（用古德曼的术语是“倾泻”），同时也意味着全部道德限制的减弱或者丧失。古德曼的“辩证关系”（“基础”与道德之间）被拆解了，至少从当事者“主位”的这个角度来看的确如此。

我不明白的是，当斯蒂芬·迈尔断言“错误地认知社会主义制度下生活中的基本事实”时，他所指的到底是什么。他认为对农业的补贴没有足够的理由，因为它们没有提高生产率，加强了低效率。科尔奈的短缺经济理论被他引用来支持这一观点。据我所知，在农业经济领域短缺经济学的观点并不具有说服力，因为其中包含很多个人的活动。我愿意承认在这个领域的确有很多劳动力滞留，在企业甚至在整个农村里都是如此。可结果是，在所有东欧前社会主义国家，农村人口还是一直在减少，也许不像在一个“纯市场”框架下发生得那么快。按照这样的标准，甚至 20 世纪 70 年代匈牙利的相对成功的安排（和迈尔的观点不同，我认为匈牙利的成功一直持续到社会主义国家的解体）也是浪费的。

根本的问题是，迈尔尽管承认资本主义市场也同样被操纵，他似乎最终还是对我偏离哈耶克式的市场模式持批评态度。按照我的断言，至少晚年的科尔奈是晚期“奥地利经济学派”的转世重来。在另一篇文章里，我比较了他与卡尔·波兰尼的不同，对我来说，波兰尼是一个更引人入胜的“多瑙河畔经济学”的代表人物（Hann，2009）。这些经济学家最早引起我的注意是在 20 世纪 90 年代初，当大卫·纽柏瑞（David Newbery）——剑桥大学一位有名的经济学家——在一篇采访中说，相比匈牙利国家的总体发展水平而言，农民的日子过得太舒服了。在他看来，“后社会主义”国家的政府应该快速砍掉补贴，农村人的生活水平急速下降，这才是唯一符合逻辑的做法。这位经济学家发出的信息让人想到玛格丽特·撒切尔的“别无选择”。不过，如同每个人都知道的那样，西欧的农民从来没有在那样的条件下生活过。在原匈牙利社会主义国家末期，如果西欧国家没有对匈牙利关闭大部分农产品市场的话，匈牙利农民本来还可以多享受一些富足的生活。

我与斯蒂芬·迈尔争论的一个关键所在是，他认为农村的发展除了资本主义市场道路以外似乎别无出路，他相信令这一道路扭曲的主要因素都可以归为社会主义的遗产。我也和波兰尼一样认为，实际上的“自由市场”总是依赖于政府。如果一个国家的政府选择去支持它的农村居民，它完全可以做到通过减少建设城市地产中的高层建筑，而极大地激活农村的房屋市场。以同样的方式，今天的欧盟有权利去实行与纯市场逻辑相抵触的可持续的农村发展战略。无论如何，应该有可能严肃地讨论（资本主义市场道路以外的）可替代性的策略。迈尔也注意到，匈牙利的道路与苏联完全不同。匈牙利的战略也有它的代价，即低城市化以及农村劳动力因为不使用农业机械而形成自我剥削。但是，只要物质回报还有吸引力，许多村民就愿意留在农业和他们已经习惯了的领域里。外出移民发生在下一代身上。从这个角度来看，我不认为匈牙利实行的渐进式道路在实践中与农民进入资本主义经济的转变有很大不同。与其他欧洲边缘经济体相比，比较少的匈牙利人放弃了他们的村庄，以增加外国无产者的人数。

最后，斯蒂芬·迈尔当然也发出提醒，让读者去注意传记研究中的基本问题。我同意他的看法，即许多人（尽管绝不是所有人）倾向于“如他们所期待的那样”去重构过去。但是我们也必须警惕自己去重构他们的过去，如我们希望他们要记住的样子。关于社会主义本质的讨论是重要的，但是我们的阐释和评价必须是在不同层面上的。在这篇论文里，我更想像理解在匈牙利特定一代人中的特定个人那样去解释和评价过去。我从来没有对桑伊和费里做正式的访谈，但是我认识他们 35 年了。当费里的家庭被划定为地主的时候，他还是一个婴儿；在大规模集体化时，他是一个小学生。20 世纪 70 年代，他对社会主义的态度与他父母、他的祖父母对社会主义的态度类似，与他今天看待事物的态度和方式完全不同——这才是我的核心论点。在塔村，即使集体化最坚决的反对者也看到，1990 年前后发生的转型比他们所经历的 1960 年前后的转型更令人感觉到道德上的困扰。

参考文献

[1] Hann, Chris. 2009. Miestne Poznanie? Dunajskié Vízie Kapitalizmu od Polanyihopo Kornaia. *OS- Ob č ianska Spolo č nost* 3, No. 98–108.

[2] Hann, Chris. 2010. Class, Clans and Moral Economy in Rural Eurasia. In *From Palermo to Penang. A Journey into Political Anthropology* (*Festschrift for Christian Giordano*), edited by François Ruegg & Andrea Boscoboink, 195–204 Berlin: LIT.

[3] Swain, Nigel. 1985. *Collective Farms Which Work?* Cambridge: Cambridge University Press.

第 三 部 分

从哪里来，到何处去：人类学的自身定位

► 政治社会与公民人类学

Hann, Chris. 1996. Introduction Political Society and Civil Anthropology. In *Civil Society Challenging Western Models*, edited by Chris Hann and Elisabeth Dunn, 1-26, London and New York: Routledge, 1996.

► 重大革命·两个小学科·社会主义

Hann, Chris. 2012. Big Revolutions, Two Small Disciplines and Socialism. In *Anthropology and Archaeology*, edited by David Shankland, 19-39, Oxford: Berg.

► 人类学的多元时间性及其在中东欧的未来

Hann, Chris. 2007. The Multiple Temporalities of Anthropology and Its Future in Central and Eastern Europe. *Max Planck Institute for Social Anthropology Working Paper*, *No*. 90. pp. 1-16.

► 迟疑的对话？为双重根基的世界主义人类学辩护

Hann, Chris. 2012. "Faltering Dialogue? For a Doubly Rooted Cosmopolitan Anthropology". Focaal-Journal of Global and Historical Anthropology 63: 39-50.

政治社会与公民人类学*

韩可思 著
吴秀杰 译

近年来，“公民社会”这个话题在学术界内部以及学术界以外都引发了很多研究以及活跃的讨论，而人类学学者对这一话题的贡献却显得凤毛麟角。要想理解为什么会如此，其实并不难。这是西方学者在国际性舞台上广泛宣传的一种社会组织的理想状态，而这一理想与他们自己国家里目前的情况也少有相关。这个在特定历史条件下产生出来的理想，在今天世界上任何地方都难以复制，人类学学者对这一概念会有一种内在的不满意。我认为这个词汇本身就充满了矛盾，它目前得以大行其道，本质上是以“欧洲中心主义”为其前提。毫不奇怪，很多人类学家会因此忽略它。

人类学家当中的一个明显的例外，反倒验证了（人类学与“公民社会”的概念缺少相容性）这一定律。恩纳斯特·盖尔纳（Ernest Gellner）高度赞扬“公民社会”，因其作为一种社会组织模式（Gellner，1994）。盖尔纳的模式与无所不在的新自由主义的看法不同，它承认需要一个作为担保人角色的国家（为了防止过分的“内幕交易”）。实际上，他赞美一种多元化系统，立足于混合的经济形式之上，像从前的英国那样。不过，在写出这些文字时，他不是作为一位人类学家，而是作为一位社会哲学家在欧洲启蒙传统里直抒胸臆。当盖尔纳涉及非欧洲社会，尤其是伊斯兰社会

---

* 本文是作者为论文集《公民社会：挑战西方的模式》（1996）所撰写的导言。作者致谢：感谢 John Corbin 和 Elizabeth Dunn 对本文的初稿做出富有帮助性的评论。

时，他甚至使用更抽象的词语，而根本没有关注民族志上的特殊之处。

也许，人类学对“公民社会”讨论的突出贡献在于可以出具案例，并让事情变得具体：让人看到一个有着欧洲思想传统起源的词汇会有怎样的不同所指，甚至在欧洲社会里也有很大不同。人类学的思考也关注在非欧洲文化传统中与“公民社会”对等的话语；思考当“公民社会”这一语汇声称的普世性在出口到全球，与那些当地特殊的文化理念相遇时会产生怎样的交集。民族志的研究将集中在这一问题上：这些理念如何被体现在实践当中、体现在日常的社会行为之中。

为了阐释这些人类学的议程，我觉得使用亚当·塞林格曼（Adam Seligman）最近对这一概念所做的比较还是大有帮助的（Seligman，1992：201-206）。他将“公民社会”看成一个“标语口号”，认为这是一个短命的、媒体式的用法。对这一用法最为常见的理解是，把“公民社会”锁定为与“国家”处于零和状态的对立面。一些社会人类学者并没有因此而不去将这个标语词汇的力量现实化：本书中萨姆森（Steven Sampson）的文章认为，“公民社会”是东欧目前转型“魔法”之一部分；盖尔纳也同意，这一词汇的力量如同“闪亮的徽章”（Gellner，1994：1）。塞林格曼定义的第二个用法是，“公民社会”是实证性的、分析性的语汇，其所指内容是具体的、可通过实证来研究的。他自己就是通过研究18世纪的美国而在这方面有所贡献。也有一些学者否认严格定义的可能性，认为这个语汇含义多重而混乱，将其用在分析上是多余的。比如，库莫尔（Krishan Kumar）得出的结论是：“公民社会”的理念是“诱人但最终可能是华而不实的”（Kumar，1994：130）。塞林格曼指出的第三个用法（如许多讨论这个话题的其他作者一样，他经常将其与第二个混淆）将“公民社会”作为一个规范性的概念，它是一种关于人们所渴望的社会秩序的独特愿景。特斯特尔（Keith Tester）在最近的著作中强调了这一规范性的范畴。特斯特尔将这一概念看作“现代性的自我形象”，它深深地植根于社会科学的基础之中（Tester，1992：51）。从事社会人类学学科史研究的人也许希望了解，应该如何将这样的论点应用到学科史阐释当中。不过，大多数人类学学者对之感兴趣的，不是特斯特尔所谓的“阐释学的部分”，而是把它作为一个可以触及社会现实的语汇。人类学家会对规范性领域感兴趣，但是他们不一定期望知识精英的文字中蕴含的价值观与这些群体的实践活动相对应；同样的，其他群体的价值观和实践也有所不同。

本书收入的文章涉猎“公民社会”这一语汇的全部所指，它们着重在民族志的背景下谈这一问题，但没有出现简单的共识。对政治人类学来说，这个语汇概念是一个问题，但它也可能开辟一个新的机会。在接下来的篇幅里，我首先循着这个词汇生成的路径，梳理其从早期现代欧洲政治思想的起源到最近令人震惊的更新发现或者重新发明这一经历。在厘清这一理念的历史之后，我将简短地描述东欧的情景，然后回到本书各篇文章中所展现的来自世界其他各地的民族志材料中。也许可以引出几个重要的、有普遍意义的论点：（1）迄今为止，关于“公民社会”的讨论被自由主义-个人主义的西方模式限定得太狭窄了；（2）探讨“公民社会”需要更仔细地关注非正规范围内的人与人之间的实践活动，这正是为其他学科所忽略的。总体来说，这些文章表明，人类学对于从道德层面研究当代社会的权力、凝聚力和社会秩序有所贡献。最终，关于“公民社会”的讨论，可以更新我们对所有人类共同体构造中关于道德的、社会的和政治的因素的意识。

从18世纪的理想到21世纪的现实

关于“公民社会”这一理念的发展历程，已经有很多著作对此做过研究（Cohen & Araton，1992；Hall，1995；Keane，1988；Kumar，1993；Seligman，1992；Tester，1992）。大多数学者把“公民社会”的源起回溯到欧洲现代早期的政治思想，特别是出现在英国人霍布斯和洛克著作中的私力法律救济这一领域。一个对人类学家也许更有价值的出发点，是18世纪后半叶苏格兰启蒙运动的巨擘们看待“公民社会”的方式。比如，在亚当·福格森（Adam Ferguson）的著作中我们会发现，他曾经指出过的、在使用“公民社会”这一词汇时会带来张力和矛盾之处，直到今天仍然至关重要。根本性的张力存在于特殊利益和普遍利益之间，存在于一个道义社区内个人行为者的自利目标与基本的集体团结需要之间。福格森对这一问题的解决方案基于他对人之本质所持有的观点，在塞林格曼看来，那是“一个关于道德情操和天然同感的天真人类学”（Seligman，1992：205）。在工业时代，社会变得规模更大、社会区分更为细致的背景下，福格森的解决方案显得愈加没有说服力，也愈加不现实了。公民权在现代社会得以扩展，其基础是个人权利神圣不可侵犯。但是，在个人需要相互往来的领域，这种普世主义的观点有害于维护信任和社交性。后来的思想者更少强调“道德情操”和“天然同感”，反过来，强调多元化——建立在平等与自治的个体公民基础之上——的优势。塞林格曼以出色的辩才论证道，这种从强调社会的道德构成到强调公民权的普世话语的转变“削弱了具体的互联性和道义共同体中的共享因素，而它们正是信任赖以建立的基础”（Seligman，1992：12）。于是，这就出现了今天对回归“公民社会”的呼唤。

塞林格曼的矛盾源于他坚决强调“一个公民共同体全体性（即伦理上的）的团结之基础是任何个体都具有道德上的不可侵犯性”（Seligman，1992：146），而不是像福格森所强调的那样，共同体的基础只存在于社交性的某些共同领域。在这一点上，人们可以争议谁的人类学更幼稚天真。似乎清晰可见的是，对社会关系理解贫乏的“个人主义”模式在19世纪的知识分子话语中愈加强劲。可以作为代表的是新古典主义经济学，与“理性选择”类似的基础观念扩展到社会科学的广大领域，人类学本身也没能获得对此的免疫能力。

当然，19世纪发展“公民社会”观念的思想者并非都是自由主义者，或者是方法论意义上的个人主义者。在“公民社会”与“国家”之间划出尖锐的二元对立（并非由福格森所划定）这一占主导地位的现代趋势，其基石在黑格尔的哲学中已被铺垫。“公民社会”与“国家”的对立被马克思接过，他也追随亚当·斯密的观点，将“公民社会”认定为主要是通过市场形成的经济行动。但是，与亚当·斯密形成鲜明对比的是，马克思认为“公民社会”是一个幻景，需要揭开其面纱。表面上“公民社会”保证给个人以行动自由，实际上服务于掩盖在表面之下真实的阶级剥削。资本主义的政府不化解“公民社会”的张力，只是强化统治阶级的权力。公民们毫无希望地被分化，他们彼此疏离；不仅与生产资料和自身劳动产品相异化，也与自身的“类本质”异化 。

与黑格尔和马克思的贡献相比并不逊色的，是托克维尔。托克维尔这位赞美“协会习惯”之美德的民主主义者，是现代“自由主义-个人主义”思想方法的核心人物。正是他提出了狭义的“政治社会”这一概念，用来定义一些特定的时刻和情形，即当民众活跃参与的行动与政府事务和权力相关之时。在这一思路中，“政治社会”和“国家”都有别于“公民社会”。托克维尔的“公民社会”指的是公民与他们的各种非政治性组织之间的私人关系（在下文中我还会回到这个问题）。

最近面世的研究著作包含了很多不同的观点，但大多数采用了19世纪成型的两条核心主线。马克思主义被葛兰西创造性地重新改造：他认为，要推进改变阶级社会不平等的斗争，只能通过认真分析“公民社会”里大众的文化和意识形态来进行，此外别无他路。但是，自由主义在最近的讨论中几乎占据了霸权的地位。西方这两个关于“公民社会”的思路看起来似乎彼此对立：一个强调阶级剥削的现实；另一个看重的是自由地参加社会组织的个人。然而，它们也有很多共同之处：二者都将“公民社会”定义为国家权力之外的一些领域，并强调经济生活正是这样的领域之一。更重要的是，甚至这两派都采用现代西方关于人的观点，也就是塞林格曼称之为“自治的能动的个人”（autonomous agentic indivdual，见 Seligman，1992：5），只不过马克思主义的传统仅允许这些原子联结在一起去形成社会阶级。孔恩和阿拉托在最近的著作中更深入地探究了一种三元模型，将公民社会、市场、国家均等区分，对不同的思路给出了令人耳目一新的综合（Cohen & Arato，1992，更详细的讨论见本书 David Anderson 的论文）。但是，当人类共同体变得比以往任何时候都更加拥挤和复杂时，在自由主义-个人主义的设想之外还有哪些社会关系的形式、有哪些受制于文化的信任而生成的特殊模式？迄今为止，这些对“公民社会”的表述都没有为探讨这些问题预留出空间。

从上面简短的概述中，我们可以看到，“公民社会”一词的含义在今天与18世纪大为不同。其占主导地位的意义成了那些将公民社会和自由个人主义联结在一起的因素，将公民社会看成是国家的对立面。不难理解，这部论文集里的几位作者都提到这一“古典的”含义，尽管其核心因素是后启蒙时代的。在其标准定义中，“公民社会”被解释为一种中间地带，其一侧是家庭和亲属群体，另一侧是现代国家（这样一来，因为人类学研究小规模的社会，亲属是社会组织的主要模式，因而用不着这个概念）。正如塞林格曼所指出的那样：公民社会在西方社会历史中的出现带有强烈的新教神学标记，当时是恰逢其时：社会组织规模的大小正好居中，这个规模大到无法仅凭亲属群体来组织，但是又小得足以允许有个人之间的信任和团结。尽管个人是被强调的道德主体，社会关联也并非无关紧要。按照塞林格曼的说法，自18世纪以来，有两种方式破坏了生成公民社会理念的那种颤巍巍的社会平衡。在西方国家，普世性质的现代公民权理念将信任变得太过“抽象”，因而行不通；在西方国家以外，排他性的民族主义和宗教制度是使社会信任变得不可能的因素。其结果便成一种僵局：从这一僵局出发的口号化以及对18世纪的社会组织规模的怀旧都看不到任何前景，以足够走出这种僵局。

显然，关于“公民社会”的讨论与其他讨论密切相关：关于现代性本身，（稍逊高雅的）关于个人主义、多元主义、公共的与私人的边界等话题。这些讨论的根基时有移位，有时甚至是戏剧性的。比如，一方面是在古典意义上“公民的”（civil）与“宗教的”（religious）相对立，而本文集里几篇文章的作者都谈到公民社会与宗教文化密切关联；历史上，公民社会也被看成一个私人领域，与以国家为标志的公共领域相对立，但是对许多现代的女权主义者来说，“私人的”等同于家户的或者家庭的，在其概念分类中公民社会属于公共空间（本书里有多篇文章指出从性别角度研究公民社会的需要，尤其以Annika Rabo最为详细）。我们今天趋向于从国族社会的角度来看待公民社会，它的界限是由国家的边界所划定的。但是，这也是来自旧时的用法，许多社会科学家开始发现，去设想这样一个在涂尔干意义上的“阵营”并无助益（Kuper，1992）。有关公民社会讨论的历史长河中的最后一个阶段，与“冷战”的终结以及超级大国间的冲突化解联结在一起。这一讨论赋予“公民社会”的角色是《圣经》中的大卫，面对以国家官僚机构为代表的巨人歌利亚——现代国家。我们应该认识到的是，这一阶段既与西方社会发展趋势相关，也与其他地区现实的改变有关联。福利社会似乎越来越难以兑现它的责任，但是需要直面的事实是：福利社会已经大范围扩展并接受了大范围的社会任务，这一倾向强化了个体公民的相互隔绝，令集体认同感和安全感的其他源泉枯竭。在这一背景下，人们呼唤公民社会的古老理念就变得完全可以理解。尽管有很多关于全球化背景下的“全球公民社会”的讨论，但是在20世纪末的社会条件下，一个能构建安全感和团结的主要制度框架仍然非国家莫属。似乎还没有任何迹象表明，一个令人信服的国家替代物正在出现。

意识到欧洲思想界讨论中的各种位移，以及关于“自主性个人”的典型西方理论中不同主要流派的共同根基，应该能让我们充分警醒地意识到，出口“公民社会”模式到非西方社会时会发生错误和危险。甚至非常可能的情形是，其他的思想传统也有可能提供给现代西方一些东西。换句话说，人类学通过对西方偏见的批判和对其他文化传统中存在的类似社会组织的发掘，也许能找到一条逃出塞林格曼僵局的通道。

东欧的“公民社会”

我本人对“公民社会”所持的观点，其基本色调尤其被这一概念在东欧社会转型背景下的使用确立了。实际上，东欧成了“公民社会”这个词汇在20世纪80年代名声大扬的主场地。无论过去还是现在，我对一些持政治异见的知识分子对“社会”这一概念的使用都心存疑虑，对这一地区以外的不同评论者的用法——他们用“社会”来暗指东欧人在反对社会主义政府中联结在一起——也同样不敢苟同。在这一话语中，“公民社会”是一个口号，被具化为一个集体性的、同质的行动主体在与恶魔般的国家交战。比如，瓦哈拉瓦·哈维尔认为（Havel，1993），他的社会掌权者的前任者们强制实行了一个统一模式，对社会进行核心控制。按照他的说法，“这容易得就像拿锤子一下子就可以砸碎一件古董、毁掉一个家具一样。但是要去修复它或者去做一个新的，那肯定是困难得多的”①。

在同一篇文章里，哈维尔还接着写道：“共产主义让历史及其全部的自然发展，停滞下来……国族的和文化的区别被冰封。”这里又是一个在1989年后被广为使用的比喻。但是，一个人真的会认为东欧社会被放置在深度冷冻之中长达40年？在我看来，实际上有持续的变动和巨大的多样性，它们发生在这些国家之间，也发生在每个国家的内部。在某些国家如波兰（见本书中Buchowski的论文；Wedel，1992，关于“社会圈子”的重要性），社会活动的范围非常广泛。在“东方阵营”的确有一些重要的共同特质，但是，将它与拟想中的“公民社会”在西方自然而且自由的发展

① 瓦文萨在哈维尔之前的几年也提出了在根本上相同的论点，只是他用鱼汤代替了古董家具——不同的比喻，突出了捷克的精英文化与波兰的民粹主义之间的差异！

做强烈对比，并不能帮助我们理解社会主义给这里带来的变化。在哈维尔所谴责的有着“将一切归为同一的共产主义的内在趋势”的地方，许多东欧人仍然有这样的感觉：共产主义的根本性动机是高度道德性的，意在提高人们的权利，让人与人变得更加平等。我一直以为，许多公民，尤其是农村的公民，在社会主义时期是被赋权的。也就是说，他们身处相对繁荣的物质条件下，变得能更好地表达自身的社会身份（毫无疑问，在捷克斯洛伐克人们的处境不如邻国，尤其是20世纪80年代的罗马尼亚，所以这一泛论也不能应用在所有的情形下）。在西方国家，人们很少能理解这一点，因为关于这一地区的报告聚焦的是知识精英生成的高级文化，哈维尔就是这群人中突出的一员。不过，现在有几百万的东欧人——他们不都是从前的共产主义战士，在选举中表明他们愿意保留社会主义期间在他们的社会中发生的极端变化。他们不愿让精英们来垄断道德高地，因为无论在东方还是西方国家都鲜有证据表明，那些将“自由的发展”等同于“市场经济”的人开出的彻底放任式经济的药方，能够让公民中的大多数去实现哈维尔的那些浪漫的、乌托邦式的理想。

也有另外一些学者认为，东欧共产主义的反对派们最突出的特点是“反政治的”（Konrád，1984）。按照这一观点，最近东欧发生的革命，是人类历史上第一次无意于建立某种理性乌托邦的革命。因此，这些新兴的“后共产主义组织”实际上根本不像政党，因为革命已经让任何理性的政治秩序成为不可能。这些社会被看成以无尽的利己主义和消费主义为特征的社会，只有个人的存在，被断言为缺少重要的人与人的关系。肤浅的关于东欧的了解会支持这样的分析。尽管有多党选举制度，以市场为导向的经济政策得到大幅度推进，然而建立处于国家之外的各种社会组织的丰富网络、蕴含浪漫化的西方公民社会模式本质的社会组织，却并不容易。有时这与国家补贴支持的撤出直接相关，比如“青年先锋队”（Young Pioneers）运动就苦于经费被砍掉或者压缩，尽管来自几个国家的证据都表明这一组织在年轻人当中还一直受到欢迎。

一种建立在去政治化的、原子化的个人基础上的社会生活模式，对许多人类学学者来说并没有说服力，尽管对一些哲学家来说这是引人入胜的。那些不再穿统一服装的先锋队队员在缔结其他的关系和网络，有时他们在国家的适当层面寻求支持。关于国家与社会之间彼此极端敌视的推测，基本上是无的放矢的。如果继续使用这些术语，其任务则在于去研究它们之间复杂和持续的互动。当然，这不仅仅要去关注那些专权政府的政治反对者。社会主义的极端反对者是民众中的一小部分有明确政治意识的人。况且，我们必须看到的是，那些力图改变共产主义制度的人，很多是在国家之内的空间里来组织反对行为的（包括国家的大型教育和研究机构）。

西方对东欧前社会主义国家晚期社会条件所做的判断中出现的错误，最近越来越多地凸显出来。新精英们对政府的不满程度一如从前，甚至有过之而无不及。哈维尔本人也写到了“后共产主义噩梦”。有的人可能会感觉到，随着东欧前社会主义国家的解体，他们能够更好地主张自己的权利，尤其是自己的财产权。但是对许多公民来说，他们还远远不清楚他们的权利是否在实质上得以加强了：如果一个人不再拥有一份稳定的工作，那么“信贷俱乐部”（Rotary club）重新出现也不能给他带来多少安慰。大卫·安德森（David Anderson）指出了正式-法律意义上的普遍性权利（rights）与公民在社会主义制度下习惯了的实际上的资格（entitlements）二者之间的区别（Anderson 在本书中的论文）。许多人在回头看时，对后者更加看重。20 世纪 90 年代中期，“公民社会”这一口号的煽情效应大打折扣，远不如 80 年代在许多东欧知识分子身上那样法力无边了。

不过，就像本文开篇引文中维德尔（Janine Wedel）提出的那样，“公民社会”的概念对于西方在东欧与私有化密切相关的援助项目来说还是非常具有核心性的。萨姆森（Sampson）在本书的论文中聚焦于他自己在阿尔巴尼亚的工作，分析了外力干预生成公民社会的机制。像这样的个案，“公民社会”被粗放地等同于“非政府组织”部门的扩张，可能会让人看作无足轻重之物；或者把它看成可能有政治性的潜力、但是对分析正在变化的社会组织毫无作用的口号。可是当“公民社会”的实现变得更加困难时，在一些地方它的美好之处却会得到大大的褒扬，在东欧有更多的谴责汇集在共产主义者和他们的前任身上，因为他们使得在东部恢复西方“公民社会”的条件变得艰难。尽管“公民社会”这个词汇在东欧受欢迎的程度正在消退，但是在世界上许多其他地区，民主的扩展恰恰是用“公民社会”的名义来表述的。在最近的研究著作里，“公民社会”一词以基本上同样的方式用于拉丁美洲和撒哈拉以南的非洲。本论文集里提供的个案材料范围包括从印度尼西亚到北极，从日本到巴尔的摩。面对如此的蓬勃增殖，显然不能再简单地将“公民社会”的话语当成“冷战”的扩展或者极权主义的修辞了（Hann，1990）。它对世界上很多人有明显的吸引力，这一点就足以使其获得更多的人类学方面的关注。在对“公民社会”的诉求中最值得注意的是，主导的西方“公民社会”模式与其对立面如东亚的社会秩序模式相比，很少在社会融合或者经济表现上有胜出之处。也许我们面对的最大谜团是，为什么在现代西方有这么多人对这一模式坚信不疑，哪怕它对自己的社会组织只能提供部分的引领功能或者给予错误的导向，还有人热衷于将它鼓吹到其他社会当中。

本书的内容

我们从美国开始谈西方的“公民社会”。美国的经验主要映照在亚当·塞林格曼的文章里，因为他以美国为例来说明普适性个人主义的原则。这与美国殖民地发展时所遭遇的社会环境相关，包括在其社会形成期间宗教发展的情况。美国的个人主义一直延续到今天，这可以解释为什么加利福尼亚海滩小镇的富裕精英们可以与族群归属不同的低层人物在公民平等意义上互相来往。这也可以支持其判断的民族志图景，与塞林格曼本人在布达佩斯和耶路撒冷记录下来的日常生活中的画面形成赤裸裸的对比，在后者这些地区，地方族群边界对于人际交往和社会信任有根本性的影响。塞林格曼没有被美国的“公民性”（civility）所诱导（如果需要反证的话，有很多发生在洛杉矶的族群骚乱，与他的著作出版时间就在同一年）。他明白现代美国的高比率的贫穷和犯罪与“社会性”（sociality）在公共领域的消失连在一起。当代社会——以多元和自由民主为典型的社会几乎无法说是一个和谐的社会：社会的道德和政治建构表明，它极大地缺少团结和信任，主要是因为种族区隔。不过，对塞林格曼来说，美国还是一个真正的“普适性的社会”，与被他称为“假普适主义”国家的社会形成对比（Seligman，1992：177）。

正是这个美国社会构成了伊丽莎白·杜恩（Elizabeth Dunn）在本书中的文章写作背景。摩门教徒认为，在深层上美国的环境令人无法忍受，于是他们成功地在家庭和信仰的基础上建立了一种替代物。这是一个生而加人的社区，但是，杜恩集中考察的是他们如何通过馈赠礼物的实践来积极地维护社区的纽带。教会的成员在大多数时间内遵循自由-个人主义社会利益最大化的一般规则，他们当中的一些人也成为非常成功的商人。但是他们也彼此支持，通过劳务使其不被资本主义式的斤斤计较所浸润。通过这种手段，社会融合与信任的质量——这些在大多数社会当中注定会缺少的——在这里建立起来了。尽管美国社会作为一个整体不可能做到这一点，但是摩门教提供了某种特定的条件，让宗教性少数群体能够达成一定尺度的超验，经由一种神学教义和行为实践的反复，他们努力做到否认自利、赞美道义社区。

作为一个带有评判性的语汇，“公民社会”与围绕着“生活的质量”的各种话题有着密切的关联。彼得·廖依佐斯（Peter Loizos）在本书的文章中指出了在当代英国去评价这种质量时会遇到哪些困难。人们普遍认为，玛格丽特·撒切尔时代的政府政策似乎将一切交给“自由市场”，降低“保姆国家”的各种活动，实际上却导致了对中央政府的加强。与这一过程相伴的是对其他组织和机构的破坏，如各种职业联合体、商会、大学，诸如此类。一些机构在日常管理的意义上获得了自主权，同时却不得不屈服于更严格的核心控制，最为典型的是“名义上自治的非政府组织”（quangos）。这就是说，在核心的掌控机构的座椅上就位的是政府的雇员，而非被选举出来的代表。廖依佐斯也提醒我们注意一点，撒切尔没有很强的关于“社会”的概念；相反，在一份著名的声明中她声言“社会”不存在——对她来说只有个人和家庭。虽然这一说法是新的，但是廖依佐斯并不认为在20世纪80年代的英国，公民生活（civic life）在质上有极端变化；相反，他明确指出了其中长久的持续性。他所担心的是，像英国这样的自由民主社会实行公民教育的力度不够，也没能产生关于历史认同感的哪怕是最小的共识。对政府施加压力的群体与新社会运动，能在重建公民社会方面担当一个主要角色。不过廖依佐斯特别强调了在提供国家与个人的链接方面媒体担当的重要角色；也正因为如此，在保持当代英国的社会融合和民主精神方面，媒体有着一个重要的社会学功能。很清楚，英国与美国的“公民社会”有重要的区别——没有一个一致性的西方模式。

令人遗憾的是，这本书里没有更多的来自西欧的个案研究（也没有

“公民社会”理念得以广泛扩展的其他地区包括非洲和拉丁美洲的个案研究)。尽管如此，我们幸运的是有来自欧洲中部和东部的丰富材料，这些地区在最近的讨论中非常突出。苏珊娜·史布贝克（Susane Spülbeck）在原东德图林根地区一个村子里的田野调查，让她与廖依佐斯一样去强调长期的文化持续性：在这一个个案中是与陌生人交往的模式。当代对犹太难民的态度与关于巫婆的古老故事相呼应。史布贝克注意到，前东德的秘密警察（Stasi）如何渗透到家庭生活，让夫妻彼此监视刺探对方。她认为，这种做法完成了对哈贝马斯意义上“公共空间”的共产主义式铲除（也可以把这种现象解释为：这揭示了“公共的-私人的”这种二元分野在普遍意义上的不足。毕竟，西方国家也介入——有时甚至以非常极端的方式——个人的和家庭的生活，尽管很少有人否认在东欧前社会主义国家这种干预的力量更为强大)。在其“后共产主义”岁月里，很难找到愿意参加建设信任关系和新型地方政治的人。村民们持有的这种普遍怀疑也延伸到人类学学者身上，这给研究工作带来实际上的甚至是伦理上的困难。统一后的德国的一个表现是高失业率，这种不安全，是村民们在其以往社会主义时期根本不必费心考虑的。

接下来，布克夫斯基（Michal Buchowski）的文章清楚地阐明，关于东欧前社会主义国家无法达成泛论。史布贝克看到的是，在前东德的国家与家庭之间没有有效的社团生活或者公民生活；布克夫斯基在前社会主义时期的波兰却看到其大量存在。史布贝克看到的是，在极权的压力之下家庭本身开始分化；布克夫斯基看到的是，家庭是公民社会的防波大堤之一。然而，在波兰，家庭并非公民社会的唯一之所在，在教会这一独特力量之外还有许多其他社团——正式的和非正式的——在前社会主义时期的波兰获得了长足发展。这些情况很容易为政治学家所忽略，人类学的方法却发现，早在1989年之前波兰就有发育良好的“公民社会”。布克夫斯基调整了福柯的“治理术”概念，用以论述一个与托克维尔对立的观点：对大范围内的社会活动的日常参与——或多或少都直接与国家相关——在任何社会构建中都是一个重要因素。对于廖依佐斯所探讨的那种意义上的公民社会，这些参与可能被认为对于公民社会来说微不足道，或者根本不重要。但是，在共产主义的背景下所有社会行为都有政治上的含义。布克夫斯基详细地分析了“公民的社会”（civic society）的理念，这一概念用来指对国家施加压力的所有活动。对于我本人关于“主义”社会里生活质量的某些负面看法他并不认可，尽管他也承认在新的条件下有不少冷漠和被动。“道德缺失的家庭主义”（Amoral familism）（廖依佐斯也讨论了这一问题）可能成为走向更高形式的公民社会的障碍，不同人群对“主义”国家有着彼此矛盾的期待。

大卫·安德森（David Anderson）对“主义”社会的分析建立在他对西伯利亚北部的研究上。他描述了当俄罗斯转向一种更为个人主义、普世主义的公民权理念时，公民性（civility）和信任受到怎样的腐蚀。在这里，似乎民众并不将自己理解为一个与社会主义国家站在对立面的集体的“我们”：那种由波兰的知识分子围绕着“公民社会”概念形成的话语在这里不会兴起。安德森发现了本地话语中与“公民社会”相当的两个概念 *kul'tura* 和 *demokratiia*：前者指的是民事权利范围，后者指的是市民市场经济。在前社会主义期间，这个国家的许多小族群从政策中受益，在个人自由受到较大限制的同时，这些特殊政策也提供了安全、社会服务和边远社区的福利。当这个国家朝向一个强调法律意义上个人平等的模式、与强行进入的市场经济放在一起时，这导致了贫穷和不安全。简言之，这导致了信任的崩塌，目前其国家范围内犯罪团伙和暴力的增加都非常明显。

萨姆森（Steven Sampson）报告了关于阿尔巴尼亚的个案研究。那里的特点是，老年人对具体权利的关注要远甚于目前在国外资助和帮助下创办新型非政府组织的、充满活力的年轻人。这项调查基于这位人类学学者自身参与的、意在推进这一“公民社会”理想的活动，他是资助方丹麦政府的代表人。这项研究本来是要聚焦非政府组织领域中的项目，但是这是一条最难划分的界线，因为许多由国家控制的机构都以自治的面目示人，以争取获得经济资助。东欧地区普遍流行这一模式，阿尔巴尼亚的情形可能是一个极端的变体。萨姆森巧妙地论证了无论在西方还是东方，研究过渡阶段都有必要考虑更大范围内的行动主体。不可避免地，一些阿尔巴尼亚人为了自身的利益或者“生计”试图操纵外国资助的承办人。萨姆森发现，那些惯常用在当地人身上的“自利”和“裙带关系”等推测也可以放在飞进飞出地拉纳（阿尔巴尼亚的首都）的西方专家和顾问身上，而且并非毫无道理。但是，他也发现，近年来有极大的社会能量被释放出来。在西方人想要看到的、各种能量都规范有序的社团与实际上正在发生的现实（它们中的绝大部分对于外国人来说还是不可见的）之间，有明显的鸿沟。毫无疑问，作为东、西方不平等权力新模式的结果之一，当代阿尔巴尼亚的社会生活已经发生了影响深远的变化，但是传统的实践无法简单地约化为机构图表和商业学校用词等被西方办事处引入的新玩意儿。

因此，关于“公民社会”的讨论话题应该从正规的组织结构转向信仰、价值和日常实践。这样的做法被詹妮·怀特（Jenny White）大力提倡：她描述了伊斯坦布尔贫民区里的工人阶级妇女所面对的社会问题。传统研究公民社会的方法往往优先关注那些由能够发出自己声音的中产阶级建立的群组，而忽视这些没有形成正式组织形式的工人阶级妇女。不过，记录这些工人妇女面对困难时采取的生存策略的民族志微观考察表明，她们并非以个人单枪匹马的方式去生存，而是建立丰富的朋友网络，相互帮助。这些妇女在被怀特称为“互惠性的社团”里寻求改善自身的社会条件。与杜恩提供的摩门教徒个案中的情况相似，人们在给予时不计算、不期待有所回报。其结果是，“免费社团”运行在一套讲求实际的、非常传统的理念基础之上。这与建立在契约和市场基础之上的自由-个人主义模式的“公民社会”大相径庭，但是也没有理由认为这是由亲属、族群或者宗教来决定的原生性质的社会组织。这样的“非正规性社团”在所有的社会里都可以找到：它们受文化决定差异较大，同时也严重受制于国家权力的地方形式。从后者的角度来看，中东地区有非常多的变体。因此，泛泛而言“公民的社会”（civic society）与伊斯兰教无法匹配，那是“欧洲中心主义”的观点。

关于“公民社会”形式的多样性，安妮卡·拉博（Annika Rabo）则提供了更多的材料。她自己对与土耳其相邻的中东实行父权制地区的考察，提供了很多可以支撑怀特的呼吁：应该对国家在公民社会中的角色进行更细致的分析。从性别视角进行的分析在各个地方都很有价值，在中东则有着更为特殊的重要性：在展示进步和文化传统方面，对女性所处的位置如何早已有了核心的意义。叙利亚和约旦这些新国家的现代化计划对妇女已经产生深远影响，比如在教育领域和对劳动市场的参与方面。两个国家都在力图培育国家公民，在客观的程度上它们是成功的。叙利亚的一党政府追求的进步模式，与欧亚大陆的社会主义非常接近。约旦的政治话语一直有所不同：这里的父权制还保留了更为传统的形式，政体之内还是由王室主导。最近拉博集中关注关于文化的本真性与妇女佩戴面纱的辩论，她发现叙利亚和约旦这两个国家都没能完全成功地掌控这一核心象征。从现代西方对“公民社会”的理解出发，被宗教引导的、以妇女面纱为象征的公共活动似乎是非常古旧的。但是，拉博的论点是，对面纱的使用实际上是一种现代性的反映，这表明妇女正站在与国家对抗的位置上。她指出，存在这样的可能性：更多的西方式的“公民社会”可能会给许多妇女带来破坏性的结果。尽管有各种限制，在一个父权制意识形态无所不在的环境下，佩戴面纱能比“国家女权主义”拥有更大的、带来解放的潜力。

列奥·施密特（Leo Schmidt）的研究对象印度尼西亚也是一个类似叙利亚和约旦的国家：由于民众要求拥有开放的多元形式的政府的呼声越来越高，政府不得不对此种压力做出反应。在施密特看来，“公民社会”具有双重特征——从公民的角度，与政治决策和各级政府相关；从经济的角度，与市场和企业相关。关于参与和合作的理念，在这两方面都具有影响性。印度尼西亚声称已经找到了一种与现代西方的自由-个人主义模式不同的另类模式。施密特发现（与萨姆森在阿尔巴尼亚的经验相反），主要的国际机构对这一期许深感赞同并给予经济支持，对其原则也不吝溢美之词。不过，施密特自己的评判却是，印度尼西亚在“专家政治”背后，技术官僚的政见一致性已经开始崩溃，新计划的全部重点在于经济民主以及将民间的能量用于企业。这些因素的累加可能形成一个非常危险的策略，不太可能与东亚最成功的经济相匹配。用一个粗糙的说法就是：印度尼西亚这个受到发展援助机构资助和怂恿的国家，正在通过将“公民政治”参与的压力分散到经济活动中，以保持自己的权力。这种平衡是不确定的，军队在幕后虎视眈眈。一个非常可能的后果便是，对迄今为止最有力的商业群体——印尼华人，形成更大的排斥力量。

一段时间以来，中国的领导者们也在急于推进经济增长。约翰·弗拉沃尔（John Flower）和帕梅拉·列奥纳德（Pamela Leonard）的这一章提供了一个关于四川农村发展援助项目的资料。对于将西方式的“极权主义”的概念用于中国这一趋势他们持批评的态度；相反，在他们看来，国家与社会应该被看作“道德互动的无缝领域”（seamless field of moral interaction）。村民们力图保持在自治自力与官僚介入之间的平衡。他们不愿意去接受一个由美国资助的私人志愿者组织为提高山羊饲养生产率而推荐给他们的“馈赠”（gifting）策略，因为向国家“给出”一事，村民们从中找不到文化上的意义；相反，他们更愿意使用理性的、“科学的”原则。自市场经济改革以来，在各个国家机构新一轮的腐败出现，村民也是其受害者。其后果是弱化了相互信任的关系，破坏了非正式的社会关系。不过村民们通过历史记忆保留了某种道德平衡，宗教机构得以复兴，正是其表达形式之一。

在本书的最后一章，约翰·奈特（John Knight）提供了来自另外一个东亚国家山区的资料，以供与中国和西方进行比较。一方面，日本在资本主义经济发展上取得了令人吃惊的成绩；另一方面，却同时保留了强势政府、终身雇员规则以及对长者的尊重等似乎与西方经济逻辑相抵触的特点。奈特所探讨的是，在这样的神话背后一个“乡村市”（rural municipality）——更像是政府社会工程的产品——的居民现实面对的两难境况。对于乡村生活的传统形式，老一代和年轻一代有截然不同的视角。一位老人看重家庭纽带以及维护自我帮助价值的文化惯习，他强烈反对依赖国家或者国家的地方形式，即镇办公室。这并不令人奇怪，因为国家项目威胁了当地精英家庭——他的家庭就是其中之一——在物质和政治上的主导性。一位年轻姑娘的看法正好相反：因为在一个落后封闭的村子里的生活前景让她感到压抑，她喜欢镇办公室组织的以各种形式推进集体性团结的公民活动。尽管一些新形式强调“自愿”的特性，但是非常明确的是，它们与西方的自由主义-个人主义的公民社会完全不同。当代日本的公民社会与不同层面上的国家——从地方到中央——无法完全清楚地进行区分，它们很少显示出与西方公民社会融合的迹象。假如人们必须做出选择，在日本与西方的公民社会模式之间择其一来出口到世界各地，日本的理念——不同层次的社区、家庭关系与国家责任的组合——会比西方的个人主义更有价值一些吗？

在普适主义与相对主义之间的政治人类学

我们已经看到，“公民社会”一词在西方观念史上有一个特殊的发展进程。至于这一概念对于理解社会现实，尤其当目前的社会现实——与这一概念最早被应用其上的社会现实已经发生了彻底的改变时，是否仍然有效则并不那么清晰。在东欧，“公民社会”把自己看作一个同质的、一致性的领地，映照出的是一个同质的、一致性的国家，是这种国家的所谓的对立面。这一用法于事无补。矛盾之处也在于，这个词汇在地方上的应用早已远离反极权主义的理论家们想要推崇的“古典的”自由主义-个人主义模式。如果把离西方更远的社会也考虑进来的话，对“公民社会”一词的使用效果就显得更为无力。普适主义和相对主义方法之间存在的那种基本的、常见的张力就派上了用场：通过讨论这些问题，我们有可能理清人类学对目前讨论可能做出的非凡贡献。

倾向于普适主义派的人坚持给“公民社会”一个相对“硬性”的、分析性的定义，相信跨越文化去应用这一定义对讨论问题有所裨益。对这一核心性定义，唯一一个听起来有说服力的是自由主义-个人主义的理解。普适主义派倾向于“公民社会”是一件具体的、可计量的事情，其通常的含蓄所指是：在对一个好政府的一般性要求中，大剂量的“公民社会”不可或缺。他们经常在自己的分析中把这一模式规范中的“是什么”和“应该是什么”混淆。亚当·塞林格曼倾向于一种普适主义的方法，尽管如我们所看到的那样，他对这个在几个世纪之前已经获得其核心内容的理想在当代世界的应用并不乐观。较为乐观的是约翰·霍尔（John Hall），一位普适主义学者，他明确地把“公民社会”看成西方之独特成就的人（Hall，1995）。在“公民社会”的“敌人”名单中，他列出了诸如南亚和伊斯兰世界的文化因素。对他来说，“公民社会”不可能是多元文化的。那些在詹妮·怀特和安妮卡·拉博眼里对伊斯兰妇女给予“非正式”赋权的情形，在他看来则不应该与“公民社会”的扩展混为一谈。盖尔纳对于西方的优越性有着类似的自信，在他高调赞美“我们”所达到的成就时，差不多是一副幸灾乐祸的样子（不过我注意到，他对“公民社会”的理解是一个传统主义的“混合型经济”模式，与许多当代的新自由主义者有所不同）。这些作者与弗朗西斯·福山都立足于同样的基础，他关于普遍性的“历史的终结”之论点的根基，是对为数不多的西方哲学家进行的高度拣择性阐释（Fukuyama，1992）。

站在另外一个阵营的相对主义者们，承认其他社会在组织其社会和政治生活时依据不同的、经常是不可通约的理念。有些社会可能会拒绝那些在现代西方概念中的好事情，如一位印度婆罗门会拒绝平等，坚守种姓的等级序列；一位毛拉会针对世俗的多元主义来保卫伊斯兰教的神圣真理。如列奥·施密特在本书中所指出的那样，印度尼西亚的掌权者已经有意识地拒绝了主导的西方模式的“公民社会”，推进了他们自己的“本真的”另类选择。大多数人类学者力图避免“西方中心主义”，希望能捕捉到地方概念以及关于个人主义在文化上的特殊规定性，而不是加入盖尔纳的“我们”行列之中，去将西方的理念强加于人。相对主义者因此更倾向于突出偏见，否认真正普适性立场的可能性。他们更倾向于将“公民社会”看作与市场经济、法律等并行的概念，而不是一个效果忽多忽少的神话。不过，有时候相对主义者也会将他们“所看到的”和他们“想看到的”相混淆：在描写独特的、不可通约的文化时，他们失于发现那些社会行为和理想中的因素与在其他社会中有非常相似的模式，也包括西方现代社会的一些核心因素。

在普适主义和相对主义之间的选择不需要摆出明确的姿势，人类学者如同常人一样能协商出来一条中间的道路。一些对普适主义“公民社会”定义中的平等主义和个人主义心存好感的人，当他们看到了那些被西方要求的目标，如以世界银行名义的“结构调整政策”得以实现后的情形时，他们可能会转向相对主义者的阵营。另外，当国际机构对另类的、文化上的特殊模式做出让步时，它们最终可能让现有的权利持有者的力量得到加强，并压制许多形式的公民表达。在我看来，倾向于相对主义观点的人类学者在某种尺度上应该做好准备去接受“公民社会”这一语汇的泛化。毕竟，这个语汇在真实的世界中被广为使用。不管相对主义者对它喜欢与否，我们都无法忽略这一词语在各种地方折射中的共同因素。我们有意为这部论文集采用了一个含义模糊的副标题：挑战西方的模式（Challenging Western Models）。主导的西方模式是我们愿意去挑战，但是我们也必须承认它们是具有挑战性的模式，它们在全世界很有吸引力。当某些压制性政权下的学生们发出“公民社会”的呼声、把它变成争取“民主化”的核心话语时，难道人类学者应该告诉这些年轻人他们的民主和“公民社会”的模式因为带有西方的偏见，因而是有缺陷的？

这也可以被贬低为拿“公民社会”当“口号”的做法。但是，一个更好的回应是进一步了解当地的政治传统。比如，一些中国的知识分子为了看起来类似于西方自由民主的理想而做出较大的牺牲。与东欧的持政治异见者不同，他们实际上没有采用“公民社会”这个语汇。但是，他们的先行者们——不仅是在现代，而且在更早的皇朝时代——主张建立的那些多元性质和契约性质的社会安排也是普适主义者关于“公民社会”的核心定义（Goody，2001）。有时候，这种理念的表达方式会让西方人感到奇怪，就像在本书里约翰·弗拉沃尔和帕梅拉·列奥纳德让我们看到的那样：关于公共的与私人的界限划分在中国与在西方有所不同：如果按照西方的标准，中国或者根本没有划分出公私的界限来。在某种意义上说，中国公民社会的空间可能被包容在国家所占据的空间之内。但是，在匆忙地将这样的一个政体归类为“东方式君主政体”之前，我们应该非常仔细看待权力的真实状态以及在具体情形下的职能。这里的重要节点是：普适主义在硬性的、分析意义上的“公民社会”概念根本不是西方的独特产品，其他文化在欧洲启蒙运动之前和之后也都发展出了它的重要因素。因此，我们也完全有可能保留普适主义派定义的内核，赞同古迪对把“公民社会”仅与现代西方连在一起来臆想的“我之理想王国”（“myopia”）的谴责（Goody，2001）。

如果能在核心概念上达成共识，也许我们可以期待“公民社会”这个语汇进入其他语言，或者像“种姓”或者“部落”，抑或如“玛纳”（mana）或者“禁忌”（taboo）等起源于非西方语言的语汇一样进入人类学的词典。这种可能性似乎不大。的确，对自由-个人主义这类现代理想的需求，出现在越来越多的社会里。关于人格与社会职能性等问题的古老观念日渐削弱，新组织的产生更多地仰仗外来的先例，而不是本土的模式。尽管如此，如很多人已经指出的那样，全球化并不是文化差异持续存在的杀手；在很多方面，全球化实际上甚至增进了不同形式之间的差异。普适主义者总是需要承认当地传统、制度和实践的影响，简言之，就是要进入特定社区及其文化的象征世界之中。当杰克·古迪指出，尽管西非的政治构成缺少国家的稳固形式，它还是展现了“在‘个人的’与‘公众的’之间有一些可以行动的空间”时，他本人向扩展公民社会的定义迈出了重要的一步。他们也有特殊的实践和规范性的准则，并由此对社会里的其他成员承担责任和义务，这就是“公民社会”的宽泛含义。在所有类型的人类社会里，对这些问题的探讨都不会无功而返。

我们现在可以开启一个政治人类学的积极议程。对于某些限定性目的，我们可能希望使用一个“公民社会”的核心概念，以此进行比较分析。但是，我们不要在全世界寻求一个特殊的西方模式的复制品；我们也得做好准备去放弃这个标尺；明白“公民社会”指的是一个更宽泛的道德共同体，指的是所有人群都要面对的关于责任、信任与合作等问题。在这个意义上，所有的人类社区都在考虑建立自己的公民社会，或者说文明。当我们开始检视这一过程是怎样完成的时，我们发现关于什么是好政府、美德和责任等有很多不同的理念。从这些理念在制度上的实行这一角度来看，我们会发现一个令人眼花缭乱的“公民权政府”（citizenship regimes，借用大卫·安德森在本书的文章中的用语）的变体。通常意义上，有狭窄的规定、建立在多元主义与托克维尔式自由-个人主义之上的公民社会，只是一种政府类型的话语。对这样的话语进行系统的调查和比较，可以让我们赢得很多见解。它们不是静态的，它们与变化中的社会与政治现实的关系非常复杂。像20世纪晚期那时一样，“公民社会”与非政府组织在一个管制缺失和日益全球化的经济背景下呈现出的相互联结，只是一个非常特殊的例子而已。

结　语

在本文的开篇我曾经指出，“公民社会”是一个能给政治人类学提供诸多机会的话题。在传统意义上，政治人类学这一人类学的分支学科关注的是国家的演进式形成以及政治组织形式的分类（它提供的最主要的分类是“有国家”/“无国家”这一对比分类）。虽然这一分支学科声称拒斥西方政治理论，但是这种对国家的强调恰好说明了一点，即欧洲传统在其学科中颇有分量（Fortes & Evans-Pritchard，1940；Geertz，1980；Kuklick，1993）。

“公民社会”这一术语也来自于同一传统。人类学家可能倾向于在主导性的现代框架下使用这一语汇，用它来指那些在国家之外，通常也与国家对立的、大范围内的社团活动。国家-社会二元对立力量的存在，在当今世界上的许多地区毋庸置疑。在中央极权政体的历史中，一种在本质上与之极为类似的分类也已经存在。本论文集中的几位作者提供的资料表明，在他们的研究对象人群中存在着对不同层面上现代国家的规避，其典型的表现方式是拒绝对国家的依赖和来自国家的施舍。所有的作者在分析中都超越了简单的“国家-社会”的二元对立。他们探讨的是：承担调和自我与社会之间相互关系的制度构成以及它的复杂性；那些让国家与市场的运作能力得以加强的社会关系。若干作者主张，应该在区分不同层面的国家以及各不相同的国家意识形态方面做得更为精确；另一些作者强调，我们需要对社会关系做更加仔细的区分，比如沿着族群、性别和年龄的线路。这里有几篇论文将重点放在讨论人们对国家态度上自相矛盾的本质：人们期待着国家来保证提供社会服务和就业，同时也希望国家不要去管制和干预。

本论文集里的各篇文章研究认为，对“公民社会”这一术语应该采取更加“含括性”（inclusive）的用法，对其定义不要“负面性地”（negatively）入手——它是国家的对立面，而要“正面性地”（positively）地将其置于那些使社会生活中合作与信任得以建立的理念与实践这一背景中。在 20 世纪晚期，世界上几乎没有什么地方，“国家”是可以忽略不计的因素：国家的政策及其代理人对政策的实施都在社会进程中扮演着核心的角色。因此，这些人——国家政策的制定者和实行者——关于国家的理念，在人类学的分析中应该被融入进来，而不是被排斥出去。这样一来，在西方的政治理论中一直占主导地位、在政治人类学的早期发展中也至关重要的“国家-社会”的二元对立，也许有一天就会被抛弃了。

政治人类学家们也在试着以各种不同的方式进行分析，比如采用“博弈理论”以及不同版本的“理性选择”模式，但是这些理论都没有很大的余地来整合文化多样性。相比之下，少数政治人类学家通过研究语言和象征的作用来校正西方的偏见显得更有收获。但是，这一分支学科在近年来一直在努力保持一个同调性的学科认同。[①]“公民社会”可能会提供一个焦点，并以此来重新确立这一专业领域，换个更好的说法是，保证政治性因素在这一分支学科的所有著作中被当成关注的重点。无须回避的真相是，“国家”和“公民社会”这两个术语也都来自西方理论。不可否认的是，对“公民社会”一词的使用方式是简单化的，尤其是它被看成一个站在

① 关于政治人类学发展的导论性综述，参见 Lewellen（1992）。Gledhill（1994）描述了一个更有启发性和冒险性的方法。

“国家”对立面的、一体化的领域。最近，它又被政府和捐助机构简化为一个“非政府组织”（NGO）的世界，这也表明，它关于社会生活的认识也被集约化了。但是，政治人类学可以调适“公民社会”这个词汇，开辟出一种比较政治哲学，考虑到在人类共同体中促进融合和信任的各种理念和道德。这样，在谈及现代西方的“公民社会”理念时，就可以将其置于其他的、非西方话语中类似的或者平行的背景下。当然，这种政治人类学不应该仅限于调研理念和道德话语，也不仅限于精英群体的文本话语。人类学家有望去发现那些没有被完全表达出来，但是也许在多数人群当中有广泛影响的各种彼此对立、互为冲突的理念。只有通过民族志的研究我们才可以判定出来，在多大程度上主导的话语成了一种烟幕，道德标准在怎样频繁的程度上成为裂痕。狭隘的、西方的自由主义-个人主义的公民社会理念早就需要这样的民族志调查了。当公民性与信任的实际质量开始变得稀薄之时，对公民社会理念的强调就需要被强化和深化。这部论文集的作者们让我们看到，在理论上对个人的强调，并不太有助于去理解人的日常行动和实践。无论在西方国家如英国，还是在“后社会主义”国家如东欧或者世界上的其他地方，情况莫不如此。

“公民社会”之所以能够成为政治人类学中一个有充沛活力的主题，因为它能同时让人们注意到理想中的规则和人们在日常生活中实际经历的混乱。变换一下“公民社会”与“政治人类学”中词语构成的并置组合[作者指的是形成新的组合“政治社会”和“公民人类学”，如本文的标题那样——译者注]，可以允许我提出最后的两个观点。首先，我们需要对两种意义上的“政治社会”予以区分。狭义的“政治社会”是托克维尔模式中的构成因素，它构成了将国家与私人公民置于对立的二元体系模式中的必要补充。近年来，来自波兰的例子，表明了这种二元体系模式的不足。尽管布克夫斯基的文章持有另外的观点，但是社会主义国家实际上并没有被它的大众公民以任何持久的、活跃的方式对抗过。相反，反对派是通过对精英群体的动员才发展出来的，他们是一些为数少、发声程度高的知识分子以及为数更少的工人（Pelczynski，1988）。在现代条件下，这个意义上的“政治社会”不太可能包含整个人口中一个以上的党派（党派在大多数的社会主义国家比在稳定的多党制民主社会里要大一些）的成员。“向民主过渡”的困难在于，这个意义上的“政治社会”无力替多数民众说话或者代表民众。这种情况不仅仅出现在东欧前社会主义国家，在世界上的其他地方也一样。从反对派中出现的是一个陌生的政权，而在普通民众眼中，新政权并不比被易位的权力拥有者“旧政权”有更多的内在合法性。这个意义上的“政治社会”应该被政治学家来充分研究，不应该与“公民社会”混为一谈。

广义上的“政治社会”（也是对社会人类学最有意义的）与上面所勾勒出来的“公民社会”宽泛的、松散的理念相呼应。所有的人类共同体都是靠分享共同的价值和理想来结成一体，这使它们在内在意义上都是政治的。在这个意义上，东欧的持政治异见者们在把公民社会看成是远离政治的空间这一点上是幼稚的。同样，以去政治化的观点来诊断国家与市场在全球模式中的变化也是错误的。对现代西方国家的领导人来说，这当然是对政治现实的迷惑和逃避。当他们假装加强公民社会时，他们把责任和职能从民选的政体组织放到所谓的“专家”组上（英国现在有几千个这种所谓的 quangos，他们对非常大的一块公共支出负有责任）。这样的转变在实际上远不是“反国家性的”，自然也不会是反政治的。

政治理论家和神学家也将公民社会的道德作为自己的研究对象，这与人类学家相同。但是，人类学家的贡献基于民族志研究，只要人类在文化上的多元还得以保存，这些道德就会保留其专有的特征：西方模式的“公民社会”有可能特别富有启发意义，也许在某些领域激发直接的模仿，但是它们还远远不足以被看作有说服力的、普遍性的模板。西方哲学家的“公民社会”模式自身也经历了主要的变化。某些版本似乎比其他版本显得更有吸引力一些，但是占主导地位的当代模式似乎并不能为解决 20 世纪晚期社会的实际问题而做出多少贡献。与之不同的话语和实践所能够提供的，也许更多。

与其追求一个普遍性的妄想——通过将单一的、狭窄的“公民社会”的西方蓝图泛化，也许我们将自己的学科定义为“公民人类学”更为合适。这会同时避免普适主义和相对主义立场中的极端观点（我并不是声称这可以解决哲学家的两难困境）。许多人类学家作为个人都会倾向于对普世性的人权理念持有好感，包括为个人主体提供保护的法律。他们应该明确意识到，这种普适主义本身是高度复杂的历史进程的结果，它们当中的很多因素并非“西方”所独有的。与此同时，作为人类学家，他们也力图去理解那些在他们的研究对象人群中提供团结和社会控制根基的道德规则。他们感兴趣的是存在于那些社区之内的张力；他们想将这些理想式的规则与其他地方的规则进行比较，包括那些与西方的、多元模式的“公民社会”相关的规则。真实的社会中——无论西方的，还是非西方的——浸透着的价值和道德因文化而有所不同，但是它们都以自己的方式来关注体面的社会行为标准、人的尊严以及被一些意大利人称为“文明”（civiltà）的东西。对这些真实社会的实地考察是一个广阔的研究领域。“公民人类学”会给那些不同的道德以同样的尊敬，在那些西方自由主义-个人主义理念原本没有立足之地的地方，人类学者会踌躇于将这些理念引进来。

参考文献

［1］Cohen, J. L. &Arato, A. 1992. *Civil Society and Political Theory*, Cambridge, MA: MIT Press.

［2］Fortes, Meyer & Evans-Pritchard, Edward, eds. 1940. *African Political Systems*, London: Oxford University Press.

［3］Fukuyama, F. 1992. *The End of History and the Last Man*, London: Hamish Hamilton.

［4］Geertz, Clifford. 1980. *Negara: The Theatre State in Nineteenth Century Bali*, Princeton, NJ: Princeton University Press.

［5］Gellner, Ernest. 1994. *Conditions of Liberty: Civil Society and Its Enemies*, London: Hamish Hamilton.

［6］Gledhill, J. 1994. *Power and Its Disguises*, London: Pluto.

［7］Goody, Jack. 2001. Civil Society in an Extra-European Perspective. In *Civil Society: History and Possibilities*, edited by Sudipta Kaviraj & Sunil Khilnani, 149-164, Cambridge: Cambridge University Press.

［8］Hall, John A. 1995. In Search of Civil Society. In *Civil Society: Theory, History, Comparison*, edited by John A. Hall, 1-31, Cambridge: Polity Press.

［9］Hann, Crhis. 1990. *Market Economy and Civil Society in Hungary*, London: Frank Cass.

[10] Havel, V. 1993. The Post-communist Nightmare. *New York Review of Books*, 27 May.

[11] Keane, J. ed. 1988. *Civil Society and the State: New European Perspectives*, London: Verso.

[12] Konrad, Gy. 1984. *Antipolitics*, London: Quartet.

[13] Kuklick, H. 1993. *The Savage Within: The Social History of British Anthropology*, 1885–1945, Cambridge: Cambridge University Press.

[14] Kumar, K. 1993. Civil Society: An Enquiry into the Usefulness of an Historical Term. *British Journal of Sociology* 44, No. 3: 375–395.

[15] Kumar, K. 1994. Civil Society Again: A Reply to Christopher Bryant's "Social Self-organisation, Civility and Sociology" *British Journal of Sociology* 45, No. 1: 127–131.

[16] Kuper, Adam, ed. 1992. *Conceptualizng Society*, London: Routledge.

[17] Lewellen, T. 1992. *Political Anthropology: An Introduction, 2nd Edition*, London: Bergin and Garvey.

[18] Pelczynski, Z. 1988. Solidarity and "the Rebirth of Civil Society". In *Civil Society and the State: New European Perspectives*, edited by J. Keane, 361–380, London: Verso.

[19] Seligman, A. 1992. The Idea of Civil Society, New York: The Free Press.

[20] Tester, K. 1992. *Civil Society*, London: Routledge.

[21] Wedel, J. R. 1992. *The Unplanned Society: Poland During and After Communism*, New York: Columbia University Press.

[22] Wedel, J. R. 1994. U. S. aid to Central and Eastern Europe, 1990–1994: An Analysis of Aid Models and Responses. In *East-Central European Economies in Transition: Study Papers Submitted to Joint Economic Committee*, edited by Congress of the United States, 299–335, Washington D. C.: U. S. Government Pringting Office.

重大革命·两个小学科·社会主义

韩可思　著
吴秀杰、谢珂　译

导　言

“革命”（revolution）是一个松散的概念，在科学哲学家伊恩·哈金（Ian Hacking）看来，这根本就是一个装神弄鬼的词汇（Hacking，1987：45）。按照伊恩·贾维（Ian Jarvie）的看法，“人类学里的革命”主要出现在马林诺夫斯基的著作里（Jarvie，1964）。在接下来的几十年里，批评者一直在质疑贾维的分析，他们指出了人类学与“前马林诺夫斯基”时代的连续性，包括被奉为“革命”代表者马氏本人的一些著作。作为一位剑桥大学人类学专业大学生，我发现该学科的机构归属也不支持“学科革命”这一说法。在20世纪70年代，曾经有人提出社会人类学应该归属于新的“社会与政治科学系”，但是这些建议未能得以生根发芽，由杰克·古迪和埃德蒙·利奇掌舵的人类学专业仍然没有丝毫动摇地留在“考古学与人类学系”里。我听的“社会与政治科学系”课程要多于考古学专业的课程，而且像我这样的大学生绝非例外。对我来说这是再自然不过的事情，因为当时我正在准备去社会主义的匈牙利进行田野调查，与“考古学与人类学系”的哈登图书馆（Haddon Library）相比，“社会与政治科学系”的图书馆对我更有用处。这些学科的奠基人——涂尔干、马克思、托克维尔——都以其各自的方式讨论过革命与过渡（transition）的话题。我当时根本没有去“考古学与人类学”那里寻求可堪与这些大师著作相类比的各种启发。当时，这个系里没有哪一个人的研究接近我要去的那个地区，或者接近“社会主义”这个话题领域。我觉得直到今天这种情况依然未变。

学科之间之所以缺少沟通，与 20 世纪人类学的“民族志化”（ethnographicization）有很大的关系（Stocking，1987；Urry，2006），这也是贾维断言里的真实内核之所在。我在大学本科主修政治学和经济学。当我开始将东欧作为自己的专业领域以后，人类学对我产生吸引力的主要原因之一是，有可能在“铁幕后面”进行田野调查。我对集权主义的冷战模式以及“指令经济”（command economy）的说法持有怀疑：人类学可以让我明白，对于生活在这些社会当中的成员来说，这些社会到底是怎样运作的。我的出发点几乎是完全“当下主义”（presentist）式的，与马林诺夫斯基在特罗布里安岛进行调查时一般无二，哪怕匈牙利农村与那些让这些民族志方法得以出现的“野蛮社会”或者“部落社会”有多么大的不同。在我的研究计划里，没有给任何种类的历史预留出空间，更不用说考古学那些更久远的视角了。

若干年来，关于匈牙利的一个社区——塔村——的当代历史，我撰写、发表了很多文章，但是我发现要做到令人满意地去表述连贯性与变迁却并非易事。塔村的村民——在 20 世纪 70 年代，我曾经和他们在一起生活了将近一年的时间——也帮不上我，但是他们对自 20 世纪 40 年代以来在一党的、社会主义体系下的生活有强烈的感觉。60 年代初期，当巨大的压力强加到他们头上，要他们加入新的集体农场时，他们经历了一场不受欢迎的外力干预。在一些人的头脑中，还保留着略早一些的里程碑事件：1956 年那场失败了的起义，被定性为反革命行动，其致命的后果甚至在这个小小的农村社区也无从避免。20 世纪还有一些其他断裂时刻，包括 1918—1919 年间的“苏维埃共和国”，以及 1944—1945 年间的“解放与土地改革”。在民族国家的舞台上，1989—1990 年间发生的诸多事件也不乏戏剧性的时刻。不过，大部分村民一直在向我强调连贯性，这些体现在政治和经济领域，也体现在宗教和日常生活方面。在 20 世纪 90 年代改换了新政府之后，许多变化进程还在强有力地继续着，比如在消费领域。那些今天在话语中强调断裂的人，也没有不得已去改变自己的思想惯习，或者用时下的新名词的说法，去改变自己的“心智图”（mental map）。在某些个案中，旧政府被取代，的确带来了强有力的变化。不过，那些受到冲击的人似乎决定反过来强调在过去的角色和标准中延续下来的有效性，而这些都来自于更久远的年代。

几年以前我对塔村进行了一次简单的回访，这是在我的初次田野调查结束了25年、在当地进入“后社会主义”时期的十几年以后（Hann，2006）。显然，我的朋友们仍然是过去的样子，尽管他们现在不再属于同一个党，或者不再在名义上的集体农场里工作了。“过渡”带来的暂时混乱对他们来说早已经过去了。然而，我根本无法断言，新的标准和做法是否完全将社会主义的标准和做法取而代之了。研究“后社会主义”转型的人类学学者不得不承认的明显事实是：制度上的突出变化与多层面上的弹性彼此中和，这与上一代研究社会主义的学者所看到的情况一般无二。在某些背景关联中，追溯到其社会主义时期的连贯性线索与追溯到前社会主义时期的连贯性线索很难被区分开来——前社会主义时期在东欧是指20世纪40年代以前，在俄国则是在1917年以前。显然，我们需要予以更多关注的是，历史的发生作为进程以及在一个社会的诸多亚体系当中，变化发生的程度各不相同。

所有这些都让人听起来觉得耳熟能详，甚至可以说是陈词滥调了。在“后社会主义”社会从事田野调查的学生们，对于自己过分的当下主义做派能够找到的最好的借口是：在田野调查中，展现在他们面前的事件经常太让人震撼了，去观察、报告这些东西已经耗尽了他们全部的能量。在东欧前社会主义国家解体20年以后，该到超越这种时下主义做法的时候了。的确，对历史敞开大门的做法也已经行进在路上。[①] 在这篇文章里，我会试着拓宽这个框架，去追问考古学家是如何处理历史周期问题以及诸如“革命”这个概念的。在延展对“社会主义”的理解时——其方式是从现代欧洲历史的细节中剥离出隐藏在其后的根本性驱动力——我会认为，就一位研究匈牙利农村的民族志学者考虑的问题而言，不仅是那些考古学家关于社会不平等形成的经典著作有着重要意义，而且那些关于石器时代和人类起源的著作也同样不可或缺。同样，民族志的收获也可以帮助我们去质疑那些深受著名的发展阶段模型影响的推测，从而推进对人类社会更为复杂的阐释，尤其是关于经济整合的形式。对于近现代社会主义革命的社

---

① 这个小小的学术圈里还是有一些同事利用这些得以改进的研究条件，完成了富有创新性的档案研究工作。参见 Rogers（2009）以及 Kligman & Verdery（2011）。

会科学讨论，表面看来似乎与史前史学家毫不相干。但是我会认为，这些在20世纪的大部分时间里彼此游离的学术群体（指人类学家和考古学家）——在很大程度上这是民族志方法占主导地位造成的结果——如果能够在21世纪重续对话，各方都将会从中受益良多。当人类学面对被所谓的认知科学所驱动的威胁性的“重大革命”之时，重续与考古学的对话也是一种根本性的应对之举。

社会变化、革命以及社会主义的后续影响

如果说马林诺夫斯基最初的理想是将异域社会置于真实的历史以外，这位所谓的“田野调查革命”的发起者很快就认识到，这种拯救努力是多么枉费心机。在英帝国的最后几十年里，他在推进对社会变化进行研究方面做了很多工作。雷蒙德·弗斯（Raymond Firth）和露西·梅尔（Lucy Mair）这样的学者所期待的，更多的是那些后来被称为“现代化范式”的东西，而这些反过来又有助于形成所谓的“发展人类学”。如同马林诺夫斯基在他有生之年所做的那样，他的后继者们也经常将前辈们批评得一无是处，认为自己在研究方式方法上有完全的新意。回头看时，我们可以很容易地看到深层的连贯性，就如同我们在快速变化的社会中——这些社会构成了我们关注的对象——能看到的连贯性一样。不过，也许我们已经有了一些进步，我们已经开始更多地从社会组织的动力性过程而不是僵化的结构中来理解这些连贯性（Firth，1951）。

如果“革命”这个装神弄鬼的词汇还能用在人类学的分析中，那么该将它用在怎样的时刻呢？我们该如何将一个时代与另外一个时代、一种适应与一种转型区别开来呢？或者说，如何将“结构”与历史性“事件”（Sahlins，1985）的持续性后果效应加以区别呢？持有历史修正主义观点的学者在描写连贯性的强大潮流上驾轻就熟，正如埃里克·伍尔夫（Eric Wolf）在研究墨西哥革命世纪持续的苦难时所显示的那样（Wolf，1969）。民族志学者有时会让人看到，一个革命运动的成功，有赖于那些被动员起来反对前掌权者的人所具有的根深蒂固的保守信念，大卫·兰（David Lan）对津巴布韦的研究，对这一情形的充分展示给人们留下了难以磨灭的印象（Lan，1985）。在另外的一些情形中，变化也许足够大，但是这些

变化是循环性的，以此为基础的变化不足以称之为革命：利奇的著作（Leach，1954）给这种类型的变化以最为著名的人类学展示。格拉克曼坚定不移地认为，部落社会不可能经历极端的、现代意义上的革命（Gluckmann，1965）。不过，研究非部落社会的民族志学者经常也会得出相似的结论。革命让奥斯曼帝国被一个世俗性质的民族国家所取代，在一代人以后，保尔·斯特灵（Paul Stirling）来到安纳托利亚，发现革命对那里的村民根本没有任何影响（Stirling，1965）；贯穿于20世纪下半叶的渐进转变才给安纳托利亚社会带来了影响深远的变化，斯特灵在他后来的著作中记录了这些变化（Stirling，1993）。从民族志研究中能够得出来的普遍性教训似乎是，人类学学者应该谨慎使用诸如“革命”甚或“间断性平衡”（punctuated equilibrium）这样的概念。我们所仰仗的民族志研究，在这一方法的初始阶段我们从中看到的只是共时性的抓拍场景；后来，这一方法虽然被曼彻斯特学派和其他学者予以精细化，但是它仍然会阻碍我们形成关于渐进变化的理论，阻碍我们对其他学科所津津乐道的观点提出怀疑。政治学学者对革命类别的研究（比如Dunn，1972）生成出来很多表层上的泡沫，而人类学对血肉之躯的人所做的深层次的探索必然导致强调连贯性，尽管这些当事人自己有时还会讲述更为复杂的故事。

该如何将苏联社会主义的解体纳入这些粗略的泛化框架之中呢？自20世纪90年代以来，进入这些地区变得相对容易一些，这使得讲英语的人类学界有机会去面对该学科迄今为止还没太关注过的这个世界一隅、这种社会类型。东欧前社会主义国家解体以后，人类学者可以经由档案材料以及人们的新鲜记忆，更有效率地去探索社会主义本身。面对其他学科对这种社会过渡的聚焦，大多数人类学学者持有怀疑的态度，与几十年前他们对现代化理论进行批评出于同样的理由。他们拒绝那种资本主义将世界纳入单一模板之中的逻辑，强调渐变转型和多方向性，与“过渡学”（“transitology”）的一般性设想正好相反。当时学界有一种共识，即解体后的社会主义地区构成了新自由主义全球秩序的一部分。然而，哪怕是在一个次级地区的东欧范围以内，资本主义的变体也呈现出非常大的多样性。很少有哪个国家可以声称已经达到了一种新的均衡，一种社会学意义上的“常态”——如果我们借用托马斯·库恩“常态科学”（Kuhn，1962）这个说法的话——或者有达到这种“常态”的可能性。目前在这些“前社会主义国家”中，社会上的进退取舍之难与相邻地区的情况日趋接近；在我们的学术研究成果中，东欧前社会主义国家研究在其中所占的分量也不再那么不充分。现在我们可以提出这样的问题了：从无数个个案研究中，我们有可能从中得出怎样的结论，这些结论会有怎样的理论意义。我们也可以评估，在“后社会主义”的余韵中出现的“天鹅绒革命”（1989 年发生在当时的捷克斯洛伐克的非暴力抗议活动）、“橘色革命”（2004 年发生在乌克兰的抗议活动）、“玫瑰革命”（2003 年发生在格鲁吉亚的抗议活动）、“郁金香革命”（2005 年发生在吉尔吉斯斯坦的抗议活动）以及其他以花香命名的活动，对“革命”这个概念意味着什么。

在马克斯·普朗克社会人类学研究所进行的研究中我们发现，去寻找模式和更合适的理论让我们不可避免地更多地走近往昔，而且不止于东欧前社会主义国家在社会主义时期的这段往昔。其社会主义的这段往昔，尽管处于同样的意识形态之下，其各地的形态在很大程度上受到当地和地区历史的形塑。在关于农村产权问题的研究中，我们发现不仅要去关注集体化的特殊形式，也要看到前社会主义时代的农业传统，包括合作的弹性或者土地分配的实践（Hann & The Property Relations Group，2003）。与此类似的是，如果想要理解俄罗斯东正教的当代复兴，只看到在苏联时期发生了什么还是远远不够的。为了回答一些学术问题，将整个东斯拉夫各民族文献中基督教正教在历史中担当的角色考虑进来，然后去分析多样“沉淀物”的交集互动，这也将是非常重要的（Agadjanian & Rousselet，2010）。（社会主义时期的）科学的无神论经常意味着——也和字面上一致的——宗教的“家庭化”（Dragadze，1993），但是这可能造成的结果是：宗教的“记忆链条”的积极保有者要比在没有意识形态压力情况下的人数多出很多。这些问题，只有在实证研究中才可以敞开谈论和探讨。在苏联阵营中出现的模式要比世俗化理论的一个简单模式所能预言的情况复杂得多。在原东德这样的地方，世俗化与现代化之间的纽带似乎保留得相当好，其原因也深存于其前社会主义的历史当中（Hann，2010）。

许多对“后社会主义”进行人类学分析的人都发现，在解释其后果方面，与社会主义秩序相关的连贯性因素起着决定性的重要作用。有些因素的含义发生了改变，但是很少能够完全改变；改变的过程在某种意义上是具有累加性质的。在对人类社会的研究中，“归零时刻”（zero hour）这样的概念从来不能按照字面上的意义去理解（像复活节岛发生的灾难情形属于例外），甚至在德国1945年这样明确的“归零时刻”，我们带着事后观察者的智慧也很容易发现有无数连贯性，当时的人或者没有意识到，或者他们更倾向于通过遗忘来无视这些连贯性：无论对于人类学家还是历史学家来说，这样的情形并不陌生。去改变由议会批准生效的法律条文要难于去改变已经形成的组织机构及实践，而要让那些在人们的头脑中业已形成的观念发生变化，则难上加难。这种类型的表述在不同学科领域的“过渡学”中，已经变成了新的正统说辞，因为它可以很容易地解释20世纪90年代“阵痛疗法”带来的错误：尽管接受了来自西方的美好建议，可是在某些地区，如巴尔干、高加索、中亚，仍然没能成功地发展出民主的公民社会，那么这只能是由于深深地埋藏在他们的“文化”里的那些拒斥性因素在作怪。很少能有人类学学者对这样的说法感到满意。但是，我们还得发展出一种普遍性理论，以便能够解释为什么有些事情能很快发生变化，而另外一些似乎根本不会有任何改变（这些因素如果还能发生变化的话，通常都是转瞬即逝的，随之而来的是回落到先前的状态当中）。[①]

这就是我们面临的重大挑战：在文化-社会人类学学者关于“后社会主义”20年里的研究，如何能对形成一个更令人满意的、普遍性的关于社会文化变迁的理论而有所贡献？在这一理论中，诸如“革命”“转型”这类概念应该处于什么样的位置？在这篇文章余下的篇幅里，我会提出一条去完成这一任务的路径，那就是以多种方式去扩展“社会主义”的定义，让考古学家和历史学家帮助我们避开过去的陷阱。

延展“社会主义”的概念

在欧美学术界的通行理解中，“社会主义”的概念从根本上被定义为集体所有制，其源起可以在19世纪中叶马克思和恩格斯的著作中找到。一些学者认为，马克思、恩格斯之前还有重要的先驱人物，如欧文、圣西门和傅立叶；有时甚至还有人会断言：20世纪极权主义的根基可以在让-雅

① 关于这些话题，都有过详细的讨论，见West & Raman（2009）。从这本书的副标题里可以看到，他们对革命与转型、恢复和延续都进行了区分。

克·卢梭的著作中找到。一个重要的共识是，社会主义在某些方面与欧洲的启蒙运动、欧洲大陆的“工业革命”——这一词汇是阿诺多·汤因比在1884年首次使用的［Arnold Toynbee，1852—1883，英国的国民经济学家和经济史学家，1884年首次出版《关于英国的工业革命》一书。他是当代历史哲学家汤因比的叔叔——译者注］——紧密相连。当然，人类早就拥抱了弥赛亚式拯救世界的宗教，宗教之外也在进行各种不同乌托邦形式的尝试，有些是在文字上，有些则是在行动上。不过，“社会主义”被认为是现代的、与先前的那些尝试大不相同，由于实行强制方式，在哈耶克的分类中“社会主义”是“建构理性”（constructed rationality），其基础是中央计划。

来自其他时代和其他地点的材料让我们有可能将社会主义置于不同的背景之下，去发现前现代时期社会主义的形式，放弃市民现代化理论和马克思历史哲学中的目的因存论。比如，像金斯顿-曼恩（Kingston-Mann，1999）这样的历史学家，记录了在革命前的俄国里平等原则与再分配原则所具有的力量。斯大林的集体化以及他所倡导的建设“农村中的工厂”也许可以说是一种断裂，但是对于那些隐藏在社会主义后面的推动力，俄国农民却都非常熟悉。① 这一观点可以放在其他的时空里进一步展开。当坦桑尼亚的政治领导人尤利斯·尼雷尔（Julius Nyerere）试图在部落社会所坚持的社区原则基础上建设非洲的社会主义国家时，许多西方观察者都在嘲笑他，他们从中看到的是一个浪漫的过分之举，认为这很快就导致了许多后殖民主义国家的经济灾难。实际上，坦桑尼亚为此付出了很高的代价，人们对尼雷尔时代的记忆分歧也明显（Askew，2006），但是他们都不否定将社会平等置于经济体系当中这一举措的重大价值（Hyden，1980）。

如果我们将“社会主义”的定义从狭义地聚焦财产权扩展向社会平等的话，那么就会开启与考古学家合作的可能性。对考古学家来说，关于社会的复杂性、等级序列和集中化权力的演化一直都是他们关注的核心问题（Gledhill & Bender & Larsen，1988）。尤其是考古学家也可以帮助人类学家改正20世纪以来伴随着民族志方法的兴起而出现的时下主义的偏见。比

① 金斯顿-曼恩对沙皇时代晚期农业的社会结构研究中，最为引人入胜的结论之一是：遵循过去的道义原则要比遵循新兴的资本主义原则更有利于经济上的创新（Kingston-Mann，1999）。

如，考古学家不断地发展出精致的方法和手段去理解产权关系以及身份地位的继承，这有助于我们去超越简单的集体/个人的对立。人类社会中的许多变化，诸如社会阶层分化的出现以及早期状态，发生在人类学学者不可能通过田野调查手段来把握的时间段里，哪怕那些反复回到同一地点进行长期调查的人也做不到（无论这项研究是否涉及发生显著的社会断裂）。从这个角度看，考古学研究技术上的不断提升，应该说再度证实了先前的学科间的互补性（Marcus，2008）。

自从马林诺夫斯基的田野调查革命以来，很少有人类学家承认自己从考古学家那里受到启发，但是杰克·古迪却承认他从戈登·柴尔德的设想中受益匪浅（Goody，2006）。最近有人指出，柴尔德关于“新石器时代革命”的概念得自于他对苏联的短期访问。这一理论遗憾地带有典型的东方主义的推动力，通过细致描画亚洲的刻板来凸显现代欧洲这种独一无二的突破（Gamble，2007 ，第二章）。但是，无论柴尔德是否寻求在某种层面上将欧洲和亚洲区分开来看待，古迪都一直坚持将它们放在一起，将合在一起的欧亚大陆与他作为一个人类学家所了解的那些非洲社会置于相对而立的位置（Goody，1976）。他尤其感兴趣的是柴尔德所聚焦的第二个转变阶段，即青铜时代晚期的“城市革命”。毫无疑问，这更多的是一种中东和亚洲的现象，而不是一种欧洲的现象。在古迪看来，这一突破让那些贯穿于整个欧亚大陆上的不同社会进入了更为高级的农业体系当中（以耕犁为基础），与之相随的是这些社会转向为更为分化的消费模式、垂直的财产承嗣体系，即陪嫁财物。“城市革命”让经济效率大大提高，与之一起出现的是：个人化的土地持有日益增多、不同家户之间的地位竞争日趋激烈。撒哈拉以南的非洲社会虽然加入了第一个革命（“新石器时代革命”）并导致了食物生产的集中化，但是它们却没有加入到后来的第二个革命（“城市革命”）当中。古迪对柴尔德模式的改进是硕果累累的，其意义不仅止于从理论上去阐释遥远的过去。古迪所指出的由“城市革命”引发的分化结果，对理解非洲大陆当今的现状仍然有根本性的意义（Hann，2008）。

采集社会和狩猎社会尤其有利于考古学家和人类学家之间展开合作。我们可以说，当马克思和恩格斯依循路易·亨利·摩尔根以及早期欧洲哲学家的足迹、设想人类社会的初始处于没有阶级、平等的状态时，他们关于人类生存方式的经验性知识无外乎以农牧业为基础的社会。我们无法在石器时代进行田野调查，但是在 20 世纪，感谢像理查德·李（Lee，1979）和詹姆斯·伍德布恩（Woodburn，1982）这些先锋学者，“原始共产主义”这一理想化类型中的某些特征在民族志文献中得到了确证。[①] 当然，19 世纪理论家们罗曼蒂克式的理想化并没有得到证实。由于缺少物证，关于这些民族志研究对于进化论观点究竟有怎样的重要性，人类学家与考古学家要达成最终的一致意见会很困难，甚至是不可能的。但是，不管怎么说，考古学家的贡献还是非常重要的。一些采集--狩猎群体的确发展出一些能保持基本平等的有效机制，这些机制被证明有效并一直延续到今天。

如果说“新石器时代革命”已经变得引发争议，此后考古学对于“农业的出现”这一问题的思考也以“去考虑连贯性”为标志，一些史前史学家仍然愿意去大胆地使用“革命”的概念。保尔·梅拉斯（Paul Mellars）最近重新回过头去审视他在二十多年前提出的观点，继续用强硬的单数形式去谈“人类的革命”（Mellars，2007）。这一“革命”没有发生在欧洲，在那里古老的尼安德特人被新来者所取代。梅拉斯将“革命”定义为一种内生性事件，将现代人的出现定位于非洲南部的一个特殊地区，其形成期可能是一万年，也可能是十万年。相比之下，柴尔德的“新石器时代革命”不过是揿动照相机快门的刹那瞬间。不过，在那本论文集里其他考古学作者，尤其是萨利·麦克白提（McBrearty，2007）认为，“人类的革命”这一概念根本就是一个“严重的用词不当”。

史前史学家克莱夫·甘博尔（Clive Gamble）不认可梅拉斯的“人类的革命”概念，一点儿也不亚于他对柴尔德“新石器时代革命”想法的拒斥。甘博尔从根本上怀疑“解剖学意义上的现代人”（anatomically modern human）这个概念，认为专家们给本来很直截了当的问题找出了非常不同的答案。他自己的意见是，要完全将“革命”和“起源”等概念一起抛弃。这些讨论的结果当然不会明朗，因为所有的“起源地”研究都浸透了当下的文化和意识形态条件，当代考古学以及更宽泛的学术圈都置身其

① 这一图景也得到了苏联马克思主义学者的证实。关于“从占用经济到生产经济的转变”的详细讨论，见 Kabo（1985），感谢 Peter Skalnik 提供这条文献线索。

中。甘博尔因此拒绝使用手拿筛查清单的方式，在不同考古学文化中获取实证主义知识。在他看来，文化是地域性的，这无可辩驳；人类的普遍性之所以不容置疑并非是基于对化石进行了最新的DNA分析，而是体现在人类对营养和环境做出的最初身体表达上，对此我们有丰富的证据。

甘博尔从当代人类学家那里获得理论上的启发，同时也从威廉姆斯（Raymond Williams）的文化理论中获益，他更强调地方性的社会关联，而不是一种泛化的、个人性的功利主义。[①] 人类学家反过来也借鉴不同专业的知识，不过他们当中很少有人再去热衷于那些曾经让他们与考古学、生物学同行共同感兴趣的话题，包括人类起源、社会不平等话题。但是，有一些令人鼓舞的迹象表明，这种情况会有所改变，比如，关于早期人类亲属关系的跨学科讨论（Allen & Callan & Dunbar & James，2008）就是其中的一个例子。人类学家阿兰·巴纳德（Alan Barnard）研究卡拉哈里（Kalahari，非洲纳米比亚的一个地区），他在讨论语言与亲属制度协同演化时区分出“至少三种”革命，将它们分别称为标识性的、句法性的、象征性的（Barnard，2009）。当大多数学者或者倾向认为只有一个革命（如梅拉斯那样），或者完全拒绝“革命”这个概念（像甘博尔和麦克白提那样）之时，巴纳德从经典的人类学理论中衍生出来的这类区分，可能会开辟一条向前之路。

为什么考古学家、历史学家、人类学家需要协同工作

对于从事田野调查工作的人在“后社会主义”环境中面对的挑战，上面的讨论会有怎样的用处呢？在结束讨论之前，我有必要提醒读者注意到

---

① 也许应该指出的是，他的根本性观点有很多得益于另外一位剑桥学者、历史学家E. H. 卡尔（E. H. Carr）。甘博尔书中的某些部分，读起来就如同是卡尔考古学著作（Carr，1961）的后现代更新版一样——卡尔在书里警告说，要研究历史学家而不是“事实”。对于每位新一代的阐释者来说，“过去”都必然是一个变换性的目标。事情肯定是这样的，但是这并不能让史前史学家在最近几十年内获取的大量知识失去其有效性。甘博尔某些更为雄心勃勃的解构并不完全适合这里的读者。除了在“文化”概念上的含混以外，他对“现代性”的用法似乎引入了“此前和此后”，这与他对“连贯性”的认可态度是对立的。甘博尔以为，笛卡儿的理性带来了一场“重大的革命”，而笛卡儿的大部分著作都深深地植根于中世纪基督教哲学的经院传统当中。后现代的史前史学家在这里正好陷入欧洲中心主义的陷阱，而这正是古迪曾经警告学者们需要特别当心的地方。

在其他学科中的相关趋势。考古学与人类学在推进维多利亚时代那样的联手行动之时，无法无视新达尔文主义认知科学这一光灿闪亮的火车头，它牵引着一辆由早年认知人类学中引导出来的新机车。我们可能面对自身学科领域内的一个重大革命，如果真是这样的话，我们需要对此有妥当的反应。

如果考古学家和人类学家像甘博尔一样放弃了“起源地”，其他人会不惮于闯进去的。在这里我没有足够的篇幅甚至来简单综述一下被称为“进化心理学”这一正在形成的领域。对与我们人类关系最近的灵长类亲属研究表明，黑猩猩能够通过文化手段如使用工具来传递知识。非遗传性的、复杂或者简单的学习行为也出现在与人类相距甚远的其他物种中（比如鹦鹉模仿人的声音）。但是，所有这些都与人使用语言的能力无法相提并论，甚至远不如人类婴儿在学会说话之前的沟通能力。迈克尔·托马塞洛（Michael Tomasello）的著作表明，人类幼儿和黑猩猩幼儿都能找到通过合作来解决问题的办法（Tomasello，2008；2009）。但是，只有人类才有这样的理念：将成功的合作所带来的回报在合作各方中分享，而不是让最先得手的人独自垄断。考虑到他人的处境和公平，对人类来说似乎具有根本性的意义。我一直提到的隐藏在社会主义后面的推动力，其源头正是在这里，而不是产权关系的正式的、法律上的特征。

最近几年，对采集者的研究有了一个新方向，那就是通过以博弈理论为基础的实验来进行跨文化分析（Henrich et al，2004）。这项研究表明，贡布须曼人（Kung Bushmen）（Lee，1979 的研究对象）在进行“最后通牒博弈”（Ultimatum game）实验中彼此提供的报价绝对谈不上慷慨大度。人们从中发现了很多不同的情形，但是有一点是清楚的：正统的、新古典主义经济学的解释模式是不恰当的。经济学家被迫承认绝大多数民族志学者早已知道的事情：人们所做出的决策往往与严格的利益最大化的计算偏离，甚至对立。有些经济学家已经试图将这些发现与经济学的一些基本原则结合在一起，他们得出的结论是：人类普遍具有一种“喜好公平”或者说一种“拒斥不平等”的取向（Fehr，1999）。

很难说拒斥不平等的取向是普遍性的：毕竟人类顽固地建立了各种方式的等级序列。马克思主义-列宁主义的政权也不惮于去加强新形式的等级序列。但是，在现代的社会主义政权下，推动平等通常被置于显著位置上，在这方面他们走得要比市民阶层的“机会平等”原则更远。

不管怎样，非常清楚的一点是，那些建立在生产资料所有权基础上的意识形态必须被废止。近年来研究经济学与社会科学交叉层面的著作表明，当权利与责任得以明确划分时，共同所有权可能比完全私有化更能提供有效的解决问题的途径（Ostrom，1990）。如果埃莉诺·奥斯特洛姆（Elinor Ostrom）曾经声称自己是一位社会主义者，那么她可能不会被授予2009年的诺贝尔经济学奖。她的研究是重要的，因为这些研究表明，建立在社区参与基础上的体系——通常有高度平等的本质——能够解决在非常不同的背景条件之下的经济协调问题。这些著作不在于去证实不同进化阶段之间的轨迹——自由资本主义神话下的过度的私有财产聚集，或者苏联斯大林时期社会主义下的国家所有制——而是在表明，我们需要重新考虑的是：在无所不在的混合经济中，将产权构成当作一个核心性因素。

还有一个过渡？

现在请允许我再回到匈牙利大平原上塔村的农民那里，以此来说明田野调查者如何能开始介入这些大型问题。我选择这个村子做研究，因为从20世纪60年代开始这里就实行一种被称为“专家合作社”的集体化形式。虽然从统计数据上看这种机构形式没有代表性，但是它代表了1968年以后匈牙利推行的变通性的经济政策。匈牙利的掌权者没有放弃社会主义，一直坚持生产资料的集体所有制，但是他们引入了有效的价格激励机制，尤其是农村的小商品生产。在1990年以后，曾经被集体化的土地又回归私人所有时，其结果是生产的严重收缩和经济效益的大幅下滑（Hann，2006）。但是，在匈牙利社会主义时期的最后几十年里，本地利益借助于一种组合方式而得到了很好的保护：运行良好的社会主义经济生产谷物，在大面积的田野上使用最新的农业技术，与之相辅的是农村家庭中劳动力密集的葡萄种植和动物养殖。在这两个领域里的劳动激励机制体现在消费领域的私人所有权，尤其是拥有房屋和机动车上。简言之，这是一种社会主义的混合经济。被卡尔·波兰尼所强调的每种“整合形式”（Polanyi，1944）都非常重要。再分配（redistribution）通过国家在不同的层面进行；社会主义的计划者们仍然在控制一些商品的价格，但是他们越来越多地允许市场

（market）范围的扩展。同时，家户（household）是一个核心的生产单位和消费单位，至少在农村领域如此，互惠（reciprocity）的复杂纽带将这些家户彼此联结起来，既在工作中，也在休闲活动中。继土地改革和集体化引起的“脱嵌”（disembedding）之后，1968 年后的匈牙利代表了一种平衡的“嵌入的社会主义”（Hann，2009a）。

这一类别的“市场社会主义”显然让任何在通常马克思主义意义上依照生产方式来进行历史阶段划分的尝试变得复杂。在我从事田野调查的 20 世纪 70 年代，生产资料主要还是归集体所有（尽管有几个人刚刚开始购置私人的大件设施，如拖拉机）。与许多经济学家的假设相反，也与古迪关于欧亚大陆财产承嗣著作中的一个核心推测有所不同的是：那些用来产出粮食的土地，并非一定要让它们为私人所有，才能达到高效产出（Hann，2009b）。更贴近地去关注波兰尼意义上的整合形式，要比简单地在财产拥有基础上进行分类会更有成效。① 在 1990 年之后，塔村集体财产的私有化是一个漫长的过程，用了十多年才得以完成。由于当地的土地相对贫瘠，土地市场几乎没能发展出来。在转向市场方面发生了重大变化，但是“后社会主义国家”还是维持了它的大部分社会福利责任。作为生产单位的家户，村民们看到其重要性日益减弱。与之相关的是，家户间的互惠交往日渐减少。村民们从中看到重大的改变，但是我想，他们当中很少会有人觉得最近经历的这些“制度变化”累加在一起会是一场“革命”。

那么，我们该如何在弹性与转型之间予以区分、如何来标记一个时代呢？我们可以说“在 20 世纪里，匈牙利在封建主义、资本主义和社会主义的生产方式之间不规则地跳来跳去”吗？在 20 世纪的进程中，欧洲几乎任何地区的农村人口都经历了重大变化，它们之间在今天的相似性（在

① 当卡尔·波兰尼在阅读柴尔德的《历史上发生了什么》时，他断定书中的基本设想（包括“传统”的内在保守性）都起源于狭隘的 19 世纪功利主义心理学（波兰尼，“笔记——经济人类学，1947—1957”，第 22—3 函，卡尔·波兰尼档案馆。我感谢 Gareth Dale 让我注意到波兰尼的这一评论）。也许对现代社会主义运动的奠基者们，我们也可以提出同样的批评。但是，我后来在匈牙利观察到的现象与经济学家们的利益最大化假设是一致的。财富的积累的确是以一种很符合经济学的方式来推进的，但是其理由完全取决于这几十年内中欧历史中的偶然性。同样的人，在过去的二十年里发现他们自己完全处于不同的环境当中，在这个新环境中波兰尼的另外一个概念“双向运动”显得十分重要。匈牙利为极端扩展市场规则而放弃社会主义的混合经济，与此伴生而来的是政治权利的改变和广泛的排外情绪。甚至在塔村，少数民族罗姆人（吉普赛人）也经历了这种仇恨的冲击，尽管在这里他们的数量非常少。

出生率、外迁移民、社会保障等方面）要比社会主义计划带来的区别更为引人注目。如果我们作为民族志学者追溯不同代与代之间的变化，那么我们就应该将甘博尔的连贯性角度包括进来，也许还应该包括社会学家朗兹曼对于一切力图标记“年代和阶段”的企图都倾向于怀疑的态度（Runciman，2009）。朗兹曼并不否认“间断性平衡”（punctuated equilibrium）这些概念的可用性，但是他让人们注意到，在认定它们时会遇到困难。在这一点上，他是完全正确的。马克思的唯物主义给历史学和研究历史的社会科学所造成的巨大影响，给研究社会主义带来了特殊的问题，就是要求社会主义这一模式要有开端和结尾阶段。这一传统，包括20世纪六七十年代的西方马克思主义，从根本上还被困在18世纪的孟德斯鸠以及其他阶段理论先驱者们的束缚当中：每一个新阶段要求一个新的过渡理论来解释其之所以得以出现的原因。①

向前迈进的路不可以完全放弃阶段划分，但是需要发展出更好的阶段划分，少一些用欧洲中心主义的模式来思考世界历史。在我看来，甘博尔认为“革命”的概念被过分地应用、被彻底地贬值了，这一看法是对的。人类学家、考古学家和历史学家不能再接着用同一个词语来描述人类的出现、青铜时代的城市革命、工业革命、1789年和1917年的暴力革命以及在二十年前解体的苏联社会主义国家、一直还在带来斑斓后果的和平革命。相反，我们需要将力气用在理解事物的复杂性以及用在战胜“欧洲中心主义”上。社会主义，就其关于公平、平等和团结的理念而言，从一开

① 我最早在人类学期刊上发表的书评之一是对马克思主义历史学家罗德尼·希尔顿（Rodney Hilton）主编的一本书《从封建主义到资本主义的转变》（Hilton，1976）进行批评。在恩格斯确立了历史唯物主义的历史阶段整整一个世纪以后，到处还有严肃的历史学家在用这个模式去检视过渡，包括让人类迈过通往封建主义之门槛的“其他过渡”（Wickham，1984）。“新马克思主义”在欧洲叙事中，自己划分了如“黑暗时代”“文艺复兴”等不同阶段。每个人都知道，生产方式的改变不是在一夜之间发生的，但是维克汉姆（Wickham）以为他能以444年罗马帝国皇帝瓦伦丁三世的圣谕来标记一种所谓的古代模式的终结。1348年黑死病的流行，有时被看成标记了中世纪的终结。可以类比的是，1989年的革命也被看成是一个另外一种过渡的震中，它对整个欧亚大陆的影响还要超过444年的事件。这种思考方式，的确在许多学科中被用来看待“后社会主义”的过渡转型。但是，正如朗兹曼指出的那样，这种框架是有害的，尤其是他们以一切领域里单向性的变化为前提。在“后社会主义”国家的个案中，“过渡”或者“转型”这样的语汇也许有非常强大的社会效果，但是对于波兰尼意义上的“整合形式”的深层变化，这是一个疲弱无力的指标。匈牙利的农民在20世纪经历了重大的结构性变化，但是1989—1990年间发生的事件也不过是这个故事中的一个蜂鸣音而已。

始就是一个具有人本性质的因素。这恰好也是 1989 年之前东欧“实际存在的社会主义国家”中的一个道德因素，这一因素并没有随着“柏林墙”的倒塌而消失。

结语：两个小学科

很清楚的是，要想弄懂进化、承递、革命进程中精确的运作细节，我们还有很长的路要走。我在前面提出，人类学家与考古学家的密切合作会有助于我们更好地面对历史学家乐于将历史分期简单化这一倾向，去面对经济学和正在形成的认知科学中很多人持有的还原主义（reductionism）倾向以及他们对人类社会的无知。也许最令人沮丧的例子是，为数众多的进化经济学领域的学者们仍然在使用 19 世纪的功利主义理论；许多人还想当然地认为，一个以采集和狩猎为生的社会不得不为生存而斗争，尽管在人类学和考古学中有大量的文献表明，真实的情况与这种想当然的看法正好截然相反。亨里西（Henrich）和他的同事们所进行的实验让当地人参加，不像认知科学通常采用的方法那样以在校大学生为实验者，但是这仍然是一种操纵性的干预。尽管最近几十年来反对民族志方法的呼声日益高涨，在观察社会关系的“自然性”流动、对这些发现继续做进一步比较分析等方面，这一方法仍然是至关重要的。考古学家和人类学家可以合作起来将新兴的认知科学模型来历史化、人化（humanize）；他们可以让人们看清，令那些长期性变化得以出现的精确机制到底是什么。这样做的目的，不是让认知科学这一闪亮列车（实际上，它更像一台笨重的推土机）驶离自己的轨道，而是要确保学者们在追寻人类普遍性的同时，不要抹掉人类历史上的实存痕迹。为了完成这一使命，考古学和人类学这两个小学科必须发展出它们自己的理论和概念。我们有很多资源可以被用作建设基础的，比如柴尔德和古迪的遗产。但是，也正如我们所看到的那样，他们也不能免于被批评。

造成困惑的另外一个源头，是基于这样的事实：有一些松散的概念，诸如结构、转型，尤其是革命，是我们用来分析人类历史的；在我们面对自身学科建设和学科史时，我们也在使用这些相同的概念。哈金所定义的科学上的“重大革命”（Hacking，1987）绝不止于一种结构变化或者托马斯·库恩意义上的“范式转换”（Kuhn，1962；1977）。一场“重大革命”是一种断裂，它会波及整个学术领域，也会对科学之外的社会带来直接的影响；次要些的表征，与之相伴的是所涉学科领域在组织机构上的变化，比如专业协会的形成、学术会议模式的改变。如果按照这个标准来衡量的话，贾维所提出的那个与马林诺夫斯基连在一起的“重大”革命，只可以说在马氏去世之后、“社会人类学家协会”（ASA）的成立之际才得以发生。①

有人认为，当代的数字革命已经给现代世界带来深远的影响，可堪与17世纪的科学革命相比。就人类学与考古学的联结而言，19世纪的“达尔文革命”更有资格来强调自己的重要性。一个不争的事实是，时至21世纪初，人类学还经常与考古学被归属于同一院系里，这种学术分工还是查尔斯·达尔文在他的有生之年确立下来的。在英国，造成这两个学科发生分野的很大一部分责任在于马林诺夫斯基。但是，像剑桥大学这样的地方，院系归属一旦确立就很难改变。剑桥大学的人类学与考古学仍然处于同一系属当中（和它们在一起的还有生物人类学。本文里没有深入讨论这个三位一体组合的因素，但是其持久的重要性是显而易见的）。当年我在这里做研究生和青年讲师时，热衷于研究社会主义的当前现状，曾经对这样的学科归属略有微词；现在我的看法正好相反，觉得能保留下来这样的联盟是一件好事。哈金定义的重大的“概率革命”发生在1800—1930年间，持续了130年。也许，将马林诺夫斯基看重民族志方法这一所谓的“革命”理解为“达尔文革命”之内的一个延伸性插入还显得更为合适些。这一中途插入事件，只是到了现在、在与认知科学领域的发展紧密结盟之时，才在一些领域如我们的人类学领域达到了其极致。如果这一诊断是正确的，那么社会人类学家与考古学家（以及历史学家和历史社会学家）协同工作就显得尤为重要，以免让那些诱人的生物学模式和认知模式蒙住人们的双眼，让人们对实存的历史轨迹视而不见。

---

① “社会人类学家协会”（ASA）在其六十年的历程中似乎在回避革命，只是在其学术会议的规模上表现出一点点的变化。“美国人类学协会”（AAA）也同样如此。很难说“欧洲社会人类学家协会”（EASA）的成立恰好与社会主义政权的解体同时发生，这会证实“重大革命”的诊断。正好相反，这似乎是关于历史上的偶然的一个很好例证。

参考文献

[1] Agadjanian, A. & Rousselet, K. 2010. Individual and Collective Identities in Russian Orthodoxy. In *Eastern Christians in Anthropological Perspective*, edited by C. M. Hann & H. Goltz, 311–328, Berkeley: University of California Press.

[2] Allen, N. J. & Callan, R. & Dunbar, R. & James, W. eds. 2008. *Early Human Kinship: From Sex to Social Reproduction*, Malden, MA: Blackwell.

[3] Askew, K. 2006. Sung and Unsung: Muscal Reflections on Tanzanian Postsocialisms. *Africa* 76, No. 1: 15–43.

[4] Barnard, A. 2009. Social Origins: Sharing, Exchange, Kinship. In *The Cradle of Language*, edited by R. Botha & C. Knight, 219–235, Oxford: Oxford University Press.

[5] Carr, E. 1961. *What is History?* Harmondsworth, U. K.: Penguin.

[6] Childe, V. Gordon. 1942/1936. *What Happened in History*, Harmondsworth, UK: Penguin.

[7] Dragadze, T. 1993. The Domestication of Religion. In *Socialism: Ideals, Ideologies and Local Practice*, edited by C. M. Hann, 148–156, London: Routledge.

[8] Dunn, J. 1972. *Modern Revolutions*, Cambridge: Cambridge University Press.

[9] Engels, Friedrich. 1884. *Der Ursprung der Familie, des Privateigenthums und des Staats: Im Anschluss an L. H. Morgans Forschungen*, Höttingen-Zürich: Schweizerische Genossenschaftsbuchdr.

[10] Fehr, E. 1999. A. Theory of Fairness, Competition and Cooperation. *Quarterly Journal of Economics* 114: 817–868.

[11] Firth, Raymond. 1951. *Elements of Social Organization*, London: Watts.

[12] Gamble, C. 2007. *Origins and Revolutions: Human Identity in*

Earliest Prehistory, Cambridge: Cambridge University Press.

[13] Gledhill, J. & Bender, B. & Larsen, M. eds. 1988. *The Emergence and Development of Social Hierarchy and Political Centralization*, London: Unwin Hyman.

[14] Gluckmann, M. 1965. *Custom and Conflict in Africa*, Oxford: Blackwell.

[15] Goody, Jack. 1976. *Production and Reproduction: A Comparative Study of the Domestic Domain*, Cambridge; New York: Cambridge University Press.

[16] Goody, Jack. 2003. Sorcery and Socialism. In *Distinct Inheritances: Property, Family and Community in a Changing Europe*, edited by Hannes Grandits & Patrick Heady, 391-408, Münster: Lit Verlag.

[17] Goody, Jack. 2006. Gordon Childe, the Urban Revolution and the Haute Cuisine: An Anthropo-archaeological View of Modern History. *Comparative Studies in Society and History* 48, No. 3: 503-519.

[18] Hacking, Ian. 1987. Was There a Probabilistic Revolution 1800-1930? In *The Probabilistic Revolution Vol. I*, edited by L. Krüger & L. Daston & M. Heidelberger Cambridge, MA: MIT Press.

[19] Hann, Chris. 2006. "*Not the Horse We Wanted!*" *Postsocialism, Neoliberalism and Eurasia*, Münster: Lit Verlag.

[20] Hann, Chris. 2008. Reproduction and Inheritance: Goody Revisited *Annual Review of Anthropology* 37: 145-158.

[21] Hann, Chris. 2009a. Embedded Socialism? Land, labour and Money in Eastern Xinjiang. In *Market and Society: The Great Transformation Today*, edited by Chris Hann & Keith Hart, 256-271, Cambridge: Cambridge University Press.

[22] Hann, Chris. 2009b. The Theft of Anthropology. *Theory, Culture and Society* 26, No. 7-8: 126-147.

[23] Hann, Chris, ed. 2010. *Religion, Identities, Postsocialism: The Halle Focus Group* 2003-2010 Halle, Germany: Max Planck Institute for Social Anthropology.

[24] Hann, Crhis & The Property Relations Group, eds. 2003. *The Postsocialist Agrarian Question: Property Relations and the Rural Condition*, Münster: Lit Verlag.

[25] Henrich, J. & Boyd, R. &Bowles, S. & Camerer, C. & Fehr, E. & Gintis, H. eds. 2004. *Foundations of Human Sociality: Economic Experiments and Ethnographic Evidence from Fifteen Small-scale Societies*, Oxford: Oxford University Press.

[26] Hilton, R. ed. The Transition From Feudalism to Capitalism, London: New Left Books.

[27] Hyden, G. 1980. *Beyond Ujamaa in Tanzania: Underdevelopment and an Uncaptured Peasantry*, Berkerley: University of California Press.

[28] Jarvie, I. 1964. *The Revolution in Anthropology*, London: Routledge & Kegan Paul.

[29] Kabo, V. 1985. The Origins of the Food-producing Economy. *Current Anthropology* 26, No. 5: 601-609.

[30] Kingston-Mann, E. 1999. *In Search of the True West: Economics and Problems of Russian Development*, Princeton, N. J.: Princeton University Press.

[31] Kligman, G. & Verdery, K. 2011. *Peasants under Siege: The Collectivization of Romanian Agriculture*, 1949-1962, Princeton, N. J.: Princeton University Press.

[32] Kuhn, T. 1962. *The Structure of Scientific Revolutions*, Chicago: University of Chicago Press.

[33] Kuhn, T. 1977. *The Essential Tension*, Chicago: University of Chicago Press.

[34] Lan, D. 1985. *Guns and Rain: Guerillas and Spirit Mediums in Zimbabwe*, London: James Currey.

[35] Leach, E. 1954. *Political Systems of Highland Burma*. London: Bell.

[36] Lee, R. 1979. *The ! Kung San: Men, Women and Work in a Foraging Society*, Cambridge: Cambridge University Press.

[37] Marcus, J. 2008. The Archaeological Evidence for Social Evolution. *Annual Review of Anthropology* 37: 251-266.

[38] McBrearty, S. 2007. Down with the Revolution. In *Rethinking the Human Revolution*: *New Behavioural and Biological Perspectives on the Origin and Dispersal of Modern Humans*, edited by P. Mellars & K. Boyle & O. Bar-Yosef & C. Stringer, 133–151, Cambridge, U. K.: McDonald Institute for Archaeological Research.

[39] Mellars, P. 2007. Rethinking the Human Revolution: Eurasian and African Perspectives. In *Rethinking the Human Revolution*: *New Behavioural and Biological Perspectives on the Origin and Dispersal of Modern Humans*, edited by P. Mellars & R. Boyd & O. Bar-Yosef & C. Stringer, 1–11, Cambridge, U. K.: McDonald Institute for Archaeological Research.

[40] Ostrom, E. 1990. *Governing the Commons*: *The Evolution of Institutions for Collective Action*, Cambridge: Cambridge University Press.

[41] Polanyi, K. 1944. *The Great Transformation*: *The Political and Economic Origins of Our Time*, Boston: Beacon Press.

[42] Rogers, D. 2009. *The Old Faith and the Russian Land*: *A Historical Ethnography of Ethics in the Urals*, Ithaca, N. Y.: Cornell University Press.

[43] Runciman, W. G. 2009. *The Theory of Cultural and Social Selection*, Cambridge: Cambridge University Press.

[44] Sahlins, M. 1985. *Islands of History*, Chicago: University of Chicago Press.

[45] Stirling, P. 1965. *Turkish Village*, London: Weidenfeld and Nicolson.

[46] Stirling, P. 1993. Growth and Changes: Speed, Scale, Complexity. In *Culture and Economy*: *Changes in Turkish Villages*, edited by P. Stirling Huntingdon, U. K.: Eothen Press.

[47] Stocking, G. 1987. *Victorian Anthropology*, New York: Free Press.

[48] Tomasello, M. 2008. *Origins of Human Communication*, Cambridge, MA: MIT Press.

[49] Tomasello, M. 2009. *Why We Cooperate*, Cambridge, MA: MIT Press.

[50] Urry, J. 2006. Theethnographicisation of Anglo-American Anthropolo-

gy, *Sites*, *ns* 3, No. 2: 1-36.

[51] West, H. G. & Raman, P. eds. 2009. *Enduring Socialism: Explorations of Revolution and Transformation, Restoration and Continuation*, New York: Berghahn.

[52] Wickham, C. 1984. The Other Transition: From the Ancient World to Feudalism. *Past and Present* 103: 3-36.

[53] Wolf, E. R. 1969. *Peasants Wars of the Wtentieth Century*, New York: Harper & Row.

[54] Woodburn, J. 1982. Egalitarian Societies. *Man* 17, No. 3: 431-451.

人类学的多元时间性及其在中东欧的未来

韩可思　著
祝鹏程　译
吴秀杰　校

一

自詹姆士·弗雷泽于 1907 年接受英国利物浦大学的聘任、履职世界上第一个设立在大学里的社会人类学教授讲席以来，一个世纪已经过去了（Ackerman，1987：207-208）。弗雷泽属于经典的扶手椅上的人类学家：他是一个渊博的古典式学者，他那不甚精确的民族志知识是百科全书式的，它们几乎全部来自旅行者和传教士的书籍和报告。与大多数同时代的人一样，他构建的人类学具有自觉的进化论取向。弗雷泽享誉最广的著作是《金枝》（1890），其对人类学的决定性贡献体现在信仰与知识这两个研究领域：他勾勒了从巫术到宗教、最终到科学这一有条不紊的进程。如果看到今天的社会人类学家正在讨论的话题，他肯定会备感震惊。像他这样的社会人类学家将自己的学科理所当然定位于关注“野蛮人”和大历史维度的人类社会进程。当他看到当代许多人类学者正在分析就在我们眼前展现的社会变化时，他会感到不可思议。

这一期《捷克社会学评论》（*Czech Sociological Review*）特刊中刊登的关于东欧“后社会主义”转型研究的文章，让我们看到了人类学学者在这条路上走了多远。人类学学者的研究成果越来越得到其他社会科学界同行的关注。社会科学里的大型学科，如经济学、政治学和社会学所构建的、常规的“后社会主义”转型模式中，还留下了若干未解之谜，而他们正希望从社会人类学的研究成果中为其找到答案。我的任务不是来讨论这期特刊里的论文，有兴趣的读者可以自己阅读，况且其中的关键性主题本刊的特邀主编也在前言中强调过了。相反，我想利用主编给我的自由，从总体上思考一下社会人类学该如何应对历史与社会演化（evolution）的诸多问题。我希望，我的思考能有助于将这里发表的研究成果放置在一个更广阔的思想背景之中。我们总需要细致的民族志式的观察，尤其在快速的社会变迁时代，民族志学者的洞察力有可能对其他学科中应用的范式进行补充、重塑或者纠正。在这样的情况下，对民族志的需求就显得更为迫切。请允许我以一种绝对直白的方式开始：对东欧前社会主义国家近期社会转型的民族志研究是必不可少的。在德国的马克斯·普朗克社会人类学研究所，我带领的科研团队也将其作为首选课题。

但我也要声明：好的民族志研究只构成了人类学的一个部分。随着“转型”的第二个十年已渐进尾声［该文写作于2007年——译者注］，从事这一地区研究的人类学者到了该在自己的研究中考虑时间性，而不仅只停留在“后社会主义”状态的时候了。在最低的限度上，这意味着，我们需要注意到其社会主义时期的历史是如何影响了其最近的发展的。这也意味着可以有更高一点的要求，那就是对社会主义这一社会形态在欧亚大陆长期历史中的意义做出评判。不管历史是以怎样的方式被引入，人类学在时间框架上的扩展会引发出重要的理论问题。到目前为止，社会转型的民族志学者还没有正确地面对这一情况。

正是基于这些想法，我在这篇文章的结尾部分就社会人类学与其他相邻学科的关系发表自己的观点。在捷克，人类学与社会学的关系明显强劲（否则这期特刊也不会出现）。我更关心的是人类学与民族学、民族志、民俗学等学科的关系。当然，对其他国家的同行学者在如何组建研究所、聘任研究人员、组织研讨会等事宜上指手画脚，既不是我的工作，也不是我的愿望。尽管如此，我还是力图解释，为什么我认为创建一个分开的、被称为社会人类学的独立学科，并将其作为现存学术圈的敌对者和竞争者这一做法从总体上是错误的，尽管我的观点让这一地区里我最密切的朋友们感到不安。一个在真正意义上具有比较视野与世界眼光的人类学系可以将致力于当代社会转型的学者与专项从事其他历史时期研究的学者整合到一起，而这种整合会使他们彼此相互受益。

二

在摒弃弗雷泽范式上用力最勤的是马林诺夫斯基（他还在克拉科夫求学时发现了弗雷泽范式）（Jarvie，1964；Gellner，1995）。洞察幽微的盖尔纳（Ernst Gellner）指出，马林诺夫斯基之所以转向基于田野观察的共时性分析，不仅因为他受过恩特斯·马赫（Ernest Mach）经验主义哲学严格的学术训练，同时也与他作为波兰人的文化身份有关系。换言之，他来自一个在历史进程中没有被善待的国度（Gellner，1988）。当然，马林诺夫斯基并不是第一个从事田野工作的人。近年来学界已经注意到他著作中的缺陷，并发现了他某些自卖自夸的说法（Young，2004）。至于马林诺夫斯基的“功能主义”的理论基础，在他于1942年过世以后就鲜有支持者。虽然有这样或那样的缺点，马林诺夫斯基在1915—1918年对特罗布里恩岛的研究，以及在此后20年的辛勤写作，确立了“微观”分析的新标准，在大英帝国的最后几十年里，造就了英国社会人类学的“黄金时代”（Kuper，1983）。

这种研究是共时性的。这就是说，发表的看法只取自于一个特定的时间和一个特定的地点所从事的田野作业。事实上，正如迈克尔·杨（Michael Young）在马林诺夫斯基的传记中指出的那样：马氏田野期间的活动不限于一个地点。他总共待在基里怀恩岛奥玛拉卡纳社区的时间为大约6个月，但是他在出版物中没有交代时间顺序上的细节。关于殖民地管理方面他提供的信息少得可怜。这个殖民地在地方行政常驻的助理、剑桥大学毕业的医生雷纳·贝拉米（Raynor Bellamy）管理之下，运行得非同寻常地良好。马林诺夫斯基关于特罗布里恩岛的专著是“在时间之外”的（Thomas，1989），也就是说，他根本没有把微观分析放置在广阔的时间框架中。对于大多数人类学家认同进化论的推测以及臆测历史的倾向，虽然他不以为然，然而他也没能用明确的、新的时间性来取而代之，比如考虑包括基督教会在内的殖民主义的种种结果。相反，驱动马林诺夫斯基发动“革命”的理想是，借助于直接的田野调查，人类学者得以接近一个无时间性的“他者”，尚未受污染的“高尚的野蛮人”或“自然人”。

值得一提的是，马林诺夫斯基最终还是认识到了这种研究的不足。在关于特罗布里恩岛研究的最后一本，也是内容最丰厚的专著（Malinowski，1935）里，马林诺夫斯基在一个附录里对自己没有记录先他而至的欧洲人对该地区产生的影响这一错误，提出了批评。这一次，他明确地鼓励他的学生们去研究社会变迁过程。在他实现社会人类学转型的策略中，这是一个关键性的因素——人类学要由一个以边远的“自然人群”为对象的学科转变为一门有可能为殖民地管理者甚至种植园主提供有用建议的应用社会科学，并因此获得资助。这可以被看作是第二次革命。在英帝国的最后几十年里，马林诺夫斯基毫无疑问是一位关键人物，他开启一个非同寻常的阶段使英国社会人类学得以扩展（Goody，1995）。

这一派学者对历史的关注各不相同。一些学者强调变迁的持续过程（如 Schapera，1947），另一些则只是在对原先研究地进行再研究的时候，才开始关注到变化（如 Firth，1959）。总体而言，虽然他们迅速以复杂得多的理论取代了马林诺夫斯基的“功能主义”，社会人类学家们并没有认真地介入到“长时段”的历史研究中去。埃德蒙·利奇（Edmund Leach）（1954）以批评爱德华·埃文斯-普理查德（Edward Evans-Pritchard，1940）关于南苏丹努尔人的政治体系之“均衡性”的分析而闻名，他自己关于缅甸高地政治制度的研究强调了不同政治模式之间的“钟摆式的波动”。不过，按照后来的批评者言（Nugent，1982），利奇的“钟摆模式”仍然缺少以对该地区长时段政治经济背景的了解作为基础。利奇否定了这一批评，坚持认为在田野之外，他已经穷尽了关于该地区的档案研究。在大多数情况下，田野工作者从没涉足过档案。弗雷迪科·巴斯（Fredrik Barth）对帕坦人政治领袖的杰出研究，很难再被认定是静态或共时的研究。在理论上，这一研究也使他发展出影响深远的“互动论”观点。尽管如此，作者没能将书中记录的那些动态的故意放置在更长时段的背景当中，它们没能超过被访者回忆所能达到的时限（Meeker，1980）。

自欧洲失去其殖民国家以来，如何将历史引入人类学研究已经发展出更多的令人满意的形式，这一发展趋势还在持续中。毫不奇怪，历史与人类学的对接首先出现在如南亚这样的地区，人类学家已经无法继续忽略那些以文本资料为基础的印度学家的研究成果（Cohn，1987）。很多致力于欧洲研究的人类学者密切关注历史学同行的成果，尽管他们当中很少有人亲自涉足了档案（Davis，1977）。同时，很多历史学家开始在微观层面研究中运用人类学的概念，并构建了一个新的领域“历史人类学”（Medick，1988）。最近几年，整个人类学界深受关于“东方主义”的论争以及一系列新潮理论，如“后殖民主义”理论的影响。近几年，在人类学领域受到推崇的著作包括简·科马洛夫（Jean Comaroff）和约翰·科马洛夫（John Comaroff）关于南非的著作（Camaroff & Comaroff，1991）以及尼古拉斯·托马斯（Nicholas Thomas）对太平洋地区的研究（Thomas，1994）。

总之，我们可以看到，人类学学科史上的转变——从扶手椅上的进化论阐释到基于田野资料的共时性分析——并非如马林诺夫斯基所愿意声称的那样具有强烈的戏剧性，甚至在英国人类学界也并非如此。马林诺夫斯基引入的新方法也带来了新危险：民族志写作者会抽掉那些不合拍的外来因素，将自己的研究对象置身于真实的历史时间之外。不过，在殖民地后期，大多数民族志学者开始将历时性的因素引入自己的著作当中，这也要归功于马林诺夫斯基的带领，以及这样做在获得资助方面所取得的成功。他们的研究与历史打交道达到怎样的程度，则因人而异，显出很大差异，正如他们使用的理论范式也非常不同。然而我希望强调的是，很少有在社会人类学和文化人类学领域从事田野工作的学者会愿意参考任何形式的进化理论来分析他们的田野资料。因此，当马林诺夫斯基被普遍地认为是英国人类学派关键性的奠基人时，詹姆士·弗雷泽则被看作代表了一个被取而代之的人类学，他只是一个形象模糊的学界先辈，不具有当下的重要性。

三

在“后社会主义”研究领域，还没有可以与后殖民主义比肩的理论。一些从事“后社会主义”社会研究的人类学者——包括本特刊中的几位作者已经关注到了后殖民理论。不过这里发表的成果的共同特点是，它们都基于田野调查——现代人类学最重要的标志性特征。与学界一般的趋势相同，有些人使用了“多点民族志”的方法。田野调查的地点包括非政府组织、政府机构，也有那些为早期田野工作者所钟爱的、典型的乡村共同体。这些调查地点的细节是次要的。重要的是，人类学家能够在对社会行动进行微观观察的基础上，对在这个风云变幻的时代里实际发生的事情有所了解，并能对来自其他学科的观点和看法予以补充。在了解社会这一意义上，田野调查比其他方法有优势，因此可以实现韦伯式社会学的目标。田野调查可以使人类学者确定不同规范、价值的相对力量以及非正式社会支持网络的意义，无论对“输者”还是“赢者”来说，社会支持网络经常对所有群体的生存策略都非常关键。简言之，人类学发掘出来的是那些通常不为人所见的默会知识，是那些在经济学的统计数字甚至在细心的社会学调查中也无法顾及的信仰和实践。所有的这些做法，都是非常重要的贡献。不过，挑剔的批评者也许会提出这样的问题：一个敏锐的、长于调查的记者也能做得同样好。那么，使人类学既有别于定性分析的社会学又有别于报纸专栏的特殊品质是什么呢？

在我看来，答案的核心在于人类学者的理论关怀。从时间性入手是阐发这一理论的最佳途径。我想分两步来说明：首先是那些存在于现在当中的过去，田野调查者可以对此进行研究。其次是那些需要更加严肃的历史学介入，也许甚至还需要引入进化论视角的问题。

与其他物种一样，人类生活在时间里。我们活跃于当下状态之中，但是其范围要比任何其他动物宽泛得多，因为我们对于未来有期望、有抱负。这些最首要的是受来自过去经验的影响，也就是说，受记忆的影响。在“后社会主义国家”的学术界，记忆成为跨学科研究的主要焦点，因为东欧前社会主义时期的政治压抑造成了在个人层面和集体层面上的记忆扭曲。人类学者在这个领域内已经做出了非常出色的贡献（Watson，1994；Pine & Kaneff &Haukanes，2004）。对以往事件的纪念一直在形塑着我们对现在的理解。对集体记忆的研究可以借助于分析学校教科书或者公共仪式来完成，对其他层面记忆的研究则要求更加敏锐地对主体性探究，而唯有经由田野调查所达成的与当事人的信任才使其成为可能。与此同时，报告人讲述的内容也必须与其他材料互为参照，它们会与档案材料的内容有出入。

很多社会人类学方面关于“后社会主义”的研究成果都发现了一个普遍存在的现象：一些事物的变化总是慢于另一些变化。具体地说，规范、价值观、心态等蕴含着一种力量，这种力量能抵抗法律的逻辑和经济的改变。这是马普社会人类学研究所的“产权关系”研究组于 2000—2005 年间通过一系列对集体化解体的调查研究之后得出的结论（Hann，2005）。其他学者的研究显示，在“后社会主义”国家的工厂里，一直延续下来的对“人”（Person）这一概念的文化理解仍然有较大的重要性（Dunn，2004）。甚至对那些转型时期的临时现象，比如曾经出现在莫斯科的施粥处的研究（Caldwell，2004）也对理解文化的连贯性具有非常大的价值，尽管在这本专著出版不久，施粥处就不复存在了。总而言之，人类学者指出了政策制定者倾心的规划与“后社会主义”社会中难以逾越的现实之间所存在的不和谐之处，内在的和外在的不和谐同时存在。以捷克为例，拉迪斯拉夫·霍利（Ladislav Holy）曾经指出雄心勃勃的新自由主义（当时还没有被称其为如此）的目标与深植捷克大众中的平等团结理念之间存在一种对立（Holy，1996）。

现在，每一个捷克读者都比我更清楚：这一观点的适用性是有限的。假如霍利今天还活着，他会对在如此短的时间内发生的变化感到震惊。人类学者也必须接受断裂。人类有时会在生活的每一步中都展现出能够面对极端变化的能力。乔尔·罗宾斯（Joel Robbins）在对美拉尼西亚的五旬节派教徒研究中指出，人们可能会声称转变是他们新的身份认同的最本质的因素（Robbins，2003）。在对五旬节派教徒的研究中，人类学者受我们这个专业里被乔尔·罗宾斯称为“连贯性想法”的引导，集中于那些有可能导致新旧文化成分对接的因素。但是罗宾斯也提醒我们，当人们在谈到希望拒绝与过去身份相关的任何事情时，我们也必须严肃认真地对待他们所断言的内容。

这一警告非常有益：人类学必须超越仅仅作为“关于连贯性的科学”，我们知道五旬节教派已经进入一些“后社会主义”国家（Wanner，2003），关于五旬节教派的观点也可以同样应用在其他宗教群体。不过，许多不同层面的后果，也受到了霍利试图去分析的那种看不见的连贯性的形塑，这也是一个不争的事实。那些重新加入教会的基督徒传播福音的方式，在某些方面显现出强烈的社会关系网的烙印，尽管当事人自己可能还没有意识到其相似性。去检验这种可能性的唯一途径，就是对过去的活动进行系统性的调查研究。研究者也必须时时提及有发生变化的可能性，连贯性可能是例外，而不是常规。

显然，这种研究面对的挑战与马林诺夫斯基在撰写特罗布里恩岛专著时的目标全然不同。将“转型”中的社会放置于时间之外是不可能的。问题在于，当研究对象所处的条件完全处于均衡状态的反面时，我们该怎样去抓住和分析那些贯穿性的、始终行之有效的内容。人类学界的早年论争教会我们，应该对可能出现一种新均衡状态不抱任何幻想，更不要指望它甚至就会出现在不远的将来。“后社会主义”社会的状态，是在所有社会里都能找到的持续性变革进程的加强版。从这个角度来看，对“后社会主义”的研究清楚地表明，对普遍的社会变迁研究我们还需要更复杂精密的模式和方法（Ellen，1994）。

这样一路做下来，一个能流利地讲当地语言的田野工作者在谈到不同程度的变化时，最终也有可能带有一定的权威性，哪怕他或者她并没有系统地从事历史研究。不过，人类学者新近获得的说法，比如平等主义价值观的持续存在，如果能从人类学者从前搜集到的人生历史讲述中找到支持性的材料，那就会更有说服力。当然，2000 年记录的历史讲述会与 1989 年的大相径庭。为了有助于解释报告人的“被记忆的历史”，下一步就应该做些档案工作，深挖一些看起来不起眼却有助于在普遍意义上对适应进程有所理解的材料。这些东欧国家社会主义年代的各种记录千差万别，反过来又导致我们有必要查阅更高层次上的档案，或者用对另外一个地区的研究来做些补充，以便能够获得一个更全面的总体看法。简言之，我们在思考“过渡/转型时期”的许多关键问题时，会不可避免地进入东欧前社会主义时期的历史这一领域，其形式既包括口述史也包括系统的档案研究。

我发现，关于“后社会主义”社会的研究中，那些令人信服的观点大都出自一些年龄稍长的学者，他们本人与研究对象的关联大都可以追溯到东欧前社会主义时代（Verdery，2003；Creed，1998；Kideckel，1993；Lampland，1995）。我的意思当然不是说，只有我们这一代上了些年纪的学者来做“后社会主义”研究才具有合适的时间深度！对所有年龄段的学者，只要他们严肃地对待口述史、能精确地处理大量的可资利用的历史资料，“后社会主义”研究的大门都是敞开的。

四

我已经指出：人类学者在进行“后社会主义”转型研究时，不应该心满意足地使自己局限于“当下”的视角。因为在深层假设上，我们的学科倾向于强调连贯性，因此对我们具有挑战性的问题是定位于不同等次的变化。这既有理论上的意义（比如“文化”的概念如何用来表述长期稳固的价值观念和意义体系），也对实践有所贡献，比如政府要采取改革的领域，包括政治、经济和司法机构，那些先前曾经稳定的、现在却受到了冲击的领域，如劳务市场和社会保障体系等，在这里我们的研究会提供相应的知识。

在对历史不予排斥之余，“后社会主义”的研究者是否还能做出更多的贡献？也许他们甚至能够帮助拯救进化论思想，这个目前仍被大多数社会人类学和文化人类学学者视为洪水猛兽的概念？弗雷泽专门研究宗教，他不被认为对经济人类学、政治人类学和法律人类学有所贡献。不过，他和与他同时代的杰出德国学者（比如 Eduard Hahn）一样，相信宗教信仰能在经济和技术的进化上扮演关键性的角色。在其引人入胜的演讲《心灵的任务》（1909）中，他谈的题目是财产（property）。他的基本观点是，众多表面上看起来非理性的行为实践和“迷信”都在确立产权关系上有始料不及的后果。弗雷泽的理论总和成一种诡异的目的论理论：人类社会的制度是在“野蛮人”日积月累、一步一步的试验中最终形成的结果。不过，后来的田野工作者提供的图景，支持了这个从根本上是功能主义的观点，比如雷蒙德·弗思阐明，提科皮亚岛酋长权力背后的经济逻辑是，在特定时间内收获椰子的活动要有禁忌（Firth，1965/1939）。

现在，有的学者把社会主义意识形态视为迷信。但是，我想很少会有人愿意把有的社会主义国家掌权者在 20 世纪引入的产权变化解释为人类良性进化过程中的一个新阶段，是进化中的一种变体和竞争。如果持这样的看法，其经济上的结果是灾难性的，在情感与社会效应上也极具破坏性。

从关于农村集体化解体的人类学著作中，我们能学到什么呢？在我们的研究中出现的根本要点，是历史的重要性。比如，即使在中欧和东欧，贯彻集体化的程度和方式也有明显的不同。这可以帮助我们理解为什么匈牙利村民身上的企业家倾向明显大于相邻的其他国家，因为匈牙利的村民在1968年后已经成功地适应了“市场社会主义”的改革，而相邻其他国家实行的是正统的社会主义模式，留给个人活动的空间非常有限。如果我们用以比较的框架范围的话，可以看到中东欧作为一个整体与苏联的反差。对中东欧而言，私人财产的理念和实践在社会主义规则进入之前，就已经或多或少形成了。在俄国，市场机制和私人财产理念的渗入则非常有限（Kingston-Mann，1999）。这可以帮助我们明白为什么在苏联解体时，利用当时具备的可能性条件成为独立的农场主的村民数量是那么少。穿越整个欧亚大陆的对比能够帮助我们理解在集体化解体之后它们各自走出的不同之路，也帮助我们认识到，那些我们长久以来以为理所当然的边界，包括亚洲和欧洲之间的洲际划分，在相当程度上都是近期发展的结果（Hann，2006）。

概括而言，如果人类学家在田野中开始注意“被记忆的历史”并将之与档案分析联在一起，与历史学家合作，那么他们在理解“后社会主义”社会上的贡献，肯定会多于另外一种研究方式带来的结果，即人类学学者将自己局限于记录人们当前的行为。财产制度是一个很好的例子，它可以说明为什么长期变迁理论和进化论的重要性我们必须兼顾。比如我们的研究者发现，在俄国农村，忌妒的想法、公平的理想、互惠的实践以及互助行为都广泛存在（Heady & Miller，2006）。研究它们之间的纠结如何展现在血肉之躯的行为者的策略之中，肯定要比与自己的学生在田野中做实验游戏［指实验经济学研究——译者注］的难度大得多。有谁试图从理论上探讨合作、互惠、利他主义在进化中的重要性，可以借助于人类学的研究课题，进入那些现实的、深受历史影响的复杂领域而从中有所收获。

五

我在前文中简要勾勒出来的学科轮廓是一个奇怪的混杂体。它一直游移在“快照式”的民族志与世界历史之间，偶尔还要掺和进物种进化的争论中，与此同时，却又研究那些非常地方化的风俗细节，带着业余民俗学者的热情。田野工作是21世纪社会人类学的首要特色，它的可贵之处已经体现在社会人类学者对“后社会主义”转型研究中所做出的贡献上。我在前文指出，即使是对世界历史中显而易见的短暂时刻的研究，只要它在一定程度上与连贯性和非连贯性相关，采用了历史学的方法，就会富有启发性。田野工作者得遇的任何当下中的人，也包括“当下主义者”吉普赛人，都拥有独特的人类大脑，都存留了记忆，而记忆形塑他们目前的行为和对未来的期待。

如果说社会人类学是一个杂交的或者说是变色龙式的学科，那么在宽泛的学术分工中它该归属哪里？现代大学里非常典型的是，在社会科学系和历史系之间有明确的分界线，可是处理和人的大脑相关的问题时还需要来自两方面的专家。这个问题在中欧和东欧的前社会主义国家就显得尤其严峻，因为在那里过去没有一个被认可的类似于社会人类学的学科。这个领域更多的是被“国族民族志”（Hofer，1968）主导着，有时也被称为“民族学”，其关注的对象是民俗和物质文化。这类学科的普遍关注点在于民族国家层面，尽管也会考虑到地方和地域上的不同情况。“本土民族志学者”有时意识明确地追随各自国家的民族运动。主导他们研究工作的时间模式取决于这样的政治背景：民族志学者的首要使命是去记录农民的文化，其思想背景是：他们坚信在农民当中、在纯净的前工业化的环境中可以找到民族的本质特性。这个学科被设置在历史系，除历史以外，在学科训练中语文学也是被强调的内容。

东欧国家中以民族国家为核心的民俗学，与民族学——西欧殖民地拥有国中人类学者从事的比较研究——之间存在较大反差，这早就被学者注意到了（Stocking，1982）。然而，以民族国家为核心的民俗学学术传统在马克思列宁主义的社会主义国家里持续存在，对于这一事实我们考虑得还非常少。人们会想当然地以为，全新的社会主义意识形态会给该学科规定完全不同的方向（Hann & Sarkany & Skalnik，2005）。的确，某些变化和创新出现在社会主义时期的民族志中，即一些民族志学者开始将农村人口视为高度分层的群体或阶级来分析。但是，大多数人则宁愿远离当代研究（尽管从政治上有可能在农村做这样的研究），继续停留在那些欧洲前社会主义时代的先辈们已经着手研究的时间段里（Kuti，2005）。典型的情况是，这个学科被安置在历史系中。就历史系的学科传统而言，即便是对远古过去的研究，其对具体的社会变迁过程的关注也极为有限，其出发点与我在上文中提到的20世纪社会人类学的共时性分析的出发点完全不同。不过，从我力图为之辩护的角度看，这并不意味着这个学科走向贫乏。

那些对以民族国家为核心的研究范式不满、倾向于文化和社会人类学的西方流派的学者，如果不去尝试挖掘出“后社会主义”重建时期的各种可能性、在本土的学术基础上建立一个新学科，那会让人感到讶异。幻想老一代民族志学者会简单地退出学术舞台是不切实际的，更何况他们肩负的民族国家使命现在再一次变得举足轻重。在这种情况下，人们就会想到去寻找新的结盟对象，如社会学、文化研究和媒体研究，为社会人类学作为一个新学科进入学科规划而“斗争”（Skalník，2002）。这种努力在机构设置上的结果极其不同，比如在我所了解最多的匈牙利，在历经了十五年的混乱实验之后，还是看不到出现稳定的学科结构的些微迹象，人类学的未来仍然命运未卜（Hann，2009）。

来自这些国家如捷克的一些好朋友对我提出的统一的“人类学领域”这一初步设想，表示质疑。我对那些努力把社会人类学建设成一个独立学科的人心存好感（尤其是他们的人生经历表明，他们在东欧前社会主义时期遭遇过不公正的痛苦），但是我不支持他们这样做。为什么我的东欧专业同行们在为该学科开疆扩土、独立自主而打拼时，我却不去与他们团结一致呢？我最早的田野调查项目是以匈牙利和波兰为基础的。作为一个现在有资深专业技能的社会人类学者，如果我回过头来看的话，当初自以为在东欧的农村通过马林诺夫斯基式的长期田野调查就可以开辟出新领域的想法，是幼稚可笑的。当时我认为（后来也这样教给剑桥大学的学生们）“人类学的欧洲研究”开始于20世纪40年代末期，那时埃文斯–普理查德允许皮特–里弗斯（Julian Pitt-Rivers）与保罗·斯特灵（Paul Stirling）分别去研究安达卢西亚与安纳托利亚的乡村社区。这些学者的发现（Pitt-Rivers，1954；Stirling，1965）及其与世界其他地区的比较，对我关于“农民转型”的调查当然非常重要。但是，回头看时，我觉得应该用更多的时间来参考“国族民族志学者”的成果。我的研究无论如何不能说是极端共时性的：它追溯到东欧前社会主义的早期，甚至更早，但是其方式非常有限。民族志学者 Antal Juhasz 近期关于匈牙利大平原的著作让我开了眼界，看到了那些有可能进入我的研究项目中的极其丰富的历史资料（Juhasz，1997）。

我曾经这样为自己将焦点集中于当前辩护：在我最关注的社会转型的

层面，即合作社的作用、政治领域内的“民主集中制”等话题上，匈牙利的民族志记录没有充分的政治自由。这样的理由在今天的自由条件下，自然是说不过去的。即使在 20 世纪 70 年代，这样的说法也未免有强词夺理之嫌。匈牙利的情况是，当时“国族民族志学者”本身都在研究集体化之后接踵而来的社会变迁（诚然不是用马林诺夫斯基式的个人的长期田野调查方式）（Bodrogi，1978）。萨卡尼（Mihaly Sárkány）是参与这项研究的核心人物之一。最近他牵头对这个位于匈牙利北部的村子进行再研究，目的在于发现“后社会主义”转变对村子带来的影响。我们发现，将来自不同农村地区的数据进行比较会有非常引人入胜的结果（Hann & Sarkany，2003）。同时，萨卡尼有在非洲做田野调查的经历，他在布达佩斯教授的课程包括非洲研究、经济人类学、人类学的理论和方法。诚然，他是匈牙利“国族民族志学者”中的一个例外。不过，在其整个学术职业生涯中，他努力在现存的民族志机构框架之内，推进广义上的社会人类学。只要在现有的学科之内，多元的空间和时间框架能够被接受，我觉得没有理由从西方引进一个“新”学科。

从我所涉猎的研究著作中可以做出这样的判断：就研究对象与及其所应用的方法而言，社会人类学与民族学和民族志学的共同基础正在增长。社会人类学不再仅仅满足于提供共时性的快照，而国族民族志学者也不再仅仅囿于“传统的农民”。两个阵营在研究对象的时间性上更大的交叉混合可能会让彼此受益。有关人员的专业身份如何保留在不同学术圈这一问题，或者说在多大程度上保留在哪个学术圈中，我的建议是：民族志学者和社会-文化人类学者在一个系或者研究所里形成自己的小组。那些从事当代转型研究的学者不要惧怕在“老战士”主导的讨论会上发表自己的研究成果。如果后者能够被说服去参加调研外国的学者发表学术报告，如果国外学者能被请来报告他们对自己本国的研究成果，那么学科融合的事情就又往前推进了一步。我并没有低估其中可能会遇到的困难。我认识到，那些从事转型研究的人还会继续在社会学和政治学那里寻找理论上的启发，把在历史和语文学方面的投入看作浪费时间。另外，我也能理解，那些国族民族志学者的担心：如果他们不彻底拒绝文化人类学这辆重型大货车的话，他们原有的学科就可能会有灭顶之灾。但是，在我设想中的人类学系，有民俗学取向的研究可以形成自己的分支，与其他分支并行不悖。

这并不是幻想：在很多地方如波兰，过去成立的系已经改了名称，后面加上了文化人类学。我相信，他们正在向我在这里建议的学术共同体迈出实在的步子。

请允许我在这篇文章的结尾之处再深入一步。我的观点是，与着重泛化和比较性视角的“世界主义”人类学相比，本土民族志学者关于自身社会的了解更能为对该社会其他对象进行研究提供一种坚实的基础。一个广义上的人类学系可得益于强劲的本土根基。从这个角度来看，如果与捷克和匈牙利社会人类学专业的学生相比，英国学生就处在一个并不幸运的位置上。比如，在英国已经建立起来的学术领域中，对民俗的研究几乎不存在。如果有谁想研究前工业化时代的乡村民众，那么就只好去社会史或者经济史专业选课。简言之，英国人类学系的学生，很少或者根本没有机会与自身社会的传统打交道。在我看来，他们可以从多元时间和空间的研究角度受益，这在最低的层次上也应该包括对自己国家的社会进化进程有所了解。这会有助于将人类学提升为一个成熟的民俗学与民族学综合体：它既不对自己的人民雀跃欢呼，也不一味地醉心于“他者”，它是社会科学的一支，它与社会学（更不用说文化研究、媒体研究等学科了）相区别，不仅因为方法，更因为它在涵盖的时间和空间范围上有别于其他学科。

参考文献

[1] Ackerman, R. 1987. *J. G. Frazer: His Life and Work*, Cambridge: Cambridge University Press.

[2] Bodrogi, Tibor, ed. 1978. *Varsány; Tanulmányok Egyészakmagyarországi Falu Társadalomnéprajzához*, Budapest: Akadémiai.

[3] Caldwell, M. 2004. *Not by Bread Alone: Social Support in the New Russia*, Berkeley: University of California Press.

[4] Cohn, B. 1987. *An Anthropologist among the Historians and Other Essays*, Delhi: Oxford University Press.

[5] Comaroff, Jean & Comaroff, John. 1991. *Of Revelation and Revolution*, Chicago: University of Chicago Press.

[6] Creed, G. L. 1998. *Domesticating Revolution: From Socialist Reform to*

Ambivalent Transition in a Bulgarian Village, University Park: Pennsylvania State University Press.

[7] Davis, J. 1977. *People of the Mediterranean. An Essay in Comparative Social Anthropology*, London: Routledge.

[8] Dunn, E. 2004. *Privatizing Poland: Baby Food, Big Business and the Remaking of Labor*, Ithaca, NY: Cornell University Press.

[9] Ellen, Roy. 1994. Rates of Change: Weasel Words and the Indispensable in Anthropological Analysis, In *When History Accelerates: Essays on Rapid Social Change, Complexity and Creativity*, edited by C. M. Hann, 54-74, London: Athlone.

[10] Evans-Pritchard, E. E. 1940. *The Nuer*, Oxford: Clarendon Press.

[11] Firth, Raymond. 1959. *Social Change in Tikopia*, London: Routledge & K Paul.

[12] Firth, Raymond. 1965/1939. *Primitive Polynesian Economy*, London: Routledge.

[13] Gellner, Ernest. 1988. "Zeno of Cracow" or "Revolution at Nemi" or "The Polish Revenge: A Drama in Three Acts". In *Malinowski Between Two Worlds: The Polish Roots of an Anthropological Tradition*, edited by Roy Ellen & Ernest Gellner & Grazyna Kubica & Janusz Mucha, 164-194, Cambridge: Cambridge University Press.

[14] Gellner, Ernest. 1995. *Anthropology and Politics: Revolutions in the Sacred Grove*, Oxford: Blackwell.

[15] Goody, Jack. 1995. *The Expansive Moment: The Rise of Social Anthropology in Britain and Africa*, 1918-1970, Cambridge; New York: Cambridge University Press.

[16] Hann, Chris, ed. 2005. *Property Relations: The Halle Focus Group* 2000-2005, Halle/Saale: Max Planck Institute for Social Anthropology.

[17] Hann, Chris. 2006. "*Not the Horse We Wanted!*" *Postsocialism, Neoliberalism and Eurasia*, Münster: Lit Verlag.

[18] Hann, Chris. 2009. The Rooted Anthropologies of East-Central Europe. In *Enduring Socialism: Explorations of Revolution and Transformation*,

Restoration and Continuation, edited by Harry G. West & Parvathi Raman, 214-230, Oxford: Berghahn.

[19] Hann, Chris & Sarkany, M. 2003. The Great Tranformation in Rural Hungary: Property, Life Strategies and Living Standards. In *The Postsocialst Agrarian Questions: Property Relations and the Rural Condition*, edited by Chris Hann & the Property Relations Group, 117-142, Münster: LIT.

[20] Hann, Chris & Sarkany, Mihaly & Skalnik, Peter, eds. 2005. *Studying Peoples in the People's Democracies Socialist era Anthropology in East-Central Europe*, Münster: LIT.

[21] Hann, Crhis & The Property Relations Group, eds. 2003. *The Postsocialist Agrarian Question: Property Relations and the Rural Condition*, Münster: Lit Verlag.

[22] Heady, Patrick &Gambold-Miller, L. 2006. Nostalgia and the Emotional Economy: A Comparative Look at Rural Russia. In *Postsocialism and the Politics of Emotions*, edited by S. Svasek, 34-52, Oxford: Berghahn.

[23] Hofer, T. 1968. Anthropologists and Native Ethnographers in Central European Villages: Comparative Notes on the Professional Personality of Two Disciplines. *Current Anthropology* 9, No. 4: 311-315.

[24] Holy, L. 1996. *The Little Czech and the Great Czeh Nation: National Identity and the Post-communist Transformation of Society*, Cambridge: Cambridge University Press.

[25] Jarvie, I. 1964. *The Revolution in Anthropology*, London: Routledge & Kegan Paul.

[26] Juhász, A. 1997. "Tázlár Puszta Benépesedése", pp. 37-69 in A Juhász (ed) Migráció és Telepulés a Duna-Tisza közén 2. In *Migráció és Telepulés a Duna-Tisza Közén* 2, edited by A Juhász, 37-69, Szeged: Móra Ferenc Múzeum.

[27] Kideckel, David. 1993. *The Solitude of Collectivism: Romanian Villagers to the Revolution and Beyond*, Ithaca: Cornell University Press.

[28] Kingston-Mann, E. 1999. *In Search of the True West: Economics and Problems of Russian Development*, Princeton, NJ: Princeton University Press.

[29] Kuper, Adam. 1983. *Anthropology and Anthropologists: The British School* 1922-1972, London: Allen Lane.

[30] Kuti, K. 2005. Historicity in Hungarian Anthropology. In *Studying Peoples in the People's Democracies: Socialist era Anthropology in East-Central Europe*, edited by C. M. Hann & M. Sárkány & P. Skalnik, 273-284, Münster: LIT Verlag.

[31] Lampland, Martha. 1995. *The Object of Labor: Commodification in Socialist Hungary*, Chicago: University Chicago Press.

[32] Leach, Edmond. 1954. *Political Systems of Highland Burma*, London: Athlone Press.

[33] Malinowski, Bronislaw. 1935. *Coral Gardens and Their Magic: A Study of the Methods of Tilling the Soil and of Agricultural Rites in the Trobriand Islands*, London: Allen and Unwin.

[34] Medick, H. 1988. Interest and Emotion in Family and Kinship Studies: A Critique of Social History and Anthropology. In *Interest and Emotion: Essays on the Study of Family and Kinship*, edited by H. Medick & D. W. Sabean, 9-27, Cambridge: Cambridge University Press.

[35] Meeker, M. 1980. The Twilight of a South Asian Heroic Age: a Rereading of Barth's Study of Swat, *Man* 15: 682-702.

[36] Nugent, David. 1982. Closed Systems and Contradiction: The Kachin in and out of History. *Man* 17, No. 3: 508-527.

[37] Pine, F. &Kaneff, D. & Haukanes, H. eds. 2004. *Memory, Politics and Religion. The Past Meets the Present in Europe*, Münster: LIT Verlag.

[38] Robbins, L. 2003. On the Paradoxes of Global Pentecostalism and the Perils of Continuity Thinking. *Religion* 33: 221-231.

[39] Rubie, Ed. 1994. *Memory, History and Opposition under State Socialism*, Santa Fe: School of American Research Press.

[40] Schapera, I. 1947. *Migrant Labor and Tribal Life: A Study of Conditions in the Bechuanaland Protectorate*, London: Oxford University Press.

[41] Skalnik, P. ed. 2002A. *Post-Communist Millenium: The Struggles for Sociocultural Anthropology in Central and Eastern Europe*, Prague: Set Out.

［42］ Stirling, Paul. 1965. *Turkish Village*, London: Weidenfeld and Nicolson.

［43］ Stocking, G. 1982. Afterword: A View from the Center*Ethnos* 47, No. 1-2: 172-186.

［44］ Stocking, G. 1987. *Victorian Anthropology*, New York: Free Press.

［45］ Thomas, N. 1989. *Out of Time: History and Evolution in Anthropological Discourse*, Cambridge: Cambridge University Press.

［46］ Thomas, N. 1994. *Colonialism's Culture: Anthroplogy, Travel and Government*, Princeton, N. J.: Princeton University Press.

［47］ Verdery, Katherine. 2003. The Vanishing Hectare: Property and Value in Postsocialist Transylvania, Ithaca, N. Y.: Cornell University Press.

［48］ Wanner, C. 2003. Advocating New Moralities: Conversion to Envangelicalism in Ukraine. *Religion, State and Society* 31: 273-287.

［49］ Watson, R. ed. 1994. Memory, History and Opposition under State Socialism : Santa Fe: School of American Research Press.

［50］ Young, M. 2004. *Malinowski Odyssey of an Anthropologist*, New Have: Yale University Press.

迟疑的对话？为双重根基的世界主义人类学辩护

韩可思 著
吴秀杰 译

内容提要

无论在欧洲还是欧洲以外的其他地区，很多社会都依赖于自己的文字传统产出大量与以比较研究为己任的社会-文化人类学不无相关之处的知识。本文的基本出发点是：即便这些知识仅仅聚焦于一个国家或者一个民族，这样的“国族民族志”（national ethnography）也理应被看作宽泛意义上的人类学的一个分支领域，它们不应该遭到轻视或者否定。当匈牙利处于社会主义时期时，本国学者和外国学者曾经在相似的农村地区从事田野调查，他们之间曾经开始对话。但是，近年来这种对话似乎被削弱了，尽管外国学者进入这些地区要比从前容易得多。另一个变化是，匈牙利的大学生现在有可能去攻读社会-文化人类学专业，一个与匈牙利“国族民族志”（néprajz）属于不同系别的专业。在这篇文章里，我在表达对这一发展所持的批评态度的同时，也以匈牙利的情况为例来讨论学科合并可能带来的益处。两相合并后的专业应该比旧有的“国族民族志”更强大，更具有世界主义的特征，同时也应该更多地保留地方性的根基。将“国族民族志”融入人类学的科研和教学中，有利于让这些民族性、地区性和学科性的独特学术传统得以长存下去，同时也有利于国外学者的田野调查工作，这是一种双赢的选择。

不同国家有不同的人类学传统（如英国的社会人类学、匈牙利的国族民族志、波兰的民族志），对此已经有很多学科史著作进行了描述。那些占主导地位的人类学传统大都与帝国的政权相关，随着帝国的解体，学者们开始更加注意到更小的国家和“其他民族的人类学”（Boskovic，2008）。近年来关于后殖民主义的讨论有助于提出“知识的等级序列”这类问题；针对“后社会主义”的东欧，有些问题也可以同样的方式提出来（Buchowski，2004）。当学者们论及在原本没有人类学这一学科或者其地位根本无足轻重的欧洲国家里英美人类学如何在这里得以长足扩展时，人类学身上所带有的“殖民主义社会科学”这一标牌就显得非常重要了。

在东欧前社会主义期间，曾经造就了民族国家形成的情感给“聚焦本土”的人类学传统赋予了惊人的力量，尽管在名义上他们有着国际主义的意识形态，遵循着恩格斯从路易·摩尔根的著作中生发出来的普遍性的历史唯物主义原则。这一学科被设置在新的科学机构体系当中，但是仍然保留了其成立之初的小资产阶级的学科名称（只有在德意志民主共和国即原东德是一个例外），它们通常被称为“国族民族志”（Hann & Sarkany & Skalnik，2005；Mihailescu & Iliev & Naumovic，2008）。在“后社会主义”时期，这些民族性的因素在一定程度上仍然为民族志学者提供了一座象牙塔，尽管新涌现的国际性流动（思想上与人事上兼有）让这一传统学科不得不面对一轮新的批评浪潮。在另一篇文章中，我从总体上探讨了匈牙利如何试图在连续性与变化中间找到一种平衡（Hann，2009）。在这篇文章里，我主要集中于一个特定的问题，即在自己的家乡工作的学者与那些在同样地区进行调查的外国学者之间存在的关系（如果他们之间有一些关系的话），尽管他们经常提出一些不同的问题、利用不同的方法。我仍然用匈牙利的例子来讨论问题，因为就这些问题我在匈牙利有丰富的个人经验。

历　史

外国人对匈牙利以及匈牙利语的兴趣可以追溯到几个世纪以前。在浪漫主义时代，赫尔德曾预言这一奇怪的、孤立的语言不可能存活太久（Herder，1966/1784：XVI，II）。他没有找匈牙利人作为研究工作的合作伙伴，而他的大胆断言被事实证明是错误的。在赫尔德发出如此断言之后不久，一场强有力的民族运动被发动起来了（在一定程度上，赫尔德阴郁的预言在匈牙利知识分子中引发出强烈的民族感情，这又成为民族运动的助燃剂）。对于那些在后来“双重政权”下归匈牙利管理的“少数民族”，匈牙利实行了同化政策，尽管这些政策的执行情况有非常大的差异，也很难说全都成功。在哈布斯堡皇朝时代，无数匈牙利学者旅行到边远的地区——西伯利亚的西部和中亚地区——去寻找匈牙利族（Magyar）的源起。匈牙利的民族学（etnológia）的研究对象主要是欧亚大陆讲芬兰-乌尔戈语言的族群，一小部分是突厥/阿尔泰语族的族群。只有为数不多的几个匈牙利学者研究非洲和美拉尼西亚，他们的研究属于常见的帝国主义学术框架之内。然而，从这一学科在19世纪末形成之初开始，匈牙利人类学的主流就以本土喀尔巴阡盆地上的匈牙利人为研究对象，尤其是前工业时代农民的“民间文化”。自19世纪70年代以来，这一学科领域被称为“国族民族志”（néprajz），字面上的意思是“人民的图画”，遵循的是在一个世纪以前由早期的浪漫主义者如赫尔德所设立的模板（Sozan，1978）。除“民族学”（etnológia）以外，“国族民族志”还包括另外两个重要的领域：民族志（etnográfia，主要研究对象是匈牙利农民的物质文化）和民俗学（folkloristika，主要研究对象是农民文化中“精神性的”因素）。许多学者经常同时活跃于三个领域。

当奥匈帝国于1918年解体、匈牙利不再分享帝国的光环之后，“国族民族志”学术圈与匈牙利民族国家之间的关联得以加强。在苏联的斯大林时期，这一关系曾经一度紧张，但是其后在东欧前社会主义时期这一知识群体的地位变得稳固，也更加专业化。20世纪60年代以后，匈牙利的“国族民族志”学者与外国学术传统的接触非常频繁，其中占主导地位的是英语，尽管法国的结构主义也对这一时期的匈牙利学术界有重大影响。这种倾向来自匈牙利方面，尤其是霍夫尔（Tamás Hofer）。在20世纪50年代的集体化之初，他与菲尔（Edit Fél）一起在阿坦尼（Atány）村进行了详尽的调查。他们的一系列著作（其中最为引人注目的是Fél & Hofer，1969）中涉及的问题如社会结构的变化、管理与政府，都处于“国族民族志”核心领域之外的边缘地带。在进行从其封建主义到社会主义的“长时段”分析时，他们采用了认真细致的历史研究资料，而不是简单套用恩格斯的进化论理论。在20世纪60年代中期，福特基金会资助霍夫尔去美国访学。[①] 此后不久，他完成了一篇重要的文章。在这篇文章里，他强调国族民族志与比较性质的社会-文化人类学之间有关键性的不同之处（Hofer，1968）。尽管他本人明确在两个学科内都有学术实践，他的基本论点还是主张国族民族志这一学科的独特性：每个学术群体都有其自身的学术合理性和自身的学术标准。比如，没有理由要求一位本土研究者在某个匈牙利社区住上一年之后，才可以确定关于那个社区写些什么。对本土学者来说，团队方式的短期访问也许能收到更好的效果。那些外国的“孤行者”也许更有条件做跨文化的比较研究，如果他们想在完全不同的国家里在“刀耕火种”的基础上追求学术事业上的成功，甚至一整年也不足以让他们了解当地的背景，而这些则是每个当地人都具有的一般性知识。霍夫尔后来重刊这篇文章，以此来重申他的这一观点，只是在前言中加入了对最近发展的思考（Hann & Sarkany & Skalnik，2005；Hofer，2009）。

20世纪60年代，很多社会人类学和文化人类学领域的学者开始将自身的注意力从这一学科的传统领域（自然民族，Naturvölker）转向那些有自己的文字和学术传统的人群（文明民族，Kulturvölker）。在欧美人类学的转型之初，东欧被排除在外。当皮特-里弗斯（Julian Pitt-Rivers）开始对一个西班牙村子（Pitt-Rivers，1954）、斯特灵（Paul Stirling）开始对土耳其进行社会人类学研究（Stirling，1965）时，一位西方学者还根本不可能获得许可对其进行深入的田野调查研究。在某些国家，这种严格的控制一直持续到“冷战”结束。不过，在大多数国家一定程度上的活动余地还是被允许存在的。匈牙利的情况是，肇始于1968年的经济和政治的自由化一直得以保持下来，中间只有很小的不和谐音调。这种情况给不同学术圈的互动提供了一个有利的大环境。

20世纪60年代，霍夫尔还不能在匈牙利出版他的先锋之作（他的书首先以英文本和德文本刊行）；70年代，在“国族民族志”的学术圈里讨论当代社会的结构已经很理所当然了。1969年，博多基（Tibor Bodrogi）获准在匈牙利科学院国族民族志研究所之下组建一个新的研究室，即社会

① 贝拉·古恩达（Béla Gunda）也在这一时期去了美国，后来将美国人类学的因素加入到他在德布勒森大学“国族民族志”专业的教学当中，感谢米哈依·萨卡尼（Mihály Sárkány）让我注意到这一事实。

人类学（társadalomnéprajz）研究室。这个研究室的成员利用团队研究的方法对当代乡村生活进行深入的研究（Bodrogi，1978）。一些学者可以出访，与西方传统建立学术联系。不过，对于一位匈牙利学者来说，在自己的国家之外进行长期的田野调查仍然是一件相当困难的事情。[①] 那些以其他地区为专业领域的学者，如非洲学家米哈依·萨卡尼（Mihály Sárkány），只能借助图书馆或者博物馆的藏品来继续追寻他们的研究兴趣，同时与研究匈牙利本土文化的同事们一起，在短期访问匈牙利村庄时搜集田野调查的资料。

外国学者去匈牙利则容易得多。从20世纪70年代初期到其前社会主义时期结束的1990年间，经常可以发现至少有一两个外国人类学学者来到匈牙利：他们或者正在首都准备田野调查，或者已经到了乡下的田野调查地点。这些学者大多具有匈牙利的出身背景，他们的项目也都属于“社区研究”这一类别，这在欧洲其他地方也在进行着。Kathleen Szent-Györgyi，Peter Bell，Michael Sozan，Marida Hollos，Eva Huseby-Darvas，Ildiko Vasary，Conrad Reining，Martha Lampland以及我本人都集中在农村社区。我们的学术背景和研究设想非常不同。1970年，赫洛斯（Marida Hollos）开始对儿童发展这一题目感兴趣，其他几位学者也将心理学的方法结合到田野中，而拉普兰（Martha Lampland）和我关注更多的是政治经济。有些人的合作伙伴是布达佩斯的国族民族志博物馆，那里有一支实力雄厚的研究队伍。但是，我们当中的大多数是与科学院属下的国族民族志研究所社会人类学研究室合作，其成立之初的负责人是博多基（Tibor Bodrogi），后来是萨卡尼（Mihály Sárkány）和霍夫尔（Tamás Hofer）。外国学者的很多研究工作都以该研究室成员的著作为参考。这种学术上的汇合体现在一部论文集里，它被列入东欧研究著作系列在北美出版，其中包括外国学者和本国学者的论文，他们甚至偶尔也将对方的著作列为参考文献（Hollos & Maday，1983）。

我无意于去过分夸大当时在外国学者和匈牙利本国学者之间出现的学术上的融合。互相引述对方的著作在当时并没有大量出现。有些西方学者

---

① 除了Lajos Boglár在南美洲的研究之外，主要的例外是与社会主义国家合作的一些项目，尤其是20世纪50年代Vilmos Diószegi在西伯利亚和蒙古的研究，20世纪80年代Gábor Vargyas在越南的研究。对这两个项目中的研究者来说，“社会主义国家”这一共同的纽带并不足以让他们的田野工作条件变得容易一些。

认为，卡德尔推行的“市场社会主义”的“意识形态效应”使匈牙利学者在本国学术体制内不可能有学术上的成就可言（Sozan，1983）。不过，一个不容讳言的事实是，像迈克尔・叟赞（Michael Sozan）这样的学者，他们即使不掩饰对社会主义意识形态的厌恶，也能获得在匈牙利进行研究的许可，多年来非正式地与匈牙利的同行们讨论他们的研究著作，并且认为这一代人类学者能够找到共同的基础。外国与本国人类学家之间的对话非常精彩，那不仅是为了获取研究许可而不得已找合作单位才产生的副产品。他们共同感兴趣的是乡村和乡村文化的转型，正是对农村的聚焦才形成了态势良好的彼此互动。

只有很少的西方学者不属于这一条框之下，其中尤为突出的是迈克尔・斯特瓦特（Michael Stewart）。20 世纪 80 年代中期，他在伦敦经济学院读博士学位，在匈牙利一个小镇的吉普赛人中间做田野调查。尽管研究对象不是农村，但是与当地的专家以及他们当中的民族志学者的对话一样是非常重要的。斯特瓦特这项研究的成果被翻译成匈牙利语在布达佩斯出版，甚至比英文版的最终出版还要早（Stewart，1994；1997）。[①] 与农村研究偏离更远的是库尔提（László Kürti），他在 20 世纪 80 年代的研究对象是工业城市塞佩尔（Csepel）（Kürti，1990；2002）。这个美国大学的博士论文研究项目的确不太容易被归置到“国族民族志”的框架之下。苏联在斯大林领导时期，民族志学者被鼓励去研究工人阶级的民间文化，但是这一阶段并没有延续很长时间，在匈牙利也没有留下可观的遗产。匈牙利社会主义时期的国族民族志学术队伍之大，前所未有，他们主要活跃在为外国学者所忽略的传统领域里。不过，他们当中的一些人在老一代学者如霍夫尔的鼓励下开始扩展边界，就如同在后殖民主义时代英美人类学的学科范式受到挑战一样，比如从批判性的角度介入诸如民族象征、身份认同的建构这样的题目。[②]

① 让斯特瓦特的著作被翻译成匈牙利语的决定性因素是什么？是因为他的研究对象不是匈牙利族这一事实吗？感谢 Bea Vidacs 提出这一问题，并且她还指出另外一点：英美学者关于匈牙利族的社区研究著作很少会被翻译出版。

② Ethnologia Europaea 特刊，第 19 卷第 1 期，1989 年出版。这是一期献给霍夫尔（Tamás Hofer）的特刊，主题是“民族文化作为进程”。匈牙利的国族民族志专业圈里的这些改变与这一时期贯穿于“欧洲民族学”这一学科的趋势遥相呼应。在“欧洲民族学”这一学科领域，德国和斯堪的纳维亚的学者尤为名声显赫。

后社会主义

人们可能会以为，欧洲人类学家协会（EASA）的成立与东欧前社会主义国家的解体偏巧都发生于1989年，这种巧合会增进本国学者与外国学者的新对话，会让以前分割开来的人类学群体之间有更密切的合作。① 的确，1992年在捷克的布拉格、2000年在波兰的克拉科夫举办的协会双年会都非常成功。另外，我们需要面对的现实是：很难断定，在这些年里来自西欧和东欧的学者们彼此向对方走得更近。为了吸引来自东欧的会员，协会期刊的订阅费一直保持在较低的价格水平上。尽管如此，仍然很少有人加入进来。到2008年在斯洛文尼亚的卢布尔雅那召开双年会为止，无论匈牙利还是其他东欧国家，“国族民族志”领域里的学者很少来参加协会的年会。无法突破这些障碍的原因到底是什么呢？

首先，许多东欧的同行不认为有必要成立一个新的专业协会。在他们看来，他们已经有一个非常合适的跨国专业协会，即“国际民族学与民俗学学会”，它的存在先于EASA几十年。对这些学者来说，新协会表明的与其说是解放，不如说是一种威胁，仅仅因为这个协会给英语以优先地位这一点就足够令人感到不愉快了。在老一代学者当中，很少有人能够将这种语言应用得得心应手。

不过，新的协会还是得到了一些人的积极支持，他们是那些早就力图将西方社会-文化人类学的因素引入当地学术理论和实践中的学者。这些人当中，有些是在自己的国家里度过全部学术生涯的学者，如布克夫斯基（Michal Buchowski）、萨可尼（Mihály Sárkány）；有些是先在国外度过了一些年头，1990年以后试图“在老家”继续自己的学术生涯，如捷克斯洛伐克的斯卡尼卡（Peter Skalnik）和匈牙利的库尔提（László Kürti）。他们当中的一些人明确地表达了这样的看法：对于本国的研究成果在国际出版物中所占的分量，他们感到失望和不满。令人感到震撼的是，这些对社会人

① EASA的成立正当东欧前社会主义国家解体之际，这完全是一个巧合。不过，新协会的成立使过去20年来人类学传统中对社会变迁的分析变得复杂。最近发生的一些趋势也许可以直接归因于新的政治环境，但还有一些情况的发生（至少在小范围内）是由于受到了EASA的影响（我们无法确切知道的是，如果只有政权变化而没有EASA的成立的话，情形是否会有所不同）。

类学或者文化人类学有认同感的“本土学者”，与国族民族志学术圈里的学者同声相应，对外国学者关于自己国家进行的学术研究持有保留态度（Kürti & Skalnik，2009）。

大多数来到匈牙利的西方学者，都和这个国家有些家庭上的关联。他们在这里待上一年左右，然后回到原来就读的大学，完成论文答辩——这一基本模式一直保持不变。西方学者的增加，与 EASA 的成立基本没有关系。与之相关的是另外一个事实：在 1990 年以后，外国研究者带着自己的研究计划来匈牙利做田野调查比以前容易多了。与那些在首都的科学院或者博物馆里的把关者合作，不再是非做不可的事情。我在下面列出来的例子，是从不同渠道碰巧让我注意到的个案。对于外国人在匈牙利都做过哪些研究项目，我没有做过系统性的分析，也无意要列举出全部的重要出版物。如果做的话，这个名单也不会太长：进入这个地区变得容易了，但是并没有导致大量学者涌入这个国家。也许这与语言上的困难有关。尽管赫尔德曾经预言匈牙利语行将消失，但是直到今天，不懂匈牙利语仍然无法在那里从事田野调查。也许因为在“冷战”结束以后，接下来在 2004 年加入了欧盟，这个国家变得不那么有“异域风情”了，因此对人类学家来说不那么有吸引力了。我在结论部分还要回到这一点上。

在下面列举的名单中，我从与以前模式最为类似的研究项目即农村社区研究开始：

（1）塔嘉娜·特伦（Tatjana Thelen）的博士论文是一项对集体化解体带来的后果进行的比较研究，她的田野调查地点是匈牙利中南部的一个村子以及国境线对面罗马尼亚的一个村子。她在柏林自由大学完成博士论文答辩，论文在德国出版（Thelen，2003）。这项研究表明，20 世纪 90 年代初期的土地划分在社会学意义上产生了回归的效果，它有助于去重新确立旧有的、东欧前社会主义时期的阶级模式和父权家长制模式。在田野调查初期，特伦得到了塞格德大学国族民族志专业学者的帮助。据我所知，她并没有和这些人共同发表作品，在完成这个项目之后也没有和他们保持密切的联系。在后来的一个涉及匈牙利农村的项目中，特伦的主要合作者是匈牙利科学院地域研究所的一位高级研究员。

（2）萨拉·凯泽-赫尔特（Sara Kaiser-Holt）在一个居民散居的农村地区进行田野调查。她最近在美国的明尼苏达大学完成了博士学位论文，其主要指导教授是古德曼（Stephen Gudeman）。她采用古德曼的理论做基础，集中考察当地农民如何利用廉价的塑料技术来提高生产，以便扩展家户经济的“弹性基础”。在匈牙利社会主义晚期这曾经是非常成功的“抵抗”形式，在“后社会主义”时期，失望则成了主导的状态。这个项目没有与当地学者有任何合作，尽管“第二经济”一直是匈牙利社会科学家致力于从事的研究题目，连国族民族志这一学科里的学者也不例外。

（3）克里斯蒂娜·费荷瓦里（Krisztina Fehérváry）在美国芝加哥大学的博士学位论文的田野地点也在农村。不过，这位年轻的学者选择的题目——社会主义新城镇 Dunaújvarous 的消费模式——对于国族民族志学者来说有些非同寻常。她关注的核心题目是消费模式的变化、对空间的日常使用、家庭住宅和装饰物品。在最近发表的论文里，她通过安装美国式厨房，通过星座预言类型的变化来分析中等社会阶层关于“常态”的想法。据我所知，她的项目与当地的国族民族志学者根本没有任何关联。

（4）克里斯塔·哈帕尔（Krista Harper）的研究题目也是消费模式的改变。此外，她还做关于环保运动活跃分子的民族志。她的博士学位论文是按照“多点民族志”（Marcus，1995）的新标准来完成的，在加州大学圣克鲁兹分校成功答辩。据我所知，这个项目也没有与当地的国族民族志学者进行密切合作。

（5）杰弗瑞·史密斯（Jeffrey Alyn Smith）也在多个地点进行调查，其田野调查的范围包括在白俄罗斯和匈牙利的大相径庭的个案。在匈牙利的德布勒森大学任教几年之后，她也于 2010 年在美国加州大学圣克鲁兹分校获得博士学位。她的博士论文的题目是：“月光人的天堂：从钢铁之地到嘲讽与偷窃之地”。史密斯追随她的导师大卫·施奈德（David Schneider）的方法，探讨非正规经济领域、保护人和腐败等社会现实的复杂的社会表达。从她发表在《东欧人类学评论》期刊上关于自杀以及音乐商品化的文章中，看不出作者有关注国族民族志学术圈的迹象。

（6）安德里·柴格里迪-纳吉（Andre Czegledy-Nagy）的博士学位论文项目让他从剑桥大学来到匈牙利的首都，他的课题是正在出现的新资本主义商业文化。他的田野调查先是在一家快餐连锁店，接下来是去探讨在一家大型奥地利-匈牙利合资工业企业中的劳工关系以及工人的社会交往模式，调查地点包括在公司之内和公司以外。这也是一个在国族民族志学科以外的一个课题，柴格里迪-纳吉也没有建立与当地学者的学术合作关系。

（7）玛丽·泰勒（Mary Taylor）于2007年在美国哥伦比亚大学完成的博士学位论文，探讨的主题是民间音乐和舞蹈。对于这样的题目，无论外国学者还是国族民族志学者，甚至包括整个东欧地区相应学科的学者都感兴趣。[①] 很显然，在许多当地民族志学者身上，音乐唤起了个人性的和情感上的反应；外国人则倾向于考虑其政治经济与意识形态的关联（尽管他们也可能考虑美学层面的问题）。泰勒的研究对象是开始于20世纪70年代"舞厅运动"。她的田野调查地点分散在布达佩斯和特兰西文尼亚的多个地点。对很多这一运动当事人来说，这一地区的意义非同寻常，匈牙利的民族主义者至今仍然痛心于第一次世界大战之后不得不将这一地区割让给罗马尼亚。泰勒报告说，那些和她一起工作的人在政治上倾向于"右派"，这令她在田野调查期间经常感到不愉快。据我所知，这个项目与当地的国族民族志学者没有任何密切的合作，而这些当地学者对复兴匈牙利民间舞蹈有各种不同的看法。泰勒将这些人的著作和研究实践视为她的分析对象。

上述的列举当然不完全，在细节上也许不尽准确，但是总体上的情形应该是很清楚的。在匈牙利从事人类学研究的外国学者在过去的20年里与当地学者的接触，要少于在其社会主义时期的最后20年。新加入这一行列的学者也许与其他领域的学者有密切接触，这是我在上文没有提到的。比如，泰勒去建立联系的学科领域是社会学、历史学和成人教育。我并不想说，英美人类学学者在实践着一种原始的"刀耕火种"风格的研究（Hofer，1968），并忽视当地研究者的贡献。但是可以毫不隐讳地说，在外国学者与之打交道的当地学者中，属于国族民族志学术领域的的确为数不多。

最为明显的理由是，在1990年以后外国人不必再去找表面上与社会文化人类学关系密切的学科作为自己的合作机构。更深层的原因是，当大多数人口在高度工业化的城市里生活了半个世纪以后，早就应该将研究对象从农村转移开来了。这似乎减少了西方学者在国族民族志学者中找到合适

---

① 关于"后社会主义"时期的研究（主要是美国研究者），参见《东欧人类学评论》特刊第22卷，第1期，*Lynn Mathers* 主编。

合作伙伴的可能性，这些人太长久地固守着农民这一研究对象。不过，仍然有必要指出的是，如我在前文所提到的那样，部分国族民族志学者也从农民研究转向更为复杂的文化学或者文化研究领域，这甚至发生在东欧前社会主义国家解体之前。因此，这里需要提出的问题是：为什么近年来这个学科如此不景气呢？

要想有一份全面的答案，就必须考虑全球人类学总体格局的变化，在此我无法对其一一陈述。前工业时代的物质文化正在全球范围内消失，以其为研究对象的学科也不可能继续保留先前的格局：无论是国族民族志还是社会-文化人类学，都无法幸免地面临调整和转型的命运。国族民族志专业的学生一直被提醒去记住这个学科的传统研究对象，而在英美的人类学则对此往往并不提及。不过，应该让学生们明白，博厄斯在美国西北海岸以及马林诺夫斯基在特罗布里安岛进行研究时，他们关注的很多领域实际上与那些在家乡进行研究的欧洲同行们所关注的并无不同。实际上，马林诺夫斯基早年曾经在波兰的民族志季刊 *Lud* 上发表关于图腾主义和外婚制的研究成果，差一点就接受了国族民族志专业的教职，回到他的家乡克拉科夫。不幸的是，那些被要求时时了解最新理论进展的博士生们往往并不了解这两个学科有这些基本的共同之处。在国族民族志学科中，学科史被普遍地看重；在英美人类学教程上，学科史则往往被忽略。

一段时间以来，匈牙利的大学生可以在布达佩斯和其他地方的大学里学习文化人类学。这一学科现在被划归为社会科学，而国族民族志则一如既往属于人文科学（更多的相关讨论见 Hann，2009；Sarkany，2005）。另外号称包含了重要的人类学因素的一些新学科，尤其以传媒学为甚，已经对学科的碎片化造成影响，在公众和未来的大学生当中引发困惑。[①] 国族民族志的主流学者对这样的发展态势充满疑虑，这也完全可以理解。根据我的经验，国族民族志的主流想法对外国人在肯德基连锁店或者郊区的某个厨房里进行田野调查的做法仍然表示怀疑，对那些以在两三本匈牙利小

① 这方面的突出人物是彼得·尼德米勒（Peter Niedermüller）。在其学术职业生涯早期，他曾经与霍夫尔密切合作，后来接受了德国（洪堡大学欧洲民族学专业）的一个教职。在回到布达佩斯之后，他没有去被合并到一起的国族民族志和文化人类学系，而是去了传媒研究系。Bertalan Pusztai 的情况也类似。这位年轻的学者在芬兰的一所大学完成了关于大众旅游这一题目的博士论文之后，感觉在媒体研究的专家中能更好地追寻自己的学术趣味，尽管他最初受到了国族民族志学者的培养。

说中发现的材料为基础综合出深奥的普遍性理论这类做法有所保留。

也许这可以说是一种漫画式的描述，真实的情形并非如此不堪。在对吉普赛人的研究这一领域中，斯特瓦特在培训新学者方面起到了非常大的作用，其他外国人也力图将这两种传统进行复杂的融合，尤其是哈帕尔和蒂德里克（Heather Tidrick）（目前是密歇根大学的博士生）。许多匈牙利大学生非常乐于接受新方法，他们在社会科学和人文科学方面都有广泛的阅读，同时选修国族民族志和文化人类学专业的课程，有时教授这些课程的是同一位教师。有些学生到国外去学习。不过，如果自己的研究领域碰巧不属于匈牙利学术传统中的热门地区，那么求职的前景并不乐观，去追求学术职业上的成功就有相当大的难度。①

当然，对于几代人都以本国研究为取向的国族民族志学术圈来说，让他们去采用一个自己并不熟悉的范式、提出复杂的新纲领殊为不易。也有一些自己栖身两边的学者，坚持霍夫尔所指出的观点：这确实是两个学科，而不是一个学科（Hofer，1968）。霍夫尔所描述的两个学科之间存在的不同之处仍然不过时，但是这并不意味着有必要划出学科的界限。在国族民族志这一学科里，无论过去还是现在，其多重的空间都足以让多种因素在这里融合并获得丰富的产出，或者至少能开启建设性的对话。有些领域就是霍夫尔本人开启的，有些领域在科学院的文化人类学研究室里得以继续，还有一些体现在霍夫尔的学生们对民族认同象征的研究中。在这种情形下，1990 年索罗斯基金会着手支持文化人类学和历史人类学的新计划。1993 年，在布达佩斯的罗兰大学（ELTE），文化人类学作为单独的一个系获得承认。在与国族民族志合作并有过短暂的合并之后，文化人类学学者从这一联合实体中退出来，于 2003 年加入新成立的社会科学系。这又再度让发生分歧的危险被重新提到日程上来：一个新成立的系，更倾向于英美的学术成果和当代的社会问题（包括匈牙利国内和国外的问题）；一个原有的国族民族志系撤回到防卫的位置，将自己的学术资本与它在国际上更为强有力的对手做出明确的区分。

① 如果一个人的研究领域是西伯利亚而不是非洲，那么他的前程会远大一些。不过，这并不意味着国族民族志学者在支持关于匈牙利族起源的非科学理论假说，这些说法近年来在民族主义者中颇为流行。无论在匈牙利社会主义时期还是在其社会主义国家解体之后，这个专业的学术性都没有受到损害。

最后，还有一个“本土学者”的特殊问题。尽管他们研究的对象在匈牙利或者是境外的匈牙利人，他们对英美文化人类学的认同要超过对国族民族志学术圈的认同。一个突出的例子是库尔提（Lάszló Kürti）：他从美国获得了文化人类学博士学位，回到匈牙利时正好赶上其社会主义政权的解体。他先是在索罗斯基金会项目里工作，之后与民俗学家沃依格特（Vilmos Voigt）一起在特兰西文尼亚进行田野调查，关于这一地区的通俗神话发表研究著作。在他富有独到见解的关于舞蹈、音乐、性的研究中，他大量吸收国族民族志的学术传统以及不同的西方传统。库尔提也参加国族民族志的学术会议，在有学术声望的期刊上发表文章。但是，最终给他提供长期学术职位的学科领域，既不是国族民族志也不是文化人类学，而是在米什科尔茨大学的政治学系。尽管他在国际上广为人知，多年来在EASA里担任高级负责人，在匈牙利他却是一个孤单的身影。①

结论：走向双重根基

本文主要论及的是一个敏感的话题，即1990年前后在匈牙利从事人类学研究的外国学者与本国学者之间关系所发生的变化。当赫尔德在18世纪晚期做出匈牙利语行将消失这一大胆断言时，不同国家学者之间的接触还很少。19—20世纪，这一领域开始形成不同的机构。匈牙利的国族民族志学科虽然将匈牙利民俗文化以及匈牙利族的族群起源视为学科的核心领域，但是也一直保留着不同的其他领域。在我看来，在匈牙利前社会主义时期的最后20多年，国族民族志学术圈与外国学者的对话开始慢慢出现。今天的情况变得丰富多样：人类学的因素到底有哪些，领域之争战况到底如何，这些在每个研究机构里的表现都有所不同。将能量放在内斗上似乎是完全的浪费，因为这个领域与其他学科相比实在是太小了。

这篇文章里讨论到的人类学的两个传统都起源于启蒙时代。其中之一要探究自身民族的特质；另一个则要接受一种科学的挑战，去比较不同民族的多样性。两者之间的绷紧状态从来没有消失过，尽管在西欧和东欧不

① 库尔提用英语发表的关于特兰西文尼亚（Kürti，2001）的著作被玛丽·泰勒在她的博士论文里大量引用。

同的历史进程中，这两个传统在一定程度上获得了各自独立的机构组织。我与霍夫尔的观点不同，我不认为在今天去保持或者强化这两个学科之间的区别有真正的必要，或者那会是人们渴望见到的情形。就匈牙利而言，从历史上看研究本民族与研究异民族的两种传统并非如此黑白分明，因为在 1918 年之前匈牙利本身也是一个帝国政权当中的重要组成部分（尽管我们得承认那是一个特殊的类型）。与其他邻国相比，在匈牙利应该更有可能发展出比较性质的研究纲领。近年来，学术的国际化、思想与人员的更多流动性打破了许多学术上的障碍，但是学科设置留下来的遗产却造成了新的隔阂。

外国人完成的社会人类学领域的博士论文，在理论和比较研究上应该超出国族民族志的博士论文，这早已不再是理所当然的事情了。但是我们也必须承认，二者之间的差别仍然存在，有些有其存在的理由，人们也希望如此。人类学的这两个分支领域还要继续保有各自的学术重点、风格和语言政策；它们的研究方法也会有所不同，田野调查也会有不同的形式。在马普研究所，我们主张必须进行长期的参与观察：我相信外来者的某些发现和洞察，也会让本国人感到惊讶。在匈牙利前社会主义时期，一个容易让外国人独占鳌头的领域是政治领域，因为外国学者有更多的写作自由，在这方面其超过本国学者。在 1990 年以后，这种政治性的考虑不存在了（也许在最近的政治趋势下又变得重要了）。如果抛开政治不谈，人类学如果将匈牙利看成“他者”，用这个学科特有的、靠调查者的反思为手段来领会理解的话，那么人类学者是在冒着“天真幼稚”的高风险。在这一点上，霍夫尔当然是对的。也正因为如此，我认为与“本国学者”保持密切的协调合作会有巨大的价值——破解一些想象中的“他性”，让外国学者了解到重要的当地学术成果，同时也让他们知道有哪些基本的事务和话题为当地人——那些生活在这个国家里、读过几百本而不是两三本用当地语言写成的小说的人——所感知。在匈牙利社会主义时期，因为需要获得研究许可，这种合作非进行不可。当时我并不情愿如此，但是回头看时我很高兴有这样的经历，因为在我撰写关于匈牙利的研究著作时，当时建立起来的同事关系和友谊一直在给予我巨大的帮助。

最符合我的设想的安排是：在一个统一的研究机构下面有不同的研究室，在教学计划上应该让学生们选择较宽范围的课程。业已存在的国族民族志系应该有必要扩展现有的研究视野，无论在理论方面还是在实践方面。那些在国族民族志学术圈以外、愿意将自身定位为“世界性”的学者也会从合作中受益。像中欧大学人类学系这样的情况是不健康的：尽管它的学生和工作人员是多样的，但是它与所在地国家没有任何机构上的关联。这样做的结果，只是剥夺了人类学在人文科学方面进行比较研究的潜力，因为它将这个学科缩减到研究“他者”：奇异之地的特殊人群，与我们自己完全不同。①

产出最为丰富的学术圈都展示其自身重要的连续性。这种连续性可以追溯到某个研究机构，也可能被认定为人类学上一个国家的传统或者“风格”。EASA 的成立以及教职的国际招聘似乎也无法消除那些不同的连续性，它们也存在于欧洲人类学明确的社会研究取向上。我们可以把这些连续性看作人类学根基的一种形式，对学术群体的创造性而言它不可或缺。我在这里要强调的另外一种特殊的根基是，完全有必要在人类学系里设有几位专门致力于本国研究（但是他们的研究范围不一定仅限于此）的成员。他们可以帮助和推荐来匈牙利做田野调查的外国人与当地的研究机构保持某种接触。在开始田野调查之前讲自己的计划；在田野调查之后，在有当地学者参与的讨论会上讲自己的发现和结论。我敢肯定，这样的安排长期来讲会让双方受益，并减少产生剥削感和仇恨感的可能性。如果这样的互动早已建立的话，上文举隅的那些研究项目肯定会从中获益良多。

参考文献

[1] Bodrogi, Tibor, ed. 1978. *Varsány; Tanulmányok Egyészakmagyarországi falu Társadalomnéprajzához*, Budapest: Akadémiai.

① 布达佩斯目前的情况也许没有那么糟糕。因为正如上文提到的那样，当代人类学的许多题目自 20 世纪年代以来已经被国族民族志所提出，他们搜集的材料也经常为社会文化人类学学者所用，大部分社会文化人类学系的学生都做研究本土的项目。不过另一个事实是：自 2003 年以来，在中欧大学里这两个学科归属于不同的系，人类学被划归为社会学。他们与在同一城市的国族民族志学者或者其他社会文化人类学学者没有什么互动。我非常感谢萨卡尼和贝雅·维达斯（Bea Vidacs）强调了这一点。贝雅也指出，如果中欧大学成了国外人类学者在匈牙利进行田野调查的主要接触点，匈牙利的两个学术圈里的人都会觉得受到了恶意的攻击。2011 年，当我重新修改这篇文章时，科学院里的国族民族志研究所的独立被画上了句号：它被并入一个人文科学中心，与相对应的社会科学中心分开。关于这个研究所 40 多年来的活动，参见 Hoppal（2007）。

[2] Bošković, Aleksandar, ed. 2008. *Other People's Anthropologies Ethnographic Practice on the Margins*, New York: Berghahn.

[3] Buchowski, Michał. 2004. Hierarchies of Knowledge in Central-Eastern European Anthropology. *The Anthropology of East Europe Review* 22, No. 2: 5-14.

[4] Fél, Edit &Hofer, Tamás. 1969. *Proper Peasants: Traditional Life in a Hungarian Village*, Chicago: Aldine.

[5] Hann, Chris. 2009. The Rooted Anthropologies of East-Central Europe. In *Enduring Socialism: Explorations of Revolution and Transformation, Restoration and Continuation*, edited by Harry G. West & Parvathi Raman, 214-230, Oxford: Berghahn.

[6] Hann, Chris & et. al. 2007. *The Multiple Temporalities of Anthropology and Its Future in Central and Eastern Europe Working Paper, No.* 90 Halle/Saale: Max Planck Institute for Social Anthropology.

[7] Hann, Chris & Sarkany, Mihaly & Skalnik, Peter, eds. 2005. *Studying Peoples in the People's Democracies Socialist era Anthropology in East-Central Europe*, Münster: LIT.

[8] Herder, Johan Gottfried. 1966/1784. *Outlines of a Philosophy of the History of Man*, New York: Bergman.

[9] Hofer, Tamás. 1968. Comparative Notes on the Professional Personalities of Two Disciplines. *Current Anthropology* 9, No. 4: 311-315.

[10] Hofer, Tamás. 2009. *Antropológia és/vagy Néprajz Tanulmányok két Kutatási Terulet Vitatott Határvidékéröl*, Budapest: L'Harmattan.

[11] Hollos, Marida & Maday, Bela, eds. 1983. *New Hungarian Peasants: An East Central European Experience with Collectivization*, New York: Brooklyn College Press.

[12] Hoppál, Mihály, ed. 2007. *A Magyar Tudományos Akadémia Néprajzi Kutatóintézete* 1967-2007, Budapest: MTA Néprajzi Kutatóintézet.

[13] Kürti, László. 1990. Hierarchy and Workers' Power in a Csepel Factory. In *Market Economy and Civil Society in Hungary*, edited by Crhis Hann, 61-84, London: Frank Cass.

[14] Kürti, László. 2001. *The Remote Borderland: Transylvania in the*

Hungarian Imagination, Albany: State University of New York Press.

[15] Kürti, Lάszló. 2002. *Youth and the State in Hungary: Capitalism, communism and Class*, London: Pluto.

[16] Kürti, Lάszló & Skalnik, Peter, eds. 2009. *Postsocialist Europe: Anthropological Perspectives from Home*, Oxford: Berghahn Books.

[17] Marcus, George. 1995. Ethnography in/of the World System: The Emergence of Multi-sited Ethnography. *Annual Review of Anthropology* 24: 95–117.

[18] Mihailescu, Vintila & Iliev, Ilia & Naumovi ć, Slobodan, eds. 2008. *Studying Peoples in the People's Democracies II Socialist era Anthropology in South-East Europe*, Berlin: LIT.

[19] Pitt-Rivers, Julian. 1954. *The People of the Sierra*, London: Weidenfeld and Nicolson.

[20] Sarkany, Mihaly. 2005. Hungarian Anthropology in the Socialist Era: Theories, Methodologies and Undercurrents. In *Studying Peoples in the People's Democracies Socialist Era Anthropology in East-Central Europe*, edited by Chris Hann & Mihάly Sάrkάny & Peter Skalnik, 87–108, Münster: LIT.

[21] Sozan, Michael. 1978. *The History of Hungarian Ethnography*, Washington, D. C.: University Press of America.

[22] Sozan, Michael. 1983. Domestic Husbandry and Social Stratification In *New Hungarian Peasants: An East Central European Experience with Collectivization*, edited by Marida Hollos & Bela Maday, 123–143, New York: Brooklyn College Press.

[23] Stewart, Michael. 1994. *Daltestvérek; Az Oláhcigány Identitás és Közösség Továbbélése a Szocialista Magyarországon*, Budapest: MTA Szociológiai Intézet.

[24] Stewart, Michael. 1997. *The Time of the Gypsies*, Boulder, CO: Westview Press.

[25] Stirling, Paul. 1965. *Turkish Village*, London: Weidenfeld and Nicolson.

[26] Thelen, Tatjana. 2003. *Privatisierung und Soziale Ungleichheit in der Osteuropäischen Landwirtschaft*, Frankfurt/Main: Campus.